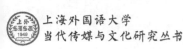

上海外国语大学
当代传媒与文化研究丛书

U0585505

●上海市哲学社会科学规划课题"媒体服务的公共治理研究"
●上海市卓越新闻传播学（国际型）人才培养基地项目
●上海市研究生教育创新计划上海外国语大学新闻传播学学位点引导布局与建设培育项目
●教育部"十二五"国家级媒体融合实验教学中心项目

Public Governance Study of
Media Service Supply

媒体服务供给的
公共治理研究

姜智彬　著

中国出版集团
世界图书出版公司
广州·上海·西安·北京

图书在版编目（CIP）数据

媒体服务供给的公共治理研究 / 姜智彬著 . —广州：
世界图书出版广东有限公司，2015.1

ISBN 978-7-5100-9079-0

Ⅰ . ①媒… Ⅱ . ①姜… Ⅲ . ①传播媒介—应用—公共
管理—研究—中国 Ⅳ . ① D63

中国版本图书馆 CIP 数据核字（2014）第 276756 号

媒体服务供给的公共治理研究

策划编辑 孔令钢

责任编辑 李　瑞

出版发行 世界图书出版广东有限公司

地　　址 广州市新港西路大江冲 25 号

http:// www.gdst.com.cn

印　　刷 虎彩印艺股份有限公司

规　　格 710mm×1000mm　1/16

印　　张 12.5

字　　数 216 千

版　　次 2015 年 1 月第 1 版　2015 年 6 月第 2 次印刷

ISBN　978-7-5100-9079-0/G・1751

定　　价 38.00 元

目　录

CONTENTS

第1章　媒体服务供给公共治理的研究思路　　001

1.1　媒体服务供给的研究背景　　001

1.2　媒体服务供给的研究思路　　010

1.3　媒体服务供给公共治理的研究模式　　023

1.4　媒体服务供给公共治理的研究方法　　035

1.5　媒体服务供给公共治理的研究框架　　041

第2章　媒体服务供给公共治理研究的文献综述　　042

2.1　媒体属性及利益目标研究的文献综述　　042

2.2　公共产品供给的研究综述　　046

2.3　传媒产业与媒介体制研究的文献综述　　050

2.4　网络治理理论及现状研究的文献综述　　053

第3章　媒体服务供给公共治理的理论架构　　058

3.1　媒体服务供给公共治理的主体分析　　058

3.2　媒体服务供给公共治理的机制分析　　062

3.3　媒体服务供给公共治理模式的构建　　070

第4章　网络媒体服务提供的公共治理　　075

4.1　网络媒体服务提供的现状分析　　075

4.2　网络媒体服务提供存在的问题　　084

    4.3   网络媒体服务提供的公共治理对策   089

第 5 章   电视媒体服务生产的公共治理   095
    5.1   电视媒体服务生产的现状分析   095
    5.2   电视媒体服务生产存在的问题   101
    5.3   电视媒体服务生产的公共治理对策   107

第 6 章   报纸媒体服务绩效的公共治理   115
    6.1   报纸媒体服务绩效的现状分析   115
    6.2   报纸媒体服务绩效存在的问题   122
    6.3   报纸媒体服务绩效的公共治理对策   127

第 7 章   媒体服务供给公共治理的应用研究：以 ICS 为例   135
    7.1   上海电视台外语频道服务供给的现状   135
    7.2   上海电视台外语频道服务供给存在的问题   137
    7.3   上海电视台外语频道服务供给的对策   147

第 8 章   结论与展望   161
    8.1   媒体服务供给公共治理研究的主要结论与学术价值   161
    8.2   媒体服务供给研究的不足之处与原因分析   162
    8.3   特大活动管理研究的后续领域与远景展望   163

参考文献   166

后　记   175

附录 1：报纸绩效管理问卷调查   176

附录 2：《解放日报》副总编辑访谈记录
    ——陈大维关于《解放日报》绩效管理的访谈记录   185

附录 3：国外公共广播服务模式概览   188

第1章　媒体服务供给公共治理的研究思路

20多年来，我国传媒体制改革基本遵循着"产业发展导向"的路径，改革成果主要集中于传媒产业化发展。虽然我国传媒产业化发展取得一定的成效，但是在媒体公共属性不断显现的背景下，重新检视传媒体制改革的问题显得极具现实意义。本章从媒体服务的公共服务属性角度出发，提出媒体服务供给的多中心模式，并对整体研究的研究方法与研究框架进行说明。

1.1　媒体服务供给的研究背景

1.1.1　媒体服务供给的研究背景之一：公众参与的政治号召

党的十八大报告在谈到完善社会管理、维护社会安定团结时指出：要围绕构建中国特色社会主义社会管理体系，加快形成"党委领导、政府负责、社会协同、公众参与、法治保障"的社会管理体制。十八大报告对公众参与事业阐述的一大亮点，是越出政治建设的视野，正式确认公众参与在社会建设特别是社会管理事业中的重要地位。社会建设以改善民生为重点，而十八大报告所传递的重要信号是：公众参与应成为民生建设不可或缺的组成部分。所谓"民生"，不仅包括民众的私人经济生活、文化生活，而且包括公民参与社区活动、从事公共生活；衡量"民生"的指标，也就不仅包含经济生活的质量、文化生活的品位，而且包括公共生活的参与程度这一重要标准。公共生活的参与程度关键要看参与的品质，或说参与是否构成"有意义的在场"，而参与的意义要放在"党委领导、政府负责、社会协同、公众参与、法治保障"的二十字格局中加以理解。

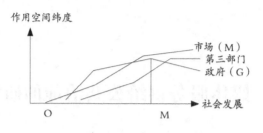

图 1-1 社会发展的 MGT 曲线

"20 余年来中国传媒业在改革方面的一个基本特点就是：微观业务机制层面的改革远远超前于宏观体制规则层面的改革；边缘资讯领域的改革远远超前于主流资讯领域的改革；增量传媒（即新增媒介）的改革远远超前于存量传媒（历史上已经存在的媒介）的改革。事实上，中国传媒业今天的繁荣发展很大程度上是建立在前三者的探索、创新的基础上，而今天发展的巨大困难和障碍则源于后三者的阻滞与落后。"[1] 但随着传媒事业的飞速发展，传媒作为一个经济组织表现出内在的对资本和利润的合理追逐，单纯的事业单位的体制使得传媒在诸多方面难以大展拳脚：事业单位虽然可以从事经营，但经营自主权如投资、分配方面受到限制；事业单位的属性使得外部资金无法正常地进行投资，因此传媒很难获得发展所需的大量资金；传媒作为事业单位，其内部组织架构与政府组织大致相同，单位机关化的痕迹很重，管理和运行机制缺乏活力，没有构建起以资产和业务为纽带的现代法人治理结构，难以真正建立现代企业制度。[2] 因此，一个多元化的治理模式对于中国传媒产业的发展来说必定有重要的借鉴意义。

1.1.2 媒体服务供给的研究背景之二：我国媒体服务供给的现状

从"事业型单位、企业化管理"起步，我国媒体经历了事业单位、企事业混合型单位、企业单位的形态变更，传媒从原来依靠国家财政补贴，走向"自主经营，自负盈亏，自我积累，自我发展"之路。传媒业也从传媒事业、传媒行业向传媒产业的方向发展。本节从我国媒体服务供给的发展阶段、基本格局和融合方式三方面分析了我国媒体服务供给的现状。

---

[1] 喻国明：《变革传媒：解析中国传媒转型问题》，华夏出版社 2005 年版，第 3 页。

[2] 张金海、黄玉波：《关于传媒体制改革与传媒产业发展的几点思考》，载《湖北省文化体制改革与文化产业发展研讨会论文集》，2004 年。

1.1.2.1　我国媒体服务供给的发展阶段

我国媒体服务供给随着传媒产业体制改革的过程，从过去单一的政府宣传机构过渡到事业性与产业性双重身份和职能，逐步走上产业化发展道路，期间经历了探索、双轨和产业三个阶段。

第一阶段是我国媒体服务供给的探索阶段。1949 年 12 月，国家新闻出版总署在全国报纸经理工作会议上明确指出："全国一切公私营报纸的经营，必须采取与贯彻企业化方针。"媒介产业在战争年代保持下来的统一供给模式被商业经营模式所取代，并获得了较好的经济效益。[1] 但自 1957 年后，从中央到地方的出版社、报刊全部划归国家所有，全国传媒业纳入计划经济范围，经费主要来自国家财政拨款或津贴，成为党和政府的下属机构，由政府相关职能部门直接管理。

第二阶段是我国媒体服务供给的双轨阶段。1978 年开始，我国的报业经营运作开始逐步与市场对接。1979 年 1 月 28 日，上海电视台播出"参桂补酒"广告，是中国电视史上的第一条商业广告，从此中国传媒业开始轰轰烈烈地开辟广告市场，进行市场运作。"事业单位、企业化管理"制度使我国传媒业既能享受事业单位的政策优惠，又能像企业那样在市场上经营创收。报业经营和发行日趋市场化，电子媒介不断兴起，有线电视网快速发展，媒介市场迅速扩展，媒体经营促进了传媒产业的形成和发展。

第三阶段是我国媒体服务供给的产业阶段。1992 年，中央《关于加快发展第三产业的决定》正式将报刊经营管理列入第三产业，传媒产业发展在观念上发生了质的飞跃，市场化行为开始走向自觉，主要表现在集团化管理和资本运营等方面。媒体的多种经营大多采取企业承包经营管理的办法，以"一业为主，多业并举"为目标，纵向一体化朝横向一体化发展。少数成功的媒介涉足房地产、交通运输、高新技术开发、餐饮旅游等行业，创办了一系列跨地区、跨行业、独资或合资经营的经济实体，传媒业从单纯的事业体制逐步走向企事业混合体制。

1.1.2.2　中国媒体服务供给的基本格局

自 2004 年至今，中国传媒产业产值实现了翻番。而移动传媒与互联网发展快速，正在逐步成为传媒产业发展的主要方向和动力，而相较于此，报业、期刊、广播、电视等传统媒体尽管保持一定比例的增长，但在总体产业格局中的比重正在下降，

---

[1]　朱学东、高江川：《转制：主体之美》，载《传媒》2004 年第 8 期，第 1—2 页。

整个中国传媒产业结构也正发生着改变。[1]

2011 年，传统传媒产业发挥自身优势，在转型过程中不断创新，积极推动和探索媒体融合发展的道路；新兴传媒形态则与信息传播技术同步发展，不断催生出新的市场和商业模式，使传媒行业发展态势日趋多元化。市场格局的改变在加快产业结构调整的同时，也促进了传媒产业大繁荣。[2]

（1）报纸。2010 年我国共出版报纸 1 939 种，平均期印数 21 437.68 万份，总印数 452.14 亿份，总印张 2 148.03 亿印张。我国报纸广告整体呈现上扬态势，2009 年，我国报纸媒体的全年广告投放额突破 900 亿元，达到了 911 亿元。截至 2010 年 8 月，报纸媒体的广告额已经达到了 637.64 亿元，比上年同期增长 18.2%。而 2011 年报业广告市场增长明显放缓，报业广告经营额达到 487.3 亿元，比上年增长 11%，远低于上年度的 18.5%。增长率低于整体广告市场，但高于 GDP 的增长。

（2）期刊。2010 年全国共出版期刊 9 884 种，平均期印数 16 349 万册，总印数 32.15 亿册，总印张 181.06 亿印张，定价总金额 217.69 亿元。但与此同时，期刊业的广告经营额与发行收入出现大幅度下降与回升的不稳定趋势。2009 年期刊广告经营总额为 30.37 亿元，较上年的 31.02 亿元下降 2.1%，发行收入为 166.3 亿元，较上年的 167.1 亿元下降了 4.8%。而 2011 年，期刊总产值为 221.7 亿元，较上年增长 10.6%，远远高于上年 2% 的增长率。其中全年广告经营额约合 35.1 亿元，较上年增长 14%。此外，我国期刊业年总产值和年广告总收入在我国整个新闻出版行业 10 000 亿元的年产值中，占比不到 4%。同时，期刊结构目前无法适应市场的需要。在 9 800 多种期刊中，科技期刊有 4 900 多种，大学学报有 2 000 多种，行业期刊有 1 000 多种，这意味着超过 2/3 的期刊不面向市场，而真正面向市场的消费类期刊不到 1 000 种，这与发达国家的期刊结构差距较大，我国的期刊结构亟待转型。

（3）电视台。截至 2008 年年底，全国共有电视台 277 座，电视发射转播台 18 490 座。据国家广播电影电视总局统计，截至 2008 年年底，我国共有卫星地球站 34 座，移动卫星转播车 60 辆，卫星收转站 17 388 752 座，微波传送线路长度达 96 826.58 公里（1 公里＝1 000 米）。我国电视综合人口覆盖率继续稳定增长。2008

---

[1]　崔保国：《传媒蓝皮书·2010 年：中国传媒产业发展报告》，社会科学文献出版社 2010 年版。

[2]　崔保国：《传媒蓝皮书·2012 年：中国传媒产业发展报告》，社会科学文献出版社 2012 年版，第 22 页。

年，这一指标达到了 96.95%，净增长 0.73%，为 2000 年之后的最高。[1] 目前虽然电视广告播出时间缩短，但是我国电视业经济效益却保持增长态势，2011 年中央电视台黄金资源广告招标额超过 127 亿元，同比增长超过 15%，创 17 年来的新高。据预测，2010 年我国广播电视收入将首次突破 2 000 亿元大关。2010 年，我国三网融合正式启动，今年试点实行了"不对称进入"格局，以广电为主，政策全力支持广电进入电信，广电获得了先期发展权，传统广电媒体与新媒体融合发展正在提速。

（4）互联网媒体。中国互联网络信息中心（CNNIC）数据显示，截至 2013 年 12 月，我国网民规模已经达到 6.18 亿，较 2012 年年底增加了 5 358 万人，互联网普及率攀升至 45.8%。中国成为世界上互联网使用人口最多的国家，互联网普及率超过世界平均水平。手机网民成为拉动中国总体网民规模攀升的主要动力，根据工业和信息化部电信管理局的统计数据，截至 2013 年 12 月底，我国手机网民的规模达到了 5 亿，在互联网用户总数中占比超过 80% 以上。网民的快速增长带动了我国互联网产业的发展。2011 年中国网络广告市场规模达到 511.9 亿元，同比增长 59.4%。[2] 随着 3G 网络的普及和技术环境的进一步优化，互联网和移动传媒正呈现出爆炸式的发展态势。目前互联网使用终端多样化的程度越来越深，我国互联网媒体的产业化进程加剧。互联网与实体经济的不断融合，带动了我国整个传媒产业的发展。

中国传媒产业近年来一直保持高于 GDP 增速的持续稳定增长，根据到 2012 年 3 月为止收集到的各种数据进行统计和推算，2011 年中国传媒产业总产值为 6 379 亿元，比上年增长 15.1%。从整体趋势上看，传媒产业与国民生产总值增加的变化有明显的相关性，传媒产业的繁荣建立在国民经济发展的基础上，这体现了产业系统的镶嵌关系。[3]

1.1.2.3　中国媒体服务供给的融合方式

中国传媒由于其承担的事业功能的特殊性，和在媒体融合的演变过程中表现出的复杂性，桑翔[4] 提出了中国媒体融合常见的四种模式：组织融合、资本融合、传播手段融合和媒介形态融合。

组织融合是指依靠外部的力量使媒体个体结合成一个共同体，成立的是单媒体

---

[1]　崔保国、周遠：《中国传媒业的现状与动向》，载《中国报业》2010 年 4 月版。

[2]　中国互联网络信息中心：《2014 年第 33 次中国互联网络发展状况统计报告》，2014 年 1 月。

[3]　崔保国：《传媒蓝皮书·2012 年：中国传媒产业发展报告》，社会科学文献出版社 2012 年版，第 4 页。

[4]　桑翔：《中国媒体融合的现状、模式和趋势研究》，华东师范大学 2009 年 MPA 学位论文。

的集团，如报业集团、广电集团等。1996 年 1 月，经中共中央宣传部同意，国家新闻出版署批准，中国第一家报业集团——广州日报报业集团正式挂牌，整合旗下的资源，利用集团的先行效益和体制优势加速发展。

资本融合是指有实力的媒介集团在资本市场上完成对其他媒体或媒体集团的收购，或者两个媒体组织之间通过资本市场进行合并。我国传媒行业通过股权收购或增发，实现业务渗透；与产业资本合作，共同打造新媒体；通过融合国外资本、产生新的行业等方式开展了多种形式的资本融合。

传播手段融合指大型的传媒集团不同媒介的传播手段（如电台、电视、报纸、网络、杂志等）在一个大平台上进行整合，实施这些媒介之间的内容相互推销和资源共享，业界常称为"跨媒介发展"，或者叫"全媒体"、"大媒体"。

媒介形态融合是指随着技术的发展，产生一种新的媒介，可以融合几种乃至全部媒体的优点，在这基础上实现广播、电视、报纸、网络、杂志等内容的共享。随着移动数据业务的普及及数字电视技术的迅速发展，加上本身承载的摄像、音乐播放、短信、彩信等技术，手机正在从众多的媒介形态中脱颖而出，逐渐承担起媒介形态融合介质的功能。

1.1.3　媒体服务供给的研究背景之三：我国媒体服务供给的问题

我国媒体服务在不断丰富和发展的同时，也存在体制转型的尴尬、供给性缺失和社会弱势群体话语权的边缘化等问题[1]，分析这些问题的目的是针对这些问题而提出解决问题的研究思路。

1.1.3.1　我国媒体制度转型的尴尬

学者喻国明认为传媒体制就是解决以下问题：①媒介的创办权（即产业准入资格的界定）；②不同类别传媒的组合结构方式与竞争规则；③传媒在社会运作结构中的基本角色规定；④传媒在社会环境中的政治、经济和文化运作的基本规则与底线。[2] 长期以来，我国传媒业处于"事业"与"产业"双重属性下的混合型体制和二元运作机制。由于传媒作为文化特殊部类的特异性，尽管各级政府在制定文化发展规划时都以不同的表述将传媒产业的发展纳入其中，但制约传媒业发展的体制性障

---

[1]　国外媒体服务提供与我国不尽相同，商业性媒体居多，整体上存在着"利润与公共利益博弈"导致媒介责任困境与受众公共利益淡化的问题，本书不再展开。

[2]　喻国明：《变革传媒：解析中国传媒转型问题》，华夏出版社 2005 年版，第 25 页。

碍依然严重存在。这不仅使得既往的改革往往只停留在机制与内部管理层面，也使得传媒的市场主体地位始终不明确，产权关系模糊，产权主体缺位，资源配置效率低下，传媒产业化水平较低，传媒体制的功能和作用没有得到较好的发挥。

（1）传媒产业体制不健全。传媒产业体制不健全是我国传媒产业发展缓慢的主要原因之一。具体地讲，首先是传媒在市场经济中作为独立市场主体和企业法人的身份不明确。说是企业法人，传媒显然缺乏在市场上独立经营、独立承担责任的能力，在编制上又属于全民所有制的事业单位，而且有行政级别，媒介集团还具有政府行政部门的管理职能，隶属一级政府；说是事业法人（或机关法人），它又以营利为目的，在媒体市场上冲锋陷阵。这种混乱的身份给媒介的产业经营带来很大的麻烦。因此有人认为，中国传媒的性质是事业属性、产业属性和机关属性的混合体。

中国的传媒业就处在这样一个只有义务、没有权利的尴尬境地：它有事业单位的义务，却不能享受事业单位的权利；它有企业的义务，却不能享受企业的权利。用"驼背落地，两头不着力"来形容中国传媒业的境况是再恰当不过了。[1]

中国的传媒业长成了"计划的脑袋"和"市场的肚子"，不得不在事业和企业之间小心翼翼地像走钢丝那样寻求平衡。比如，在报业出现了大报小报化、小报大报化的趋同怪相。为什么呢？大报即党委机关报一方面要尽力完成党的宣传任务，另一方面为占有市场，不得不刊登许多小市民喜欢看的娱乐、生活时尚、市场动态类内容；而小报像都市报、晚报以消闲、服务为特色的报纸，也不得不刊登政治宣传内容。可这是何等的艰难与尴尬。于是，有些媒体人大声疾呼，要否定传媒业的双重属性，要废除"事业性质，企业运作"的模式。[2]

（2）传媒主体产权不明晰。传媒产权不明晰，表现为传媒资本所有者的缺位。谁来充任国资的代表是一个问题，党委只进行政治领导，它不是政府部门，不能行使所有者代表的职权；政府的广电、新闻出版管理部门不能既是媒介的管理者又是所有权的代表，因为这违反"政企分开"的原则，政府部门不能既当裁判员又当运动员。虽然一些传媒集团也模拟现代法人治理结构规范了其内部组织机构，但是，在国有产权制度没有进行根本性变革的情况下，这种治理结构虽不同于传统治理结

---

[1]　当然也可以从反方面来理解这种境地：既有事业单位的稳定，也有企业单位的效益。无论正反方面的理解，都反映出我国媒体产业体制的不确定性。

[2]　李良荣：《论中国新闻媒体的双轨制——再论中国新闻媒体的双重性》，载《现代传播》2003年第4期。

构，但也与现代法人治理结构相距甚远。

（3）传媒竞争环境不公平。传媒在市场经济中应该享有的机会平等和公平竞争难以落实。传媒身份和产权的特殊性使得传媒具有"官商"的特点。表现为：传媒虽然走向市场，参与竞争，但没有优胜劣汰的市场机制，加之严格的资本等级制度和行业壁垒构筑的巢穴使得传媒只生不死。同时媒介领导由政府指派，使得不同级别的媒介享有不同级别的政治优势，其竞争从一开始就拉开了距离。

传媒产业作为当代社会最重要的经济产业之一，其大部分是在现代经济活动中，通过为使用者提供消费文化和信息产品等，以此获取利润。市场经济和企业本位是其生命线。因此，除了对其内容进行必要的政治监管之外，大众传媒产业中的经济实质与其他经济产业基本相同。市场经济、自由竞争、产权多元化、民营化是所有经济产业繁荣发展的基本条件。[1]

"造成中国传媒现实发展困境的主因，从政府与传媒双方来审视，有二：一是政府的制度安排不足，二是作为以往制度安排的既得利益者，传媒改革动力不足，发展目标不明。"[2]

产业化和非市场化构成了现阶段传媒经济的内在矛盾。当传媒的产权多元化和投资自由化接近传统计划体制内变革的底线时，传媒产业体制瓶颈造成的"行政性市场垄断"的弊端就会一览无遗。其最突出的特点是：垄断依靠市场和行政的双重力量形成，既具有计划经济体制下国家垄断的特点，依靠行政组织和行政手段来推动垄断的形成和运行，又融进了市场经济体制下市场垄断的成分，依托目前尚不完善的市场机制来操纵垄断，是当前体制转轨过程中行政权力加市场力量而形成的特殊垄断，亦即"行政性市场垄断"。因此，只有进一步依据媒介环境的变化，改善创新媒介管理的体制机制，才能更好地适应媒介产业化的发展。

1.1.3.2　我国媒体服务公共性的缺失

李良荣教授曾提出：技术层面的改造应该以明确的价值判断为取向，那就是必须以公共利益为中国传媒业的立足之本，制度创新必须确立以公共利益至上的原则前提，"如果传媒业连为谁服务都不清楚，制度创新有何意义"？[3]我国媒体服务

---

[1]　张熙：《试论我国传媒体制改革》，载《改革与战略》2006年第9期。

[2]　冉华、梅明丽：《中国传媒产业发展的现实困境——兼论文化体制改革背景下的传媒体制改革》，载《武汉大学学报（人文科学版）》2007年11月第60卷第6期。

[3]　李良荣：《公共利益是中国传媒业的立足之本》，载《新闻记者》2007年第8期。

公共性的缺失体现在媒介社会责任感减弱、媒介公共领域缺失和弱势群体边缘化等方面。

（1）媒介社会责任感减弱。现代传媒作为连接政府与人民的枢纽和满足受众知情权的主体，理所当然担负着提供均质化的基本公共服务、关注和补偿社会不平等的社会责任。复旦大学李良荣教授认为："说到公众，我国的传媒业从来没有像现在这样，如此地重视公众，同时又如此地藐视公众。重视公众，是重视公众的眼球；藐视公众，是藐视公众的权益。"为了争取受众最大化，进而吸引广告，传媒对受众的某些需求甚至是不健康、不合理的需求也依然极尽所能地迎合，造成了传播内容的同质化和浅薄化。同时，对以弱势群体为代表的相当一部分受众的健康而合理的需求却不予理睬，基本公共服务均等化成为一纸空谈，公共服务责任被抛诸脑后。尽管部分传媒曾为改变这种现状而进行过"民生新闻"等尝试，技术的进步也使提供更为优质的传媒公共服务成为可能。但忙于完成"政治宣传"任务和"广告份额"任务的传媒人根本没有精力完善传媒公共服务。传媒在"向市场要效益"的赢利模式下形成的利益至上价值观阻碍了传媒以公共利益为基础，以受众知情权为核心的公共服务的发展。

（2）媒介公共领域缺失。"在社会融合中最大限度地降低社会冲突的发生，通过大众传播媒介建立社会的公共话语平台，使人们有一个互相了解、磨合和彼此认识的场合，增进人们对于异质文化及社会诉求的宽容和理解。是现代社会的一项极其重要的任务。"（喻国明，2004）这是中国学者对大众传媒公共话语平台功能的理解，而这种平台搭建的目标，是"增进人们对于异质文化及社会诉求的宽容和理解"。而按照哈贝马斯的公共领域理念，真正有效地作为公共领域的媒体，必须要具备一个条件，即在这个平台上，由"私人"组成的"公众"能够通过公开、平等而自由的讨论与对话达成共识。对于目前中国的传媒现状，以政府主导的党报党刊缺乏群众的表达渠道，以市场为导向的媒体则更关注受众作为消费者的属性，而新兴的网络平台准入条件较低，虽见理性的讨论，却也不乏不负责任且偏激的言论，且影响力相对分散，公众的表达热情和表达能力都受到了客观的限制，真正意义上的公共领域在目前很难形成。

1.1.3.3 社会弱势群体话语权的边缘化

在这样一个消费时代，媒体在广告商和其经营目标的指引下，一般更愿意将自己的目标受众群定位于有一定经济能力与消费能力的人群，其在内容的选择上也会围绕这一群体的特殊需求进行节目制作与传播,比如国内的"第一财经"、《南方周末》等。在这一理念的指导下,媒介的传播内容追求高端化,而那些弱势人群如农民工、城市下岗工人等,他们的共同特点就是没有接受良好的教育,知识水平较低,分众媒体所传播的内容对他们来说具有一定的难度并可能花费更大的成本,所传播的内容也自然引不起这一群体的阅读兴趣。在这种情况下,那些原本受过良好教育的人群更容易理解、接受更多渠道媒体传播的内容,而弱势群体一方面由于没有良好的教育背景,对媒体中传播的一些知识性较强的内容没有能力理解、接受。另一方面,媒体为社会相对弱势的群体制作、传播的节目内容在信息与知识方面的含量并不高,节目质量也比较粗糙,甚至通过传达趣味低俗的内容信息来吸引这部分受众。在这种传媒形态的影响下,高收入群体与中间阶层成为信息、知识的富有者,而弱势群体成为信息、知识的贫乏者,随着传媒分众化的进一步发展,两者之间的信息、知识鸿沟越来越大,社会的弱势群体也进一步被边缘化。自然而然,弱势群体会被分众化的所谓媒介公共领域所排斥,进而强化其弱势的社会地位。

麦克切斯尼曾指出,政治文化衰落的症结并不能完全归咎于商业至上、市场崇拜的观念,模糊的媒体责任、不完善的媒介体系也应负有很大责任。当然这并不是否定新技术对现代传媒社会的积极作用,只是从另一个角度证明了媒介体系的失效。

1.2 媒体服务供给的研究思路

1.2.1 媒体服务的公共物品属性分析

"公共产品"[1]这一词汇是由林达尔提出的,"林达尔均衡"[2]理论认为,人们愿意为生产某一公共产品所支付的成本之和等于为生产这些公共产品所需要的成本之和。处于均衡状态时,公共产品的价格使得每个人需要的公共产品量相同,并与应该提供的公共产品量保持一致。新古典综合学派的代表人物萨缪尔森在1954年发

---

[1] 萨缪尔森认为,所谓"公共产品",就是指"每个人对这种产品的消费,并不能减少任何他人也消费该产品",其实质并不是产品本身,而是指具有共同消费性质的服务。因此,他认为"公共产品"与"公共服务"的实质是相同的。有些专家也比较了二者的区别,但在本书中,"公共服务"、"公共产品"、"公共物品"等概念的内涵和外延相同,可相互替用。

[2] "林达尔均衡"(Lindahl equilibrium)理论产生于瑞典人林达尔1919年的博士论文《公平税收》中,也恰是在此论文中,林达尔首次应用了"公共产品"这一词汇。

表的《公共支出纯理论》中给出了"公共产品"的经典定义。他认为，公共产品就是所有成员集体享用的集体消费品，社会成员可以同时享用该产品，而每个人消费这种产品不会导致其他人对该种物品消费的减少。[1] 根据公共产品的两个特征，即非竞争性、非排他性，物品可以分为纯私人物品、混合物品和纯公共物品。曼昆在《经济学原理》中总结到，公共物品有三个特性：效用的不可分割性，消费的非竞争性，受益的排他性。"纯粹的公共商品，指的是那种向全体社会成员共同提供的且在消费上不具竞争性、受益上不具排他性的产品。"这样，对于公共物品而言，不具备市场竞争的财产产权条件。在完全竞争的市场中，有限的资源得不到最优配置。按照经济学原理，由于公共物品的边际成本为零，其价格也应为零。因此，追求利润最大化的生产者，不具有供应公共物品的动机，因为一旦生产，他就无法排除其他人对该产品的消费，也无法收费。所以，公共物品只能由公共部门，或者通过协商产生的公共组织来提供。当然，公共物品通过公共部门的预算来供给，并不必然意味公共物品必须由公共部门来生产。目前出现的趋势是，把生产公共物品的合同承包给私人厂商，然后由其生产。

表 1-1 布朗和杰克逊关于物品的分类及其特征

	排他	非排他
竞争	纯私人物品 1. 排他成本较低 2. 由私人公司生产 3. 通过市场分配 4. 通过销售收入融资 例子：食物、鞋子	混合物品 1. 物品利益有机体消费但受拥挤约束 2. 由私人公司或直接由公共部门生产 3. 由市场分配或直接由公共预算分配 4. 通过销售收入融资 例子：公共公园；公有财产资源；公共游泳池
非竞争	混合物品（俱乐部物品） 1. 含外在性的私人物品 2. 私人企业生产 3. 通过含补贴或矫正税收的市场分配 4. 通过销售收入筹资 例子：学校、交通系统、保健服务、接种、有线电视、不拥挤的桥梁、私人游泳池、高尔夫球俱乐部	纯公共物品 1. 很高的排他成本 2. 直接由政府生产或由与政府签约的私人企业生产 3. 通过公共预算分配 4. 通过强制性税收收入筹资 例子：国防

---

[1] 顾建光：《公共经济原理》，上海人民出版社 2007 年版。

对于媒体服务属性的划分，可以从媒体服务的物质形态来分析。[1]

首先从媒体服务的物质形态来分析。广播和无线电视作为由电波信号传送的媒体服务，在消费上既没有排他性，也没有竞争性。广播电视节目只要发送出去，就无法约束和限制受众收听和收看节目，因为电波信号是无法分割的，或者阻碍和限制某一部分受众接受电波信号的技术要求或者经济成本很高。通常，在同一区域内，受众只要愿意并且拥有收音机及电视机，就能收听和收看广播电视节目。而且受众之间不存在竞争，不会因为更多的人收听和收看广播电视节目而影响甚至挤掉另一部分人收听和收看节目，受众之间并不相互影响。对于电台和电视台来说，也并不会因为受众的增加而增加成本，用经济术语来说，受众增加的边际成本为零。收听和收看广播电视节目是人们共同消费，任何人只要具备了相应物质条件，就能从中获知信息，享受娱乐。因此，无线广播和电视是公共物品。

有线电视、数字电视以及网络媒体则都属于准公共物品，属于仅具非竞争性的俱乐部物品。无论有线电视、数字电视，还是网络媒体，都必须付费才能消费，不付出相应费用，将被挡在消费者行列之外，换言之，它们都具有排他性。但在一定程度上，它们都不具有竞争性。由于电视网络传输信号的光缆系统具有相当大的容量，在其容量范围内，消费者不相互影响，一个消费者的消费并不会影响另一消费者的消费，在一定范围内，消费者增加的边际成本为零。报纸、杂志在消费上既具有竞争性，也具有排他性。和面包等产品一样，报纸和杂志能够分割成单一产品。不付出相应的一定成本，消费者不可能从生产者手中获得相应报纸和杂志，也就不可能进行消费。即使信息产品的复制成本很低，但由于社会资源是有限的，因此所生产的报纸杂志是有限的，消费者之间存在一定竞争，某一消费者购买了报纸和杂志之后，必然会减少另一消费者对该报纸和杂志的消费。因此，报纸杂志是私人物品。联合国在 2002 年考察了 97 个国家中规模最大的 5 家报纸和广播电视的所有权，发现在广播电台中，72% 是由政府拥有的，24% 是由家族拥有的；在电视台中，60% 是政府拥有的，34% 是家族拥有的；在报纸中，29% 是由政府拥有，57% 是由家族拥有，只有 8% 是由个人拥有。由此看出，对于公共物品性质最强的广播来说，政府拥有的产权比例最高，产权比例最低。如前所述，公共物品由于不具备市场竞争的财产产权，市场配置不能优化组合财产资源，因此，公共物品只能由公共部门，或者通过协商

---

[1]　向志强、曾振华：《媒体服务属性与媒体产业经营策略》，载《湖南大学学报（社会科学版）》2007 年 5 月版。

产生的公共组织来提供。笔者认为，在媒体服务中，从报纸、杂志到有线电视、数字电视及网络媒体，再到广播及无线电视，无论是媒体服务的竞争性，还是排他性都在不断减弱，从而使得媒体服务私人物品的性质在减弱，公共物品的性质在加强。

从物质形态来看，无论报纸，还是杂志，都是纯粹的私人物品。作为私人物品，由于有明晰的产权结构，其产品完全可由私人部门来提供，但从联合国的调查中得知目前在 97 个国家中有 29% 的报纸产权掌握在政府手中，政府为什么干预报业市场，举办报社？这应从媒体服务内容构成的属性来分析。媒体服务所传递的信息及内容不仅具有非排他性，也具有非竞争性。媒体服务一旦发布出去，其所负载的信息就可以众所周知，即使没有购买媒体服务的人了解媒体服务的信息也不存在侵权问题，而且也不可能去阻止没有购买媒体服务的人了解媒体服务发布的信息。媒体服务的信息具有共享性，因为新闻的首要功能是告知民众周围世界所发生的变化，特别是与民众日常生活密切相关的变化。新闻的这一功能是社会正常运行的必要保证，也是公民知情权的必要保障。因此，媒体服务的内容属于公共物品。[1]

由于传媒具有公共物品的属性[2]，所以传媒的部分成本只能以非市场方式予以提供。因为"在充满竞争的市场经济体制下，如果报纸是独立经营的经济实体而没有其他的经济来源的话，赚不到钱也就意味着无法为公众服务"[3]。另外传媒不能单纯追逐营利，理由是传媒是社会的舆论机关，它的最重要职能在于客观公正地传播各种信息，从而沟通社会成员之间的相互了解，发挥舆论引导者和社会守望者的功能，是一项崇高的公共事业，如果纯以营利为目的，经济利益就有可能左右传媒人的理性与良知，从而妨碍传媒社会文化功能的实现。

---

[1]　不少研究者都肯定媒体服务性质会发生变化。肖赞军认为"技术进步可以改变传媒业内容产品的属性"。向阳认为媒体服务的私人品性质与公共产品性质受媒体本身特征、传播技术的制约、时效性三个因素的影响，并指出"只要某些条件发生变化，大多数媒体商品可由公共品转为私人品，也可以由私人品转为公共品，或者同时具有私人品性质与公共品性质"。丁汉青认为媒体服务的性质会随具体条件的变化而呈现动态，并分析影响媒体服务性质变化的三个关键因素为技术、规制与商业模式之选择。本书从一般意义上理解媒体服务与服务具有公共物品的属性，不再分析其属性的变化性。

[2]　媒体服务的内容之所以具有公共物品属性是因为信息一旦公布出去，就可以众所周知。在信息未公布之前，媒体服务的信息内容具有私人物品属性，但发布之后，则具有公共物品属性了，而且发布时间越长，知晓信息的受众越多，媒体服务的公共物品属性就越强，换言之，媒体服务的公共物品属性是随着信息发布时间的延长而增加的。

[3]　李放：《中国传媒产业发展研究》，北京交通大学 2009 年博士学位论文。

表 1-2 政府部门获得公共服务的选择

一个政府作为集体消费单位通过如下途径获取公共服务:
（1）经营自己的生产单位。
例子：一个城市自己拥有消防或者警察机构。
（2）与私人公私签约。
例子：一个城市与一个私人企业签约提供扫雪、街道维修或者交通灯保养服务。
（3）确立服务标准，让每一个消费者选择私人承包商，并购买服务。
例子：一个城市签发许可证提供出租车服务，或者拒绝垃圾收集公司来清扫垃圾。
（4）向家庭签发凭单，允许他们向任何授权供给者购买服务。
例子：管辖单位签发食品券、租用凭单或者教育凭单，或者建立医疗补助项目。
（5）与另外一个城市政府单位签约。
例子：一个城市政府，从县政府那里购买税收估算和收集服务，从特别卫生区那里购买污水处理服务，从邻近城市的学校董事会那里购买特别假期教育服务。
（6）某些服务由自己生产，其他服务则从其他管辖单位或者私人企业那里购买。
例子：一个城市有自己的巡逻警察力量，但从县行政司法长官那里购买实验室服务，与若干邻近的社群一起共同承担共用的调遣服务，向私人急救公司付费提供紧急医疗运输服务。

综上所述，本书认为作为一种公共资源，新闻媒体普遍具有公共性。体现在：①大众传媒是现代社会不可缺少的信息生产者和提供者，在满足社会的普遍信息需求方面起着一种公共服务的作用。温家宝总理指出：公共服务"就是提供公共产品和服务，包括加强城乡公共设施建设、发展社会就业、社会保障服务和教育、科技、文化、卫生、体育等公共事业，发布公共信息等，为社会公共生活和参与社会经济、政治、文化活动提供保障和创造条件"[1]。②大众传媒的信息生产和传播活动具有广泛而强大的影响力，涉及普遍的社会秩序和社会公共生活。③大众传媒是公共传播资源的受托使用者，作为公共财产的使用人，它们必须对社会和公众承担相应的义务和责任。

鉴于此，新闻媒体普遍具有公共性，但在新闻媒体的具体实践活动中体现出公共性的强弱有所不同，这就要求新闻媒体在传播领域内最大程度地追求公共性与新闻性的有机结合。

1.2.2 公共服务供给的方式分析

公共服务是指政府运用其权威资源，根据特定的公共价值（如权利、慈善和正义等），通过公共政策回应社会需求，使最大多数的人得到最大的福利。公共服务"不是在政府权限中寻求证实自身存在的理由，而是在为公民服务的需求中寻求其合法

---

[1] 吴爱明、沈荣华、王立平等：《服务型政府职能体系》，人民出版社 2009 年版，第 37 页。

性"。这种改革能够为政府摆脱一部分成本压力，改善供给效率，其中重要的改革举措就是扩大社会参与公共服务供给的渠道，改变以往政府垄断公共服务供给的局面，形成一种新型的公共服务供给模式。[1]

1.2.2.1 公共服务的基本供给机制

科斯在 1974 年发表的《经济学中的灯塔》[2] 一文中，根据对英国早期灯塔制度的研究反驳了一般经济学家关于私营灯塔无利可图的观点。通过论证证实即使是灯塔这样的公共物品，私有化也是可能且可行的。科斯的论点有利地促进了公共服务供给理论的发展。Beesley 和 Littlechild 认为，在公共服务的供给方式上，引入私人竞争可以有效提高公共服务的供给效率，并能更好地保证消费者利益。魏伯乐和奥兰等人通过研究提出，通过"减少或限制政府当局在使用社会资源、生产产品和提供服务中的职责来增加私营企业在这些事务中的职责"[3] 等这一系列私有化行为，是有它自身局限性的。一旦越过某一界限，就有可能损害"弱势群体的利益和社会公共利益"。正因为不同供给主体提供公共服务各有优劣，埃莉诺·奥斯特罗姆提出了公共服务的供给应以多样化的提供方式取代单一政府供给方式。如此，公共服务供给的主体，既包括政府组织，也包括非政府的私人组织或非营利性团体。[4]

表 1-3 公共服务提供机制的基本类型

机制类型	权威机制	市场机制	志愿机制	混合机制
政府干预程度	高	低	低	中
政府制度要求	全面控制制度	引导性制度	引导性制度	弹性制度结构
主要机制举例	公共事业、公共企业、管制	使用者付费	家庭与社区第三部门	多中心混合
服务范围	普遍性服务	限于付费者	限于特定地区或目标	混合

美国著名学者萨瓦斯和萨拉蒙提出了公共服务的市场提供的观点。在合适的条

---

[1] 邹晓东：《从公共服务的政府垄断到多元化供给——面向新公共管理的政府管制研究》，2007 年中国博士学位论文全文数据库。

[2] Coase: The Lighthouse in Economics, *Journal of Law and Economics*, V.17, N.2(October), 1974(3).

[3] [德]魏伯乐、[美]奥兰·扬、[瑞士]马塞厄斯·芬格：《私有化的局限》，王小卫、周缨译，上海人民出版社 2006 年版。

[4] 张红：《中国农村公共服务运行机制研究：制度变迁的角度》，2010 年中国硕士学位论文全文数据库。

件和制度安排下，私人其实是有可能有效地或者至少是有可能提供一部分公共物品的。解决公共物品私人供给问题的两个基本思路是：①从排他性技术入手，从而真实地显示消费者的实际消费量；②从制度安排入手，使消费者的消费与收费尽量地接近。私人供给的途径可以是自愿的，也可以是市场的。私人供给公共物品有完全私人供给、私人与政府联合供给、私人与社区联合供给三种形式。

表1-4　公共物品及其供给模式研究现状

<table>
<tr><th colspan="2">公共物品理论</th><th>公共物品供给模式研究</th></tr>
<tr><td rowspan="2">古典经济学派</td><td>休谟</td><td>讨论超越个人利益的公共性事务的处理问题</td><td>初步涉及交易成本和群体博弈的思想</td></tr>
<tr><td>斯密</td><td>分析公共物品的类型</td><td>国防、安全、司法、初等教育等应由政府提供；便利某一特定区域的物品应由地方行政当局提；能够界定产权的物品应由受益人提供</td></tr>
<tr><td rowspan="2">系统公共物品理论</td><td>奥意财政学派</td><td>区分了私人物品和公共物品在消费和交易方面的不同特征</td><td>将私人物品市场上的交易原则应用到公共物品的配置上；提出边际效用理论</td></tr>
<tr><td>瑞典学派</td><td></td><td>自愿交换理论；公共选择理论的萌芽；将边际效用理论模型化</td></tr>
<tr><td rowspan="3">现代公共物品理论</td><td>萨缪尔森</td><td>给出了公共物品的严格定义；公共物品的局部均衡分析</td><td>公共物品应由政府提供（公共物品纯政府供给模式）</td></tr>
<tr><td>布坎南、蒂布特</td><td>俱乐部物品理论</td><td>突破了公共物品政府供给的单一模式；探索了实践中公共物品供给的多种方式</td></tr>
<tr><td>蒂布特</td><td>地方公共物品理论</td><td>提出了"最佳"的地方性公共物品供给的条件</td></tr>
<tr><td rowspan="5">物品的连续性处理</td><td>阿特金森、斯蒂格利茨</td><td>公共物品的一般化模型；对所有物品进行了连续的处理</td><td>为公共物品多元供给模式安排提供了依据</td></tr>
<tr><td>布朗、杰克逊</td><td>根据排他性与竞争性的双重维度，将物品分为四种类型</td><td>根据物品的排他性程度不同，采用不同的供给主体、分配方式、融资方式</td></tr>
<tr><td>奥斯特罗姆夫妇</td><td>依据是否共用、是否排他，将物品分为私益物品、公益物品、可收费物品和公共池塘资源四种类型</td><td>通过博弈论分析，提出利维坦和私有化都不是解决公共物品供给的灵丹妙药</td></tr>
<tr><td>奥尔森</td><td>根据排他性、竞争性与是否拥挤这三个维度，将物品分为八类</td><td>分析了八类物品相对较优的供给方式</td></tr>
<tr><td>萨瓦斯</td><td>提出了对现实具有更强的解释性的物品的分布</td><td>对基础设施这种公共物品公私合作伙伴关系进行了深入研究；提出了公共服务的十种具体模式</td></tr>
</table>

1.2.2.2　公共服务的合作供给机制

埃莉诺·奥斯特罗姆（E. Ostrom）的研究和治理理论（governance）、微观经济学的理论贡献，使公共服务的合作提供机制开始纳入研究者的视野。"政府失灵"、"市场失灵"、第三部门的兴起、治理理论的发展使公共服务的合作供给成为最优的选择，虽然这些主体作用的机制和方式各不相同，但是它们之间的协作和配合可以使公共服务的供给更有效率。图 1-2 为公共服务可供部门的三元混合模式。

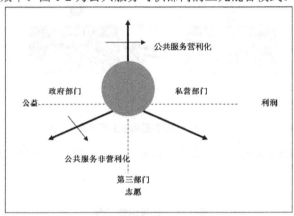

图 1-2　公共服务可供部门的三元混合模式

PPP（public-private partnerships），即公共部门与私人企业（后扩展到第三部门）合作模式，是指政府、营利性企业和非营利性企业基于某个项目而形成的相互合作关系的形式。PPP 的基本特征是合作各方参与某个项目时，政府并不是把项目的责任全部转移给投资者，而是由参与合作的各方通过协议的方式明确各方在项目每个流程环节的责任、风险、权利和义务，最大限度发挥各方优势，一方面摆脱了政府行政干预和限制，另一方面又充分发挥了私人资本在资源整合与经营效率上的优势，达到比预期单独行动更有利的结果。

PPP 模式的兴起源于新公共管理学的发展新方向，是政府以提高公共部门绩效为核心的改革产物。20 世纪 70 年代，西方国家掀起了新公共管理的热潮，强调政府是有限政府，并提出要重塑政府职能，用企业家精神改造政府职能模式，政府需要由包揽一切导致资源配置低下的全能政府向"有限"政府、"企业化"政府和"公民"政府转变。其次，基于私人机构高效率的示范作用，政府在履行其公共管理职能的过程中，要像企业一样有效地使用公共资源。最后，在信息技术飞速发展的背景下，多形式的服务提供方式和设施得以发展，从而为私营部门参与传统的政府垄断领域创造了机会。

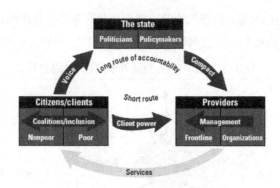

图 1-3 公共物品服务提供中主要的权利关系

萨拉蒙（Lester Salamon）等人在《政府工具》一书中的治理工具分类及其特征如表 1-5 所示。

表 1-5 政府治理工具

政府工具	物品 / 行动	工具	供给系统
直接行政	物品或服务	直接提供	政府当局
社会管制	禁止	规则	政府当局或管制者
经济管制	公平价格	进入和比率控制	管制委员会
合同	物品或服务	合同和现金给付	商业和第三部门
拨款	物品或服务	付款或现金支付	下级政府和第三部门
直接付款	现金	贷款	政府当局
贷款担保	现金	贷款	商业银行
保险	保护	保险政策	政府当局
税式支出	现金和激励	税收	税收系统
收费，用者付费	财务罚款	税收	税收系统
债务法	社会保护	侵权法	法院系统
政府公司	物品或服务	直接提供或贷款	准公共机构
凭单制	物品或服务	消费补贴	政府当局

1.2.2.3 公共服务的网络供给机制

20 世纪 90 年代以来，各国政府再造方案中重要的共同趋势之一就是地方政府间伙伴关系的建立。2001 年，为进一步改善地方治理，英国政府提出"地方战略伙伴关系"（LSPs）计划，并将之作为一项国家政策。LSPs 可以看作是全国政府提出的一项旨在改善地方治理的政策，它强调了在各地方治理主体之间消除界限，主张在地方层次将公共部门、私人部门、社区与志愿部门等不同方面联结起来，促进更和谐的治理模式。

风起云涌的全球治理运动也进一步推动了府际管理的产生和发展。府际管理吸纳了治理理论的精华，例如主张政府组织由金字塔形转向扁平化；淡化政府权威，由政府单边管理转向多边（政府、企业、公民、社会团体等）民主参与。府际管理除了注重各级政府关系外，还重视公、私部门的协作，追求建立一种平等关系。

网络化治理是斯蒂芬·戈德史密斯和威廉·埃格斯于2004年提出的一种新的治理模式。[1] "在这种模式中，政府的核心职责不再集中于管理人员和项目，而在于组织各种资源以创造公共价值；政府的角色不再是公共服务的直接供给者，而应该作为一种公共价值的促动者，在具有现代政府特质的由多元组织、多级政府和多种部门组成的关系网中发挥作用。"[2] 在这种模式下，政府角色发生了很大变化[3]，从传统的管理人民、控制社会向协调资源转变，行政管理序列变得更为扁平，参与的部门也更为广泛。

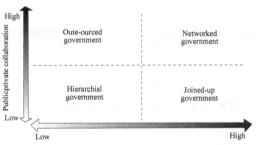

图1-4 公共服务的网络公共治理示意

网络治理的两个方向体现在：①政府与政府间垂直方向与水平方向的合作；②政府与社会间的合作（政府与企业的合作，政府与社会的合作）。

---

[1] "网络化治理"的概念被引入政治学和公共行政学领域虽然时间不长，但是其内涵在学者对政策网络和治理的研究中都有所提及。从政府的角度来研究政策网络，认为政府政策的形成是政府与社会部门共同协商的结果；从组织的角度来研究政策网络，认为政策形成于政府与社会所形成的依赖型的组织形式当中；从治理的角度来研究政策网络，认为政策网络是一种特定形态的治理模式。

[2] [美]斯蒂芬·戈德史密斯、威廉·埃格斯：《网络化治理：公共部门的新形态》，孙迎春译，北京大学出版社2008年版。

[3] 在传统的官僚体制政府时代，依靠政府占支配地位来提供公共服务、满足公共政策目标。传统的治理模式已经不能满足人们复杂而多变的需求，代之而起的是一种有着根本区别的公共管理模式，即网络化治理。

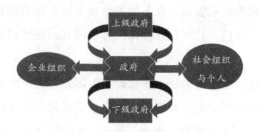

图 1-5　网络公共治理中的伙伴关系

　　府际管理是改善政府间关系的一种新型思维框架，代表着以合作为基础的互惠的政府关系模型。府际管理一方面强调政府间在信息、自主性、共同分享、共同规划、联合劝募、一致经营等方面的协力合作；另一方面强调公私部门的混合治理模式，倡导第三部门积极参与政府决策。

　　从政府政策治理的角度来看，网络治理模式和科层管理模式相比，在政策主体、动因、目标、政策制定、实施、调整等多个方面具有明显差异。而在公共服务治理中，网络化的治理模式有以下几点优势。

　　（1）专门化。网络化治理可以让各单元得以解脱并专心其核心的使命。网络化可以通过借用第三部门的创新精神和创造力帮助政府在解决主要问题时扩大自己的影响力。

　　（2）创新性。创新在一个尤其像政府官僚制这样的层级组织中所遇到的阻力往往会比在网络内部所遇到的阻力更大，因为大量内部的平行约束机制会限制产生好想法所必备的环境，而纵向的障碍又会组织产生的想法从"冒泡"到决策的整个过程。创新的主要源泉就是来自对公民需求的反应，这种反应会被日益增多的途径记录下来。"靠命令与控制程序、刻板的工作限制以及内向的组织文化和经营模式维系起来的严格的官僚制度，尤其不适合处理那些常常要超越组织界限的复杂问题。[1]"

　　（3）速度和灵活性。网络比等级制度更加敏捷和灵活。网络化保留了供应商根据环境变化不断调整服务的自由。也可以为客户提供快速而专门的回应。网络状治理是通过多边合作的网络方式进行的管理过程，其中政府自身的变革是网络状治理的一个重要支撑体系。网络状治理过程中，政府与其他社会组织组成了一个动态、复杂的网络系统。政府成为网络线路的管理者，而不是扮演社会中心的角色。政府

---

　　[1]　[美]斯蒂芬·戈德史密斯、威廉·D·埃格斯：《网络化治理：公共部门的新形态》，孙迎春译，北京大学出版社 2008 年版，第 6 页。

在非网络状的社会（农业社会、工业社会）中出于核心地位，社会运转有赖于政府的规划、指导和管制。在网络状社会中，政府与其他组织一起构成了相互依赖的组织网络。由于网络状社会中出现的问题具有复杂性特点，从而使单个政府部门解决问题的能力受到了限制，政府必须与网络中其他组织合作才可能有效地回应社会。合作是一种动态的过程，政府可以不断变更网络的线路和挑选合作的伙伴。网络系统的特点是各个成员通过了解，能够在互动中创造出新的解决复杂问题的方法。

公共服务的网络公共治理意义在于：①府际管理有利于治理运动的深入。人们越来越意识到，公共事务的有效治理不仅仅依赖于政府，需要将视野扩展到政府与其横向和纵向的政府间关系、政府与私人部门、志愿部门和市民之间的关系，府际管理意味着人们治道思维的变革。②府际管理有利于建立公共物品与服务供给的多中心、多层次制度。一些跨地区、大范围的公共物品与服务，例如大江大河的治理、跨区街道的巡逻，需要政府间协调和管理；在提供公共物品与服务时，应该鼓励政府、企业、个人、NGO 等各类主体之间的竞争，提高供给效率。③府际管理有利于处理好政府间存在竞争与合作中出现的问题。在政府间竞争中，往往存在地方封锁与保护、合作与协调不够、产业结构雷同、外部性问题突出等现象。府际管理倡导的政府间信息共享、资源优化配置、共同规划、联合经营等方式，将为这些问题的解决提供新思路。

表 1-6　两种政府管理模式的比较

	网状治理模式	科层管理模式
政策主体	网络主体 垂直方向上不同等级政府之间 水平方向上政府、企业、社会之间	一元主体 上级对下级政府有支配权 没有政府间与政社间合作
政策动因	应对市场和政府双重失效	纠正市场失灵
政策目标	政策相关者确定目标	政府单独确立目标
政策制定	上下互动，网络联系	自上而下，线性联系
政策实施	非强制性，伙伴关系	有强制性，等级命令
政策调整	及时反馈，良好回应	机制刚性，难以调整

1.2.3 媒体服务供给公共治理的研究界定

1.2.3.1 媒体服务的概念界定

本书从管理学的角度，认为媒体服务（广义）[1]是媒体提供给受众的有形的媒体服务和无形的媒体服务（狭义）的总和。有形的媒体服务[2]是指媒体根据市场的需求，生产制作的旨在满足媒介消费者需求的产品[3]，以及其中所包含的舆论引导及价值塑造。[4]无形的媒体服务（狭义）不仅包括媒体提供的读者（视听众）服务[5]和媒体信访等传统服务，还包括（像东方CJ这样的电视购物节目、网络购物网站）通过提供有形物品而显示出的无形服务。

1.2.3.2 媒体服务供给的研究界定

在一般的经济学文献和社会科学文献中，"提供"（provide）和"生产"（produce）这两个术语是交替使用的。虽然它们之间的区别对于私人物品市场来说无关宏旨，但对于公共物品来说，"提供"和"生产"的区分却至关重要。萨瓦斯在《民营化与公私部门伙伴关系》中对公共物品（服务）的安排者和生产者的区分进行了深入论证，并据此提出了公私部门伙伴关系理论。他指出：就集体物品而言，集体行动在保证付费进而确保其有效生产方面是必需的，但"集体行动并不意味着政府行动"。因为，"当安排者和生产者二者合一时，官僚成本就产生了，即维护和管理层级系统的成本。当安排者和生产者不同时，又产生了交易成本，即聘用和管理独立生产者的成本。两种成本的相对值决定了安排和生产功能分开是否值得"。传统公共部门管理中的一个误区是忽视服务提供和服务生产之间的区别，进而错误地认为如果政府放弃了服务生产者的功能，就自然放弃了服务提供者的角色。对于那些属于政府"天职"的公共服务，政府应该是一个安排者，决定什么应该通过集体去做，为谁而做，做到什么程度或者水平，怎样付费等问题。至于服务的生产和提供，完全

---

[1] 本书论述的媒体服务，如无特殊说明，均指广义的媒体服务。

[2] 广义的媒介产品包括新闻版面、文字版面和广告版面及节目和广告时段。狭义的媒介产品指报纸电视节目广播节目。

[3] 丁汉青：《论媒介产品性质的动态变化》，载《国际新闻界》2008年第9期。

[4] 媒体服务不仅包括有形的信息载体及其附着的信息，还包括这些信息中所体现的舆论引导和价值塑造。议程设置理论说明大众传媒对舆论拥有较强的社会影响力。框架理论表明媒体信息的选择性能够体现媒体持有或想表达的价值观念。

[5] 林骥分析了媒体服务的三大趋势，仍限于传统的媒体服务范畴。参见林骥：《媒体服务的三大趋势》，载《军事记者》2008年第4期。

可以通过合同承包、补助、凭单、特许经营等形式由私营部门或社会机构来完成。本书进行的媒体服务供给在区别了媒体服务提供与媒体服务生产的基础上，引入公共治理中的绩效理念，对媒体服务的绩效也进行了分析。

1.2.3.3　公共治理的研究界定

在公共治理的理念指导下，本书探讨了公共服务提供的基本模式，并对合作供给模式和网络供给模式进行了较为详细的分析。网络供给模式是在合作供给模式的基础上，结合了府际管理的内容，应该是公共服务提供的理想模式。但鉴于政府网络公共治理的实践尚在探索过程中，媒体网络公共治理的实践在世界各国尚无可供参考的案例，媒体公共治理中关于府际管理的研究无论是理论还是实践都无借鉴，加上作者的媒体管理洞察力和媒体治理前沿性不足，目前无法开展此项研究，故本书的媒体公共治理的研究仅限于基于合作提供的 PPP 模式而展开。

1.3　媒体服务供给公共治理的研究模式

"治理是政治国家与公民社会的合作，政府与非政府的合作，公共机构与私人机构的合作，强制与自愿的合作。"[1] 由此可见，政府、企业、非营利机构是目前公共治理的几大主体。从这些主体的组合来看，媒体服务供给模式可分为单中心模式（PPB）、双中心模式和多中心模式（PPP）。

1.3.1　媒体服务供给的单中心模式

媒体服务供给的单中心模式可以分为政府主导模式、商业主导模式和公共主导模式。

表 1-7　媒体服务供给的单中心模式

媒体属性	供给主体	供给机制	供给模式	供给缺陷
政治属性	政府主体	国家机制	政策模式（P 模式）	政府失灵
社会属性	社会主体	自愿机制	公共模式（P 模式）	自愿失灵
经济属性	企业主体	市场机制	商业模式（B 模式）	市场失灵

---

[1]　俞可平：《作为一种新政治分析框架的治理和善治理论》，载《新视野》2001 年第 5 期。

1.3.1.1 政府主导的媒体供给的特征及其局限

考察中国传媒产业发展的进程可以发现，其中很重要的推动、制约力量是政府，它贯穿始终，不容忽视，直接提供中国传媒产业化的动力和框架。在传媒和政府之间，合作与博弈的双重关系经常交汇纠结，呈现出极其复杂的状态。传媒产业发展中的政府角色 [1]，是指政府本身在传媒产业发展中的投入与行为，政府通过规则制定、组织建设和环境优化等行为推动传媒产业持续、规范、健康发展，政府通过建立健全宏观调控手段规范、约束和完善政府的推动职能。具体而言，政府在推进传媒产业发展中的角色主要有以下三种。

（1）职能行为促动。相对于传统产业和传统经济增长机制、管理方式而言，传媒产业是集知识密集型、资本密集型和风险密集型为一体的新产业，它不单纯是企业经济行为，而是包括国家利益和安全在内的国家行为，因此，需要建立和健全与传媒产业发展相适应的政府职能行为，应做到以下几点：①制定传媒发展战略、方针、政策和具体规划，对传媒产业运行进行超前性设计，引导其合理使用传媒资源，实现传媒资源的优化配置。②汇集和传播文化经济信息，对传媒产品生产和再生产的各个环节、各方面之间的利益关系进行动态调整。谋求和谐共赢，实现文化经济宏观结构的稳定性及运行的有序性。③提高区域集聚能力，引导传媒产业向区域化发展，采取有效的行政手段，培育各类传媒产业园区和传媒产业增长极。

（2）环境优化拉动。努力改善和优化传媒经济运行的市场环境以及社会经济环境，为传媒产业发展清除障碍提供便利条件及优惠政策措施。应做到：①利用有力的行政手段形成有国家级特色和权威的传媒产业行政管理与协调机构的网络，提高社会宏观调控能力。②强化经济手段，吸引和集聚全社会参与传媒产业投资，提高社会整体投资规模和能力，有效解决传媒产业发展的投资瓶颈，如实施税收优惠，提供资金投入，增加政府购买，建立和完善金融市场等。

---

[1] 在我国，存在着由社会公共服务运营机构（事业单位）组成的第四域提供媒体服务的状况。我国的事业部门曾经覆盖了相对于"政府"和"市场"而言的广泛领域，除了政府机构和企业之外，几乎所有的社会组织都被纳入"事业单位"的范畴。而在欧美国家，"政府"和"市场"之外的公共服务主要由非政府部门完成。可以说，事业单位所提供的公共服务在我国占有举足轻重的地位。必须对其公共服务输送角色进行更明确的界定，梳理清楚它与其他部门的分工合作关系。公共服务提供机制中政府和事业单位的有效性分工实质就是政府承担必要的公共服务提供职能和公共行政责任，弥补市场失灵，而通过事业单位的介入，可以分摊政府部门在公共服务领域的成本，解决运行效率低的问题，同时避免政府失灵的发生，提高社会参与度。对此本书不再另行分析。

（3）传媒法律保护。发展传媒产业的本质是以市场机制替代过去的计划体制，成为文化资源配置的基础性力量。但自发的市场竞争过程则可能导致不正当竞争、限制竞争和垄断等现象的产生。我们知道，传媒产业是一个高固定成本、低边际成本甚至是零边际成本的产业。在传媒产业的绝大多数门类里，当消费文化产品或接受文化服务的受众群体变得十分庞大时，文化产品的平均成本往往很低。如影视制作业、报刊业、图书出版业等，都具有边际成本递减的特征。这种规模经济的特性必然导致文化产业的高市场集中度和寡头垄断市场结构，不利于充分市场竞争环境的形成。因此，政府有责任通过立法，确保正当竞争者利益和自由公平的市场竞争秩序不受损害。

中国市场经济发展历史较短，在这种社会大背景下发展传媒产业，政府强有力的宏观指导和调控显得尤为重要。但是，由于中国政府管理体制脱胎于计划经济时期，因此，在传媒产业发展中，政府的角色仍带有计划经济的烙印。这种印记也导致了政府主导媒体的低效应。斯蒂格利茨对政府的低效率具有独到的见解，他认为："导致政府活动常常是非效率的原因是它不具备私营部门的一些显著特征：1、公共部门内的竞争较弱；2、组织解体的威胁——对私营企业而言是破产的威胁——较弱；3、政府企业经常面临着一些并不会强加于私营企业的额外限制；4、政府企业经常面临做出承诺的问题。"[1]

政府失灵理论为合理界定政府在公共物品供给中的职能定位提供了可资借鉴的启示：①公共物品全部由政府组织或公营部门提供、生产或管制，并非是唯一或最有效的途径。②通过对公共物品性质的区分，以及政府提供公共物品时从政治、道义责任的考虑与提供过程中对技术和成本问题考虑的分析，为政府界定自身的职能和选择多种制度安排提供了可能性。③最小政府的原则。政府组织在经济、社会管理中的职能范围和活动空间全面收缩，政府的组织、人力与公共开支的规模逐步缩小。④政府机制可以采取集权与分权来实现。

1.3.1.2　市场主导的媒体供给的特征及其局限

在市场体制下，社会资源的配置是通过价格机制的作用来实现的，但市场调节及价格机制发生作用有一定的前提条件，而且市场本身不是万能的，萨缪尔森（P. A. Samuelson）认为："市场不是理想的，存在着市场失灵（market failure）。"具体

---

[1]　[美]斯蒂格利茨：《经济学》，梁小民译，中国人民大学出版社 2000 年版。

表现在这样几个方面：市场机制不能解决宏观总量的平衡问题；市场机制不能解决国民经济的长期发展问题；市场机制难以调整和优化产业结构；市场机制不适应于公共物品的有效生产；市场机制难以解决外部效应（externality）问题；市场机制无法防止垄断；市场机制不能解决收入分配不公问题；市场机制本身易受破坏。市场是社会经济协调发展的重要配置机制，能有效传导信息，调节供求，引导企业进步，促进经济发展，市场的自发有序性被作为社会经济发展的一个重要法宝。但是，市场的作用在很多情况下是有限的，尤其在社会公共资源积累和使用方面存在着一些"市场失灵"。

（1）公共物品的供给不足。每个人对这种公共物品的消费，并不能减少任何他人也消费该物品。它由它的使用价值所覆盖的全体消费者占有，而不能由个别消费者占有，它的使用价值由其使用价值所覆盖的全体消费者共同享有。

（2）无法解决"外部效应"问题。所谓"外部效应"，是指一定的生产者或消费者的行为意外地影响了他人利益，却无法通过市场价格来进行调节的情形。单纯依靠市场，无法使受益者付费或使受害者获得补偿，导致了社会收益和私人收益、社会成本和私人成本之间差异的产生，也就使得市场机制本身无法实现这类资源的最优配置。

（3）经济的周期性波动。经济周期、经济波动是内生于市场经济的，伴随着经济衰退和萧条的是收入水平的下降和失业率的上升，而伴随着经济过热的又是通货膨胀，这是市场经济自身难以克服的弊病。

（4）收入分配不公问题。由于历史条件、竞争能力的差别，收入分配过程中通常会出现社会难以承受的不平等现象，产生一系列的社会问题，这也是市场机制的一个重要缺陷。

（5）垄断问题。市场的有效运行是以自由竞争为条件的，然而许多行业在市场条件下又很容易形成垄断，垄断便会限制竞争，以至于引起产量不足、资源得不到充分利用和效率低下等问题，影响了市场效率的发挥。

（6）信息不对称问题。所谓"信息不对称"，是指供求双方对同一个产品或服务了解的程度是不一样的，这很容易造成交易量过小甚至市场消失，引起市场缺陷的产生。

对于中国的媒体供给现状，其实早已承认了新闻信息具有商品的属性，但传媒产业不能对新闻信息进行纯粹的商品化运作，这就是新闻的经济悖论，究其原因可从新闻的党性特征、新闻的公共物品特征、新闻需求的矛盾性特征以及新闻受众的信息对称要求四个方面来理解。

（1）新闻信息对物质载体有特定的要求，可以说新闻是物质与精神的统一体，物质载体本身的性能对新闻的使用价值有重要的影响。但是，新闻的使用价值主要不是决定于其物质载体，而是决定于其内容和消费受众的主观评价，物质不过是它的"外壳"，精神才是它的"内核"。新闻的精神内容有真理与谬误、进步与反动、健康与腐朽之分，因而大部分新闻的精神属性表现为鲜明的意识形态属性，即新闻有党性，新闻为其所代表的阶级、党派服务。新闻的党性虽没有影响新闻的价值，新闻仍然是新闻工作者的劳动产品，但它却赋予了新闻使用价值以阶级性。新闻的党性必然影响到新闻的市场运作，使新闻与新闻市场面临程度不同的党性约束。

（2）新闻信息生产是为了使同一思想内容能为众多的人共同享用，这种消费上的非排他性是公共物品的基本特征。值得注意的是，新闻的精神内容不仅具有一般公共物品在消费上非排他性的特征，而且还具有萨缪尔森所提出的纯公共物品的特征，即"每个人对这种物品的消费并不会导致任何其他人消费的减少"，有人把这个特征称为"供给的相连性"。通过报纸、广播、电视报道、网络等媒介，新闻可以被世界各国数以亿计的人同时接收，其内容不会被分割，也不会被冲淡。新闻受众人数的增加，既不会减少原有的消费，也不会增加供给的成本，因此新闻在总体上是纯公共物品。

作为公共物品，新闻生产者的个人收益要小于新闻产生的社会效益，即新闻生产者给社会带来了额外收益，新闻生产有外在正效应。社会获得额外收益而未支付相应的成本，生产者承担了全部成本却未得到全部的收益，这正是新闻生产应当得到政府和社会扶持的经济学依据。事实上各国的主流媒体也都是由政府来资助的，即使政府对新闻产品的提供也考虑到了成本与收益，但新闻的公共物品特性及其运作使新闻很难像一般商品供给那样实现成本与收益的对等。如果社会不对理应由社会承担的成本予以补偿，使不同产品的生产者之间实现利益的均衡，那么公益性新闻的生产就会萎缩。同时，在市场经济条件下，经济行为主体必然具有追求自身利益最大化的动机，即使是非营利性机构的新闻部门，也可能因追求自身利益而偏离社会目标，甚至改变自己的性质，有些新闻部门的生产者则不惜以损害社会效益为代价去谋求生财之道。事实上，这些问题在实践上并不缺乏论据。

（3）新闻信息需求的矛盾性与商品运作相悖。对一般商品而言，商品的社会需求与市场需求是同一个概念，所以只要有市场需求便会产生相应的市场供给，而这种市场的供给与需求往往是与社会的要求相一致的。但对于新闻而言，社会需求与市场需求的一致性并不总会出现，甚至有时二者完全相背，因此既满足市场需求又满足社会需求应当是新闻运作的最高境界。新闻的思想文化属性同其商品属性是兼容的，新闻的社会功能也可以通过市场的经济机制来实现，这是新闻的社会需求与市场需求相一致的含义。对新闻的需求作社会需求与市场需求区分的实质，是表明选择新闻的市场标准、社会标准、党性标准有统一性，但也有相背性。决定新闻供给与需求的力量，不仅来自于市场的内在机制，还来自于新闻机构的运作在多大程度上受政府权力调控，以及来自于新闻的市场需求在多大程度上有悖于新闻的党性。

现代新闻媒体的竞争越来越激烈，信息媒体无论在内容上和形式上都日趋个性化、娱乐化，越来越多的新闻信息更多的是迎合受众的兴趣。对受众最有吸引力、最能煽情、最有卖点的事件最有可能成为新闻，而对那些受众应该知道的，与他们的根本利益密切相关的重要信息却被现代新闻媒体给忽略了，这种不能满足社会需求的市场化新闻是新闻需求矛盾性的具体体现。

（4）新闻信息的商品化有悖于新闻受众的信息对称要求。时效性是新闻的生命力，是决定新闻交换价值大小的主要因素，但时效性并不等于每一个受众在同一时间内知晓相同的新闻内容。新闻媒体确信，在时间上造成不同受众之间知晓新闻内容的不对称会提高新闻的交换价值，因为早一点知晓新闻内容的受众比别的受众付出了更多的交易费用，新闻信息不对称可以通过不同的新闻渠道和交付不同的交易费用来实现。新闻信息造成的信息不对称是新闻信息商品属性的具体体现，但这种违背公共物品属性、社会公正属性的商品属性也是传媒供给的畸形形态，它最终将无益于传媒事业的健康发展。

但是，由于与生俱来的激励机制、经营者选择机制和竞争机制，使得商业广播电视媒介在与只承担公益功能，不面对市场和消费者，只面对公众，缺乏市场竞争力和追求剩余索取权的激励以及降低成本、提高效率的约束力的公共广播电视媒介的竞争中优势明显，节节胜出。公共广播电视只有靠顽强地恪守着"公共利益"的坚定目标维持生存。我们应该明确，即使一部分媒体是作为市场供给的公共物品，它仍然具有一定程度的公共性，需要承担公共责任，接受政府规制和公共监督。市场机制有效作用的发挥，有一个严格的制约条件——产权明晰。市场经济的正常运行，需要一个理性的政府来维护市场经济的秩序。而在满足社会成员公共需求的公共物品供给中，市场机制的正常运行更需要理性政府的规制。市场机制配置资源和供给物品之所以有效，是由于"看不见的手"对市场中的各种行为主体具有强有力的利益激励与约束。但是，公共物品供给的最终目的，是为了提供一种社会福利平台，以满足社会成员的公共需求。为此，市场供给公共物品，需要接受公共监督。

1.3.1.3　社会主导的媒体供给的特征及其局限

从政府失灵的角度来看，志愿性部门扮演补充的角色；但也可反过来看，也就是因志愿性部门失灵，所以政府扮演补充者的角色。也就是许多公共服务最好是由志愿性组织，特别是民众可志愿性参与的地方性团体来提供。若志愿性部门无法满足社会的需要，则政府再介入，这其实也符合长期以来志愿性部门先于政府提供服务的历史传统。志愿失灵具体表现在以下几个方面。

（1）公益事业失灵。志愿事业组织打出最响亮的口号是为社会大众，从事社会公益事业。但是社会大众对志愿事业组织公益性的各种要求，与现存志愿事业组织的狭小范围、领域的现状有较大的差距；志愿事业组织开展公益活动所需要的经费开支同志愿事业组织的资金能力之间存在很大的缺口。

（2）公益机构的业余性。志愿事业组织发展需要从业人员的专业化和科学化的管理同大多数志愿事业组织"业余性"存在巨大反差。公益事业的发展必然产生对资源配置的竞争，这种竞争不但来自其他同类志愿事业组织，也来自企业和政府。因而，现代公益事业急需现代化的管理理念和专业化、职业化的管理人才。但目前的志愿事业组织却缺少这种素质和资源。业余性和非专业化的志愿事业组织必然造成志愿事业组织社会职能的失灵，难以担负在社会领域发挥更大作用的重任。

（3）公益机构组织内部的家长作风、官僚化作风、行政化作风，甚至腐败现象的侵蚀。这种浓厚的官方色彩，也会人为抬高公民参与的门槛。

（4）志愿事业组织的非营利性和商业化经营的倾向产生的困惑。由于志愿事业组织也有"失灵"，志愿事业组织也会发生腐败和丑闻，因而，志愿事业组织不但需要"自律"、"互律"，而且需要"他律"。

志愿性部门失灵现象的存在，从另一方面说明了公共物品的供给不可能依赖一种机制或模式。事实上，政府机制、市场机制和志愿事业机制作为公共物品供给的不同制度安排，有各自的作用空间与边界条件。在其作用空间和边界条件内，每一机制对公共物品的供给是有效的，而离开了这些作用空间和边界条件，则可能导致供给公共物品的不足或失败。

面对传媒公共性缺失的危机,哈贝马斯主张建立一个摆脱政治控制、资本控制的传媒公共领域,以此保持传媒的独立性,并以此实现传媒的公共性。但是,在没有政治力量、资本力量的支持下,公共领域建构只能是一个理想的状态,是一个无法实现的概念。哈氏本人对此也表达出深沉的无奈。已有事实同样证明,西方传媒结构中,用以表达公共性的传媒类型——公共性传媒正加速解体。也就是说,在传媒功能结构中公共性缺失的同时,在传媒类型结构中公共性也发生缺位。在西方现代传媒的发展历程中,作为公共利益的代表,欧洲公共电视在很长时间内恪守传媒独立性和公共事务服务角色。比如,被称为世界公共广播电视的旗舰的英国广播公司BBC 的指导原则就是免于商业和政府的控制,使广播服务超越利润和娱乐的局限。[1] 这一理念在世界范围内获得广泛支持。

但是,自20 世纪80 年代开始,来自大企业的商业压力,使BBC 不得不以多种方式参与激烈的竞争并进行组织和机构改革。以此为开端,欧洲公共广播电视体系发生裂变:公共性传媒日益丧失其公共服务和公共表达的社会职能,而向以美国为代表的私有化传媒体制与高度商业化运作模式转化。欧洲公共性传媒最大限度地向商业性传媒转化。世界范围内公共性传媒结构缺位的危机全面发生。而以资本为标志的全球传媒霸权时代的到来,更使全世界公共广播电视面临根本的生存危机。[2] 中国传媒结构和西方不同,我国在政府、传媒、公众的结构关系中,一直存在一个既定前提:我们的政体性质决定了政府代表公众,政府利益与公众利益是一致的。因此,在传媒结构中,公众利益由政府代表,并通过传媒得以表现。因此,在我国的传媒类型结构中,并没有独立设置的公共性传媒。但是,中国改革正处于特殊转轨期。典型事实是,政府同样具有"经济人"的人格特征,成为一个实际上的利益主体。这即是说,政府并不总代表公众利益,即使在我国,政府与公众之间也不可避免地会发生利益的冲突。公众的立场和利益,在传媒类型结构中的缺位,也是一种事实上的缺憾。

1.3.2 媒体服务供给的双中心模式

媒体服务供给的双中心模式是指媒体的三个主体进行双组合,产生了政府—企业组合、政府—社会组合和企业—社会组合 [3]

---

[1] 郭镇之:《欧洲公共广播电视的历史遗产及当代解释》,载《国际新闻界》1998 年第 8 期。

[2] 张金海、李小曼:《传媒公共性与公共性传媒——兼论传媒结构的合理建构》,载《武汉大学学报(人文科学版)》2007 年 11 月版。

[3] 媒体服务供给的企业—社会组合因缺乏普遍性,本书不再论述。

表 1-8　媒体服务供给的双中心模式：双组合模式

双组合	组合缺陷
政府—企业组合	社会功能缺失
政府—社会组合	经济功能缺失
企业—社会组合	政治功能缺失

1.3.2.1　媒体服务供给的政府与企业组合

政府与市场组合即公共服务提供的公私合作。合作预设是公共服务的"安排者"与"生产者"分离。

表 1-9　公共服务的集体消费单位与生产单位

集体消费单位（公共服务安排者）	生产单位（公共服务供给者）
一般来说，它是一个表达和综合其选民之需求的政府	可能是一个政府单位、私人的营利性企业、非营利性的机构或者自愿协会
拥有强制性的权力来获得资金以支付其公共服务费用，并管理消费模式	综合生产要素并未特定的集体消费单位生产物品
向生产公益物品的生产者付费	从集体消费单位获得支付以生产公益物品
收集用户意见，并监督生产单位的绩效	向集体消费单位提供有关成本以及生产可能性的信息

在一般的经济学文献和社会科学文献中，"提供"（provide）和"生产"（produce）这两个术语是交替使用的。虽然它们之间的区别对于私人物品市场来说无关宏旨，但对于公共物品来说，"提供"和"生产"的区分却至关重要。萨瓦斯在《民营化与公私部门伙伴关系》中对公共物品（服务）的安排者和生产者的区分进行了深入论证，并据此提出了公私部门伙伴关系理论。他指出：就集体物品而言，集体行动在保证付费进而确保其有效生产方面是必需的，但"集体行动并不意味着政府行动"。因为，"当安排者和生产者二者合一时，官僚成本就产生了，即维护和管理层级系统的成本。当安排者和生产者不同时，又产生了交易成本，即聘用和管理独立生产者的成本。两种成本的相对值决定了安排和生产功能分开是否值得"。传统公共部门管理中的一个误区是忽视服务提供和服务生产之间的区别，进而错误地认为如果政府放弃了服务生产者的功能，就自然放弃了服务提供者的角色。对于那些属于政府"天职"的公共服务，政府应该是一个安排者，决定什么应该通过集体去做，为

谁而做，做到什么程度或者水平，怎样付费等问题。至于服务的生产和提供，完全可以通过合同承包、补助、凭单、特许经营等形式由私营部门或社会机构来完成。"……经验研究已经发现，承包出让的成本往往低于政府供应。"来自英国、美国和加拿大的证据都表明，签约承包降低了20%—30%的生产成本。媒体的提供与生产的关系见图1-6。

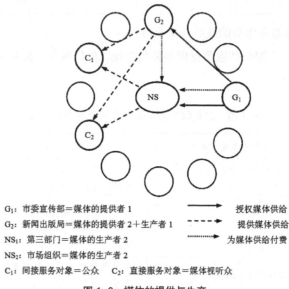

G₁：市委宣传部＝媒体的提供者1   → 授权媒体供给

G₂：新闻出版局＝媒体的提供者2＋生产者1   ⇢ 提供媒体供给

NS₁：第三部门＝媒体的生产者2   ⋯→ 为媒体供给付费

NS₂：市场组织＝媒体的生产者2

C₁：间接服务对象＝公众   C₂：直接服务对象＝媒体视听众

图1-6　媒体的提供与生产

1.3.2.2　媒体服务供给的政府与第三部门组合

政府与第三部门关系模式理论[1]是由吉德伦、克莱默和萨拉蒙等人提出来的。他们的理论更好地描述了福利国家中政府与第三部门之间的关系，吉德伦、克莱默和萨拉蒙等人在对政府与第三部门之间的关系进行广泛有深度的比较后，以福利服务的资金筹集和授权、服务的实际配送为核心变量两个非常关键的要素，提出了政府与非营利组织关系的四种最基本模式：政府支配模式、第三部门支配模式、双重模式合作模式。政府与第三部门的合作关系并非依附性关系，而是一条合作伙伴关系：第三部门要争取更多的公共参与权、独立性和自治性，应主动加强与政府的合作。政府新公共服务改革的基本宗旨是要改变传统的国家与社会、政府与市场的关系模式，全面实现政府公共管理方式的转变：变微观管理为宏观管理，变直接管理为间

---

[1]　BenjaminGidron，RalphKramer，Lester M.Salmon：*Government and the Third Seetor*，SanFrancisco，Josser-Bass Publishers，1992，p.18.

接管理，变单一管理为多元管理，变过程管理为目标管理。政府不再是公共服务的唯一提供者，除企业外，第三部门在社会公共事务管理中发挥着越来越重要的作用。同时，两者关系不是单方面的合作伙伴关系，两者是组织上相互独立，职能上相互协作、相互依存、相互促进、相互补充、相互影响、彼此监督的关系。这种关系必须是建立在双方地位对等的前提下，这样才能平等而有效地合作。在公共服务提供中，第三部门和政府部门之间存在以下交换关系：资源交换和政治互赖。本书可以根据"服务的财务与授权"和"实际的服务输送者"这两个层面来勾画出四种政府与第三部门在提供公共服务上的合作关系模式（见表1-10）。

表 1-10　政府与第三部门的合作关系模式

功能	模式			
	政府主导	双元模式	协力模式	第三部门主导
经费提供者	政府	政府与第三部门	政府	第三部门
服务提供者	政府	政府与第三部门	第三部门	第三部门

1.3.3　媒体服务供给的多中心模式

在社会结构中，政府、企业与志愿事业三者是一种互动关系。政府、企业与志愿事业的角色与功能互补是缘于三者之间的伙伴关系（如图1-7）。

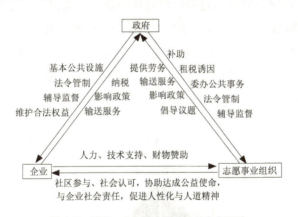

图 1-7　政府、企业与志愿组织的角色互动

政府、企业和志愿事业部门三者"伙伴关系"的形成，是缘于三者在人类活动，特别是公共物品的供给中的独特功能和固有缺陷。如前所述，政府机制、市场机制和志愿事业机制作为人类社会运行的基本制度安排，在公共物品的供给中各自有不同

的功能空间和边界条件。在各自的功能空间和边界条件内，它们对于公共物品的供给是相对有效的，离开了这些功能空间和边界条件则可能导致公共物品供给的无效率。

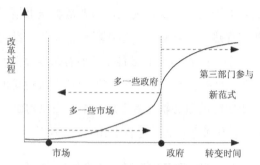

图 1-8　公共物品供给方式的范式变迁

从理论分析和公共物品供给的实践看，市场机制在公共物品供给中存在失灵问题。政府的介入虽可在一定程度上弥补理性个体行为的不足，避免"公地悲剧"现象。但由于官僚制、竞争不足以及信息不对称等方面的原因，政府在提供公共物品时也存在失灵的问题。公私部门伙伴关系，可以在很大程度上弥补市场和政府的双重失灵，但仍然存在双方互相无法弥补的部分。公共物品供给中的第三部门参与，单独或者与政府结成伙伴关系，提供或生产公共物品，有助于超越单纯的公共物品公私二元供给模式，从而在政府和市场之外，形成一种公共物品供给的新范式。

第三部门在提供公共物品过程中也存在志愿失灵的问题，其所需要的开支与其所能够募集到的资源之间存在一个巨大的缺口。这就要求第三部门在提供公共物品——特别是像媒体这样的公共性程度比较高的公共物品——时，需要与政府结成伙伴关系，获取相应的资源支持，在二者之间形成相互依赖、相互补充的格局。本书提出媒体服务供给的多中心模式见图 1-9。

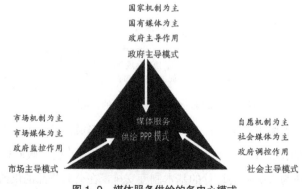

图 1-9　媒体服务供给的多中心模式

1.4　媒体服务供给公共治理的研究方法

在总结媒体管理研究方法和分析技术的基础之上，本书结合研究能力与可行性，综合运用了多种哲学社会科学研究方法。

1.4.1　媒体研究方法和分析技术综述

综观媒体管理研究，其具体运用的研究方法和分析技术很多，表 1-11 为经常采用的研究方法和分析技术。

表 1-11　媒体管理研究方法和分析技术

方法、技术	概　要
深度访谈和抽样调查	定性研究的基础
内容分析方法	对定性资料进行定量分析的方法
媒体管理的社会学方法和理论观点	人类学方法（anthropological approaches）、文脉方法（contextual approaches）、批判功能主义（critical functionalism）、文化功能学派观点（cultural functionalist perspective）、杜尔凯姆学派方法（Durkheimian approaches）、戏剧学派观点（dramatic logical perspective）、经济功能主义观点（economic functionalist perspective）、文化人类学观点（ethnographic perspective）、新马克思主义方法（neo-Marxist approaches）、政治工具主义观点（political instrumentalist perspective）、现象学（phenomenological）、结构学派（structurational）、文本主义观点（textualist perspective）
媒体影响的研究技术	克服从众多因素中剥离媒体的真实影响并对其进行量化测度；经济学方法；社会影响评估（social impact assessment，SIA）
统计和抽样分析技术	定量研究方法，统计分析、聚类分析（cluster analysis）、多元判别分析（multiple discriminant analysis）、多维尺度分析（multidimensional scaling）等
决策研究 IPA 方法	重要程度—绩效表现分析（importance-performance analysis，简称 IPA 分析），IP 意象图的研究方法
运用互联网进行研究的技术	查询研究文献、了解各国媒体发展的总体情况，具有成本低、速度快的特点，通过电子邮件、语音邮件等方式进行问卷调查工作（e-mail/v-mail survey）

1.4.2 本书采用的技术路线

在充分听取专家意见的基础上，结合合作导师意见和笔者观点，本书采用的技术路线如图 1-10 所示。

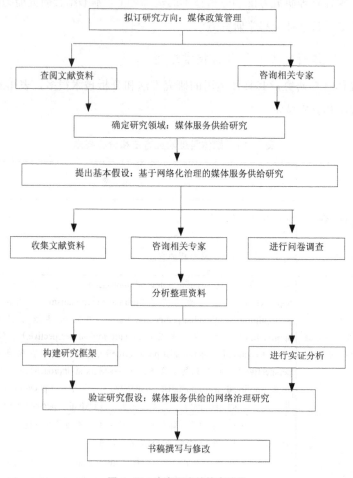

图 1-10　本书研究的技术路线

1.4.3 本书采用的研究方法

学术研究的方法可以分为科学的方法和实证的方法两大类。科学的方法分为一般性的科学方法（归纳、演绎、类比等）和特定学科的特殊的科学方法（例如实地调查法）。实证的方法指分析、比较、综合、抽象、溯因等初级逻辑推理过程和手段。在本书的研究中，根据特定的内容使用了不同的研究方法。总的来说，在理论框架

的构建过程中，主要使用一般性的科学方法（例如演绎和归纳）；在对媒体绩效与
实例分析中，部分使用了实证研究方法。

　　另外，许多理论性推断也是通过实证分析予以佐证的。如果将科学研究分为理
论研究、实证研究和案例研究三个层次，那么本书则是三者兼具，但侧重理论研究
和案例研究。

1.4.3.1　文献资料与专家访谈相结合

　　文献资料法就是通过对各种相关文献资料进行分析，以间接的方式获取研究对
象信息的方法。笔者通过检索网站（相关的国内网络资源如表 1-12 所示）。期刊与
书籍来收集相关的文献资料。对于国外的文献，由于资源和方法的限制，本人主要
通过网络查询。

表 1-12　新闻传播与媒体管理的网络资源

分类	网站地址
综合性新闻传播学术网站	中国新记者网 http://www.areter.com 中国新闻传播学评论 http://www.cjr.com.cn 中华传媒网 http://www.mediachina.net 京华传媒网 http://www.jhcm.com 中国新闻研究中心 http://www.cddc.net 新华传媒工场 http://www.xinhuaonline.com 传媒观察 http://www.chuanmei.net 华文报刊网 http://www.chinesebk.com 中国报刊网 http://www.china-bk.com 视联网 http://www.chinatv-net.com 中国媒体资讯网 http://www.cmni.com.cn 新闻出版教育网 http://www.nppn.com.cn 中国广电网 http://www.chinabctv.com 五洲传媒 http://www.cn5c.com 中国网络传播研究 http://www.chinancr.com 传媒工厂 http://www.watchcool.org 每日传媒视点 http://www.10-25.net 史坦国际中国传媒论坛 http://www.stanchina.com/forum 视听纵横：网络与传播学研究 http://www.tvnet.com.cn/Cop/Shitzh 中国记者网 http://press.gapp.gov.cn/web/

续表 1-12

分类	网站地址
新闻传播教育机构和研究机构网站	复旦大学新闻学院 http://www.xwxy.fudan.edu.cn 中国人民大学新闻学院 http://www.ruc.edu.cn/yxxk/xinwen/_private/index-xw.htm 清华国际传播研究中心 http://www.media.tsinghua.edu.cn 华中科技大学新闻与信息学院 http://www.mediaren.net 北京广播学院 http://www.bbi.edu.cn 兰州大学新闻系 http://xinwen.lzu.edu.cn/index.htm 南京大学新闻传播学院 http://www.nju.edu.cn/njuc/dep/xinwen 暨南大学新闻与传播学院学生网 http://jnunews.myetang.com/index/coverindex.htm 厦门大学新闻传播系 http://www.a.com.cn/cn/rcxx/rcxx_0/2.htm 北京大学新闻与传播学院 http://sjc.pku.edu.cn 浙江大学新闻与传播学院 http://www.zju.edu.cn 武汉大学传播与信息学院 http://www.zju.edu.cn 上海大学影视艺术技术学院 http://www.shu.edu.cn/Admiss/film/index.htm 中国社会科学院新闻与传播研究所 http://www.cass.net.cn/chinese/s11_xws 央视—索福瑞媒介研究 http://www.csm.com.cn
新闻传播管理机构和行业组织机构网站	国家广播电影电视总局 http://www.chinasarft.gov.cn 中华人民共和国新闻出版总署 http://www.ppa.gov.cn 中国报业协会 http://www.cinic.org.cn/newpage/bkgl/index.htm 中国广告协会 http://www.a.com.cn/cn/hygl/ggxh/ggxh/
新闻传播业务类报刊网站	中华新闻网 http://www.china-media.com.cn/ 新闻战线 http://www.peopledaily.com.cn/GB/paper79/ 新闻实践 http://www.zjdaily.com.cn/gb/node2/node802/node37145/index.html 新闻记者 http://www.eastday.com/epublish/gb/paper159/index.htm 南方电视学刊 http://www.gdtv.gov.cn/southtv/index.html 新闻前哨 http://www.cnhubei.com/xwqs/ 中国传媒科技 http://202.84.17.77/2002-2/home.htm 中国记者 http://202.84.17.21/ 新闻知识 http://www.sxdaily.com.cn/xwzs/ 新闻与写作 http://www.bjd.com.cn/xwxz/xwxz.htm 青年记者 http://www.e23.com.cn/news/zhuanti/qnjz/qingnianjizhe8.htm

续表 1-12

分类	网站地址
传媒界人士的个人网站	中国新记者网 http://www.areter.com 我写新传播资讯 http://www.woxie.com 紫金网 http://www.zijin.net 记者郑直 http://www.zhengzhi.com 报纸观察 http://sory.myrice.com 成都媒体研究 http://cdmedia.vip.sina.com 中国新闻人文化网 http://www.xinwenren.com 传播学论坛 http://ruanzixiao.myrice.com 磊周刊 http://newrocky.myetang.com 新闻业界·无冕狗仔队在线 http://newsmaker.tongtu.net 老王论坛 http://wangsstudio.myetang.com/lwlt 阿明顾问室 http://www.xuyuanming.com/ 语人工作室梦想热讯·传媒观察 http://212.myrice.com/media.html 记者黄义仲 http://news2000.y365.com 都市记者 http://cztvds.tongtu.net 唐老鸭专刊（新华社记者唐师曾个人主页）http://www.sjbl.com/tang.htm 传媒 21 http://media21.diy.163.com/media21.htm IT 写作社区 http://home.donews.com 第四媒体 http://www.no4media.com 中国新闻人 http://www.xinwenren.com 记者家园网 http://www.jizhe.org 西祠胡同·新闻传播研究 http://www.xici.net/main.asp

　　国内的学术资料，本人主要通过登录中国期刊网（http://www.cnki.net）（中国期刊全文数据库和中国优秀硕博士论文数据库）、中国教育和科研计算机网（http://www.edu.cn）、中华人民共和国教育部网（http://www.eksp.edu.cn）等网站获取。根据检索目录查阅了近 10 年来国内外有关新公共服务的文章 200 余篇，阅读了有关著作 50 余部，查阅相关论文 300 多篇，获得了大量的二手资料。这些文献资料为本研究提供了重要的理论及实证依据。在文献收集和整理的基础上，本书还采用了专家访谈法（见表 1-13）。在初步确定选题之后对媒体方面的专家进行了关于研究的可行性咨询，在得到鼓励和肯定后初步提出相关的分析、讨论和建议。随后针对本研究的具体内容、研究层次和研究重点针对性地访谈了管理学方面的专家，得以吸取专业意见，不断地充实内容，并修改不合理的内容。

表 1-13 专家访谈的主要记录

访谈时间	访谈对象	访谈方式	访谈内容
2008 年 10 月	同济大学经济与管理学院教授	面谈	媒体宏观管理的研究思路
2008 年 10 月	复旦大学新闻学院教授	面谈＋电话	媒体宏观管理及其研究的现状
2009 年 6 月	武汉大学媒体发展研究中心教授	E-mail	媒体管理的研究进展
2009 年 10 月	《解放日报》副总编辑	电话＋E-mail	《解放日报》的管理状况
2009 年 11 月	上海市委宣传部事业管理处	面谈＋电话	上海媒体的政府管理状况
20010 年 3 月	SMG 集团 ICS 频道总监	面谈	ICS 的运行及其绩效评估
2011 年 2 月	《解放日报》副总编辑	面谈	《解放日报》的绩效管理
2011 年 2 月	日本广播协会 PP 局西川部长	面谈	NHK 的经营管理机制

1.4.3.2 规范研究与实证研究相结合

规范分析方法主要回答"应该怎么样"的问题，"应然性"是其特征，较适用于对特大活动管理的分析。根据本书的性质和研究的目标，本书依照文献调查、实地调研、理论探索的技术路线，将通过查阅文献、专家访谈，以及个案分析所获得的资料、经验和事实，进行逻辑思辨，运用演绎、归纳与类比的方法，从理论和实践上分析媒体管理的历史与现状，并在此基础上提出基于供给服务理念的媒体管理的建议和措施。本书将经过理论归纳的媒体服务提供的网络治理模式应用在ICS频道，提出了 ICS 的服务改进管理建议，从而将规范研究与实证研究有机地结合了起来。

1.5 媒体服务供给公共治理的研究框架

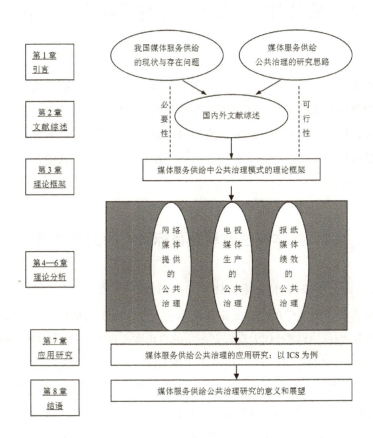

图 1-11 基于公共治理模式的媒体服务供给研究的基本框架

第 2 章 媒体服务供给公共治理研究的文献综述

鉴于本书进行的媒体服务公共治理研究在国内外尚无专门的系统性研究，无法进行细致的有针对性的文献综述。本章分别针对媒体属性及利益目标研究、公共产品供给研究、传媒产业与媒介体制研究和网络公共治理理论四个领域，将涉及的相关研究文献进行综述，整理相关领域的研究思路和最新进展，以便在此基础上展开更为深入的研究。

2.1 媒体属性及利益目标研究的文献综述

2.1.1 国外学者关于媒体属性及利益目标的研究

西方经典新闻传播学理论，无论其从属于主流学派还是批判学派，都承认媒介所担负的公共责任。伴随近代大众媒介产生的自由主义报刊理论，坚持"新闻自由"的信念。约翰·密尔顿（1959）[1] 提出了"意见自由市场"的理论，主张在给予人民有关各项事务充分信息的前提下，让人民大众利用媒体充分自由地表达各自的意见，通过"意见市场"上正确意见与错误意见的相互竞争，给予真理更加鲜明的机会（施拉姆，1980）。[2] 盛行自由市场经济体制的美国传媒业，至今依然坚信消费者自我的判断和选择就是使公共利益最大化的最好方式。

美国报刊自由委员会在其总报告《一个自由而负责的报刊》中要求报刊对全社会负责（Hutchins Commission，1947）。[3] 尽管社会责任论从未在真正意义上得到实现，但其倡导的对传媒业自利行为应当有所限制的思想至今仍有重大影响。例如，美国媒介所有权集中还是采取一定程度的限制，尤其是通过 FCC 对广播电视业采取了系

---

[1]　[美] 约翰·密尔顿：《论自由》，许宝骙译，商务印书馆 1959 年版。

[2]　[美] 施拉姆：《报刊的四种理论》，中国人民大学新闻系译，新华出版社 1980 年版。

[3]　Hutchins Commission: *A Free and responsible Press*, The University of Chicago Press, 1947.

统化的监管措施，以保证其服务于公共利益需要。相对而言，欧洲传媒业比美国更具"民主参与"的传统，大多数欧洲国家建立了公共媒体，服务社会公众的需要。"新闻传媒业在宪法体制中占据优先位置，这并不是为了使之能赢利发财，也不是为了将新闻工作者划拨为一个受优惠的阶层，而是为了实现公众的知情权，知情权对于人民的统治权至关重要。"（Dennis，1999）[1]

发端于欧洲的传播学批判学派将大众传播本身作为社会体制的一部分，考察大众传媒业在社会控制中的作用。沿承马克思主义理论体系的传播政治经济学派认为，文化的生产与流通发生在一个特定的经济与政治体系之中，由国家、经济、社会制度、文化以及媒体机构之间的关系构建而成，因此将传播活动作为一种实践活动，以生产、分配、流通、交换及其宏观决策活动这种政治经济学的思路来观察媒介及其传播行为（莫斯可，1996）。[2] 批判学派得出的结论是悲观的，大众媒介只不过是资本主义的统治工具，但也认同了自由主义报刊理论的局限性和公共干预的必要性。一般而言，传播政治经济学者反对公共媒介的私有化、市场化和商业化，并且隐含着对传媒市场体系进行必要的公共干预，从而纠正完全依赖市场所造成的不平等的主张。

因而，尽管传播理论学界存在着各种学派的分野，但总体上都承认传媒业公共利益的存在性，只不过在公共利益的实现手段上存在差异。自由主义者认为市场竞争是公共利益实现的最好方式；而社会责任论试图从自律和政府措施上缓解自由主义理想化的不足；欧洲则采用公共媒介体制，试图扩大民主参与；而批判学者则从各个角度批判了传媒业公共利益自动实现的不可能性。20 世纪 60 年代，法兰克福学派的最后一位批判理论家哈贝马斯认为"公共领域"是这样的一个领域：国家和社会之间可以存在一个公共空间，市民们可以在这个空间中自由言论，不受国家的干涉。同时，他认为"公共领域"是大众媒介运作的空间之一，大众媒介自身就是公共领域的一部分。[3]

事实上，多元化正在受到商业媒体巨头的侵蚀。政府规制的"公共利益理论"是以政府代表公共利益作为前提假设的。但是在现实经济中，有限理性、信息不完全以及政府规制成本常常会使政府规制行为和效果偏离资源的最优配置而产生非效

---

[1]　Dennis, Everett E., Merrill, John C.: *Media Debates*：*Issues in Mass Communication*, New York：Longman, 1991: 47.

[2]　[美]文森特·莫斯可：《传播政治经济学》，胡正荣译，华夏出版社 2000 年版。

[3]　[美]哈贝马斯：《公共领域的结构转型》，曹卫东译，学林出版社 1999 年版。

率,规制者并不总是始终如一、忠诚地代表公众的利益。更为现实的是,作为"经济人"的规制者对利益集团"寻租"的反应,常常使其被利益所俘获,从而代表某一特殊利益集团的利益,而非一般公众利益。

因此,如何对传媒业采取适当的监管措施来维护公共利益的实现,是传媒体制和政策研究的核心课题之一,"媒介和传播业理应当为公共利益服务,新的媒介政策可被视为在政治、社会和经济价值这三种价值之间寻求新的平衡"(Jan van Cuilenburg, Denis McQuail,2003)[1]。随着媒体竞争、商业化和全球化浪潮的推进,媒体的责任被进一步阐发,并与公共政策、媒体治理等联系在一起,这些论证已经延展到具体的政策领域。1996年美国的《联邦电信法》就是典型的例子。2002年以来,放松管制政策带来的问题逐步显现,使得人们不得不重新思考自由主义政策过程的得与失。

2.1.2　国内学者关于媒体属性及利益目标的研究

传媒业公共利益的观点同样为国内的相关研究所承认,"大众传媒在更大程度上要受到公共性和公益性的制约,这种公共性和公益性的依据包括三个方面:第一,大众传媒是现代社会必不可少的信息生产工具者和提供者,在满足社会的普遍信息需求方面起着一种公共服务的作用;第二,大众传媒的信息生产和传播活动对社会的政治、经济和文化道德诸方面具有广泛而强大的影响力,这种影响力涉及普遍的社会秩序和社会公共生活;第三,大众传媒是某些'稀缺'公共传播资源的受托使用者,作为公共财产的使用人,它们必须对社会和公众承担相应的义务和责任"(郭庆光,1999)[2]。然而,对于如何维护传媒业担负的公共利益责任,中国的传媒体制仍处于艰难的探索之中。关于媒介的经济属性和社会属性的争论使媒介永远生存在这二者的动态平衡当中。正是对这两个属性的不同倾向决定了我们对媒介所有权的态度。林泽勇(2003)[3]认为将媒介属性简单归结为经济属性和社会属性是不全面的。中国的媒介属性复杂,造成媒介经营是"小脑发达,大脑萎缩",意思是说媒介在经营行为方面异常活跃,然而,在长久的发展方针大计方面却是常常含混不清,经营者的中长期战略选择往往受制于整体的媒介政策。张瑞静(2012)的《对公共利

---

[1]　Jan van Cuilenburg, Denis McQuail: Media Policy Paradigm Shifts: Towards a New Communications Policy Paradigm, *European Journal of Communication*, 2003.

[2]　郭庆光:《传播学教程》,人民大学出版社1999年版。

[3]　林泽勇:《从媒介属性看媒介产权改革》,载传媒学术网,2003年。

益之于媒介属性理论的思考》总结出，传媒业秉持平衡而协调的三重属性：公共性、意识形态性和产业性，既是社会和谐发展的基础，也是传媒业自身和谐发展的条件，这就是持"三重属性理论"的核心观点。

张志（2003）[1] 的《中国广电事业政府规制改革研究》和于斌（2006）[2] 的《广播电视产业之法律规制研究》分别从广电事业和产业的角度分析了政府规制体系建设的问题。但前者立足于中国广电业作为事业、政府的规制体系建设，忽视了大量传媒机构实际作为市场主体在运行的事实，因此，忽视主体内部规范和市场规范的情况下，仅强化政府管制，不足以产生一个健康成长的传媒业；与之相反，后者的研究，建立在传媒已经完全产业化的基础上，然而传媒机构当前的性质仍然定位不清，国家法规对事业、产业的界限也没有清晰划定，传媒建立现代监管体系的产权基础也不存在，因此，在此之上的产业规制体系也是空中楼阁。

彭永斌（2004）[3] 认为传媒产业经营即传媒资源在产业界面上的组织与利用，重视和加强传媒产业的核心意义在于有助于从根本上扭转业界长期存在的粗放型增长局面，实现中国传媒业增长方式由粗放型向集约型的根本转变。其中可供选择的经营模式有四种，即专业型模式、跨业型模式、规模型模式和外向型模式。传媒属性决定了中国传媒产业的发展方向，同时，传媒属性也决定了传媒结构关系。在中国的传媒结构中，政府取向、传媒取向与公众取向，均需以不同传媒类型得以实现。张金海和李小曼（2007）[4] 提出兼具意识形态属性与商业属性的中国传媒，在其发展过程中如何避免传媒公共性结构转型的危机，值得我们思考。因此，传媒结构的合理建构势在必行。潘忠党（2007）[5] 也认为传媒的公共性是历史地构成的，其核心在于在多大程度上，一个体制提供了展开自由、开放、公开、平等、公正和理性的交往之空间和保障，而且在多大程度上，处在其中的传媒以其实践，为这种交往之展开扮演了平台和服务的角色。

---

[1] 张志：《中国广电事业政府规制改革研究》，中国人民大学出版社 2003 年版。

[2] 于斌：《广播电视产业之法律规制研究》，2006 年中国优秀博硕士学位论文全文数据库。

[3] 彭永斌：《传媒产业发展的系统理论分析》，西南财经大学出版社 2004 年版。

[4] 张金海、李小曼：《传媒公共性与公共性传媒》，载《武汉大学学报》2007 年第 6 期。

[5] 潘忠党：《传媒的公共性与中国传媒改革的再起》，载《传播与社会学刊》2007 年第 4 期。

2.2 公共产品供给的研究综述

2.2.1 关于公共产品的内涵的研究综述

从公共产品概念发展的历史来看，经济学家和理论家们对公共产品的定义是发展和变化的。公共选择学派的奠基者布坎南（1972）把公共产品定义为"任何由集体或社会集团决定，为了任何原因，通过集体提供的物品或服务"。而萨缪尔森（1948）[1]给公共产品所下的定义更通俗，是"任何一个人对某种物品的消费不会减少其他人对这种物品的消费"。

公共产品的两个主要特征是：非排他性（non-excludability）和消费的非竞争性（non-rivalness in consumption）。世界银行的《1997年世界发展报告》指出："非排他性是指使用者不能被排除在对该物品的消费之外，非竞争性是指一个使用者对该物品的消费并不减少它对其他使用者的供应。这些特征使得对公共物品的消费进行收费是不可能的，因而私人提供者就没有提供物品的积极性。"

公共产品可以从不同角度来划分，其中较为通用的是将公共产品分为纯公共产品和准公共产品。纯公共产品是同时具备非排他性和消费的非竞争性的物品和服务，例如公共安全、法规政策、环境保护、外交等；准公共产品是具备两个特征之一的物品和服务，例如教育、广播电视、社会保障、能源、通信、交通、城市公共服务等。

2.2.2 关于公共产品供给主体的研究综述

目前世界各国公共产品供给主体有三种：政府、市场及以第三部门为主体的自愿供给主体。而供给主体的组合包括政府—市场供给、政府—资源供给、市场—自愿供给、政府—市场—自愿供给。

霍布斯在其《利维坦》一书中对国家的论述，最早体现了公共产品政府供给的思想。大卫·休谟的《人性论》也隐含了公共产品政府供给的思想，以共有草地的排水问题为例，最早涉及公共产品的核心问题，闪烁着"免费搭车"问题的思想光芒，并提出了只有政府参与才能有效克服。而王传纶、高培勇（2007）[2]认为公共产品或劳务市场供给是时令的，不能通过私人部门市场供给，只能通过政府部门供给。

---

[1] [美]萨缪尔森：《经济学（第18版）》，萧琛译，人民邮电出版社2008年版。

[2] 王传纶、高培勇：《当代西方财政理论》，商务印书馆2007年版。

马胜杰、夏杰长（2003）[1]认为由于政府代表的是一国全体公民，因此当提供一种公共产品的最优集团规模为无穷大时，也就是集团增加一成员给现有成员减少的边际效用永远小于边际成本时，以至于一国全体公民共同消费和提供才是最优的。邢福俊（1999）探讨了城市公共产品供给的主体选择问题，认为从城市公共产品的供给效率上来看，城市公共产品也只能由城市政府来提供。由于城市政府更接近于当地居民，因而能够更好地了解居民的不同偏好；并且能对当地的偏好及环境做出反应，提供满足居民需要的公共产品及劳务，提高资源的配置效率。因此，这样的公共产品应该由全体公民的代表——政府来提供。

亚当·斯密（2005）[2]最先将公共支出与市场失灵联系起来，他的分析涉及公共产品的存在必然导致市场失灵。他认为公共产品和设施在完全没有政府的情况下难以较好地提供，但是政府的权力一定要受到限制，在一切可以以私人的方式提供公共产品的地方，应该由私人来供给，这样做往往比政府的直接供给有更高的效率。约翰·缪勒·比斯密（2006）更进一步分析了公共性的经济内容，"公共服务的提供是重要的，但没有人感兴趣，因为这些服务的提供，并不必然自然的获得适当的报酬"。缪勒已经模糊意识到"免费搭车"问题，所以在他的论述中已经包含公共产品市场供给的思想。吴俊培、卢洪友（2004）通过林达尔均衡模型、科斯模型得出政府效率解以及市场效率解，但这两种看似美好的极端结果是建立在严格的假设条件基础之上的，现实经济社会中不可能实现，从而出现了政府失灵以及市场失灵问题。通过建立受益范围与排他成本对公共产品有效供给的模型，得出应该构建"公"与"公"、"公"与"私"以及"私"与"私"的公共产品生产的竞争制度，努力推进公共产品生产的市场化。袁义才（2007）[3]运用产权经济学来分析，政府公共部门提供一种产品的这种制度安排是对企业通过市场提供该产品的制度安排的替代，政府公共部门和企业之间又组织成本上的差异，这种成本可以看作是交易城，并且是可能引起的总的交易成本变动的部分。

20世纪60年代，美国学者奥斯特罗姆夫妇提出了区分公共服务的"提供"和"生产"的问题。就政府向社会组织购买公共服务的过程来看，这一过程中有三个基本环节，即公共服务的供给、生产和消费。这三个环节相应地涉及三类主体，即公共

---

[1]　马胜杰、夏杰长：《公共经济学》，中国财政经济出版社2003年版。

[2]　[美]亚当·斯密：《国富论》，郭大力、王亚南译，上海三联书店2009年版。

[3]　袁义才：《公共经济学概论》，经济科学出版社2007年版。

服务的供给者、生产者和消费者。运用这三个环节和三类主体，可以构建政府向社会组织购买公共服务的"购买者—承接者—使用者"的三元分析框架。

20 世纪 80 年代以来，很多经济学家们将公共产品的私人供给作为研究对象，产生了一系列的研究。伯顿·韦斯布罗德（1974）提出的市场失灵 / 政府失灵论，认为第三部门是提供公共产品的私营机构。由于公众对公共产品需求差异的存在，政府提供公共产品时往往倾向于满足大多数处于中间状态的受众的选择偏好，而一部分人对公共产品的超量需求和特殊需求得不到满足。在这种情况下，具有拾遗补阙功能的第三部门应运而生。莱斯特·萨拉蒙（2007）认为全世界范围内对国家机构依靠自己的力量促进发展、提供社会福利和保护环境的能力失去信心，很可能也是公共产品自愿供给出现的一个关键因素。樊丽明、石绍宾（2003）[1] 认为公共产品的供给并非一成不变而是处于变迁之中的，主要表现为政府供给与私人供给的相互转化。

2.2.3　关于公共产品多元化供给的研究综述

Reymont（1992）首创了公共物品供给 PPP 模式（public-private-partnership），即公共部门与私营部门的合作伙伴模式。该模式支持政府与私营部门间建立长期合作伙伴关系，以"契约约束机制"督促私营部门按政府规定的质量标准进行公共物品的生产，政府则根据私营部门的供给质量分期支付服务费。私营部门根据公共项目的预期收益及政府的扶持力度进行融资和运营，而政府则依托私营部门的创业精神、民营资本及运作能力来提高公共物品的供给效率。

20 世纪 80 年代末以来，行政改革的浪潮在世界范围内兴起。奥斯本和盖布勒（2006）[2] 提出了"企业家政府"的概念，认为政府的职能应该是"掌舵"而不是"划桨"；登哈特夫妇（2004）[3] 认为政府应该更多的是服务而不是"掌舵"，应该让公民参与政府对公共服务的提供；彼得斯（2001）[4] 在《政府未来的治理模式》中提出

---

[1]　樊丽明、石绍宾：《中国公共品自愿供给实证分析》，载《当代财经》2003 年第 10 期。

[2]　[美] 戴维·奥斯本、特德·盖布勒：《改革政府：企业家精神如何改革着公共部门》，周敦仁等译，上海译文出版社 2006 年版。

[3]　[美] 珍妮特·登哈特、罗伯特·登哈特：《新公共服务：服务，而不是掌舵》，丁煌译，中国人民大学出版社 2004 年版。

[4]　[美]B·盖伊·彼得斯：《政府未来的治理模式》，吴爱明等译，中国人民大学出版社 2001 年版。

了政府致力未来发展形势的四种模式："一是市场式政府，强调政府管理的市场化；二是参与式政府，即对政府管理有更多的参与；三是弹性化政府，即认为政府需要更多的灵活性；四是解制型政府，即提出减少政府内部规则。"这些理论和模式的核心目标，是提高政府行政效率和公共服务质量，降低行政成本。

为此，各国政府陆续探索实现政府象征改革目标的各种途径。萨瓦斯（2002）认为："在公共部门的创新方案中，建立伙伴关系是核心要素之一。所要建立的伙伴关系包括社区伙伴（公民与志愿者）、私营部门伙伴、非营利组织伙伴等。"[1] 这就是说，在公共物品和公共服务的提供方面，需要改变政府的单一主体状态，而由多种多样的社会主体，比如由社会组织来提供，并且由此形成政府与社会组织合作提供公共物品、公共服务的伙伴关系，这种伙伴关系实际上是公共服务不同提供机制的结合。

闫娟（2002）认为政府应把职能定位于"掌舵"而非"划桨"，把不该政府管而应由社会管的事还给社会，从而更好地管好自己分内该管的事；同时，又要极力培育和扩大社会权利，调动各种社会力量的积极性，参与公共事务的管理，最终形成政府与社会之间的友好互动网络。阮萌（2009）在学习国外经验的基础上，提出以政府为主导的、多元主体的公共品供给模式是当前各国和地区普遍采用的方式。该模式有利于吸收民间资本，加快公共管理的步伐，减轻政府财政支出的压力，在降低财政负担的同时有利于加强管理，控制成本。Hansmann（1980）认为，营利组织所固有的局限性是导致"契约失灵"的根源，而非营利组织由于必须受到"非分配约束"，它不会为追求利润而降低品质，公共物品的生产若由这种非营利的第三方部门完成，生产者的欺诈行为便会得到有力的遏制。正如政府和市场会产生"失灵"，第三部门也常常会偏离志愿机制，在提供公共物品上产生功能性和效率上的种种缺陷，Salamon（1987）将此类失灵称为"志愿失灵"，并归纳为诸如慈善资金不足、慈善活动的狭隘性等几方面的表现。政府与第三部门合作关系的四种模式是由 Gidron，Kramar 和 Salamon（1992）提出的，他们根据两个关键因素（即服务的资金筹集和服务的实际配送）将两者的合作关系界定为四种模式：政府主导模式、第三部门支配模式、双重模式和合作伙伴模式。唐娟与曹富（2004）[2] 分析现有的公共服务模式不外乎权威型模式、商业型模式、志愿型模式这三种。而这三种模式的

---

[1]　[美] 萨瓦斯：《民营化与公私部门的伙伴关系》，周至忍等译，中国人民大学出版社2002 年版。

[2]　唐娟、曹富：《公共服务供给的多元模式分析》，维普资讯网。

共存，表明了一种新的政府—社会之间的伙伴关系正在出现，私人部门、非政府公共部门及其他社会力量正与政府一起共同承担起公共服务的供给责任。《政府向社会组织购买公共服务研究》一文立足于中国现实，借鉴全球经验，结合政府向社会组织购买公共服务的总体情况和实际案例，总结了政府向社会组织购买公共服务的总体情况和实际案例，分析了在公共服务供给方面，政府机制、市场机制和社会机制有机结合的特点，有针对性地提出了政府向社会组织购买公共服务的理念、政策和方案（王浦劬、莱斯特·M·萨拉蒙，2010）。[1]

2.3 传媒产业与媒介体制研究的文献综述

2.3.1 关于中国传媒体制现状及其利弊的研究综述

自中国传媒业 20 世纪 80 年代开始市场化以来，有许多学者致力于研究我国传媒业产业化趋向的大变革。尽管研究视角甚为广泛，包含了媒介生态、新闻生产、受众分析等多方面的内容，但有关新闻体制的论述很多涉及了媒介管理体制的问题。中国现行传媒体制的基础是"一元制度，二元运作"。一元制度就是指媒介为国家所有；二元运作是利用国家赋予媒介资源专有权利，去获取广告收入，而后者已经成为所有媒介的主要利润来源。这种体制在创设之初的功利目的非常明显，在财源有限的情况下，媒介利用国家所有制赋予的政治优势在市场上获取经济收入，又用市场上赚取的经济收入完成意识形态领域需要完成的政治任务（陈力丹，2005）。[2] 中国的媒介规制变迁大致分成事业单位调整时期（1978—2000）、以规制市场主体的经济活动为主的阶段（2001—2002）、以媒资融合和资本化整合为主的阶段（2003 年至今）三个阶段，我国媒介规制的实施及其效果存在着诸多矛盾与问题，主要表现在：目标的双重性与实施的两难性；规制变迁推动力的多元化与实施的复杂化（胡正荣、李继东，2005）。[3] 李良荣（2003）论述中国新闻媒体的属性时，提到"双轨制"是中国媒体的现实选择。[4] 目前，媒介最大的冲突就是市场需要和政府管制之间的冲突。

---

[1] 王浦劬、[美] 莱斯特·M·萨拉蒙：《政府向社会组织购买公共服务研究》，北京大学出版社 2010 年版。

[2] 陈力丹：《关于媒介经济的若干问题》，载《新闻界》2005 年第 3 期。

[3] 胡正荣、李继东：《我国媒介规制变迁的制度困境》，载《新闻大学》2005 年第 1 期。

[4] 李良荣：《论中国新闻媒体的双轨制——再论中国新闻媒体的双重性》，载《现代传播》2003 年第 4 期。

中国的媒介处在双轨运行的情势下，一方面它的内容受到政府的监控，另一方面在运作上又必须走市场化的道路。所以，在这种情况下，媒介的创办者往往用政治风险的最小化去换取经济利益的最大化，而这两个目标要达到和谐，也会有很多困难（尹鸿，2003）。[1]

中国媒介既是事业单位又按企业经营的双重角色规定，造成了实践中原本的社会正义和公益在逐渐被抽离，而市场化中的恶行却未能得到有效的制止，我们的媒介规制面临着与其构建的初衷大相径庭的悖论式尴尬。

地区壁垒、媒体壁垒和行业壁垒就像"三座大山"压着中国传媒产业的改革。条块分割、画地为牢的媒介管理模式造成媒介跨地区、跨媒介和上下游的产业资源整合困难，这也是造成中国媒介产业无法做成"规模经济"和"范围经济"的一个主要原因。

2.3.2　关于中国传媒体制改革思路的研究综述

政府及其主管部门宜多从规制中退位，开辟更多的媒介规制改革的"试验田"。在放松媒介管制成为大势所趋的情况下，政府起的作用更多的是把握全局发展方向，而不能管得过死，如果管得太多，反而让媒介产业在改革的大潮中缩手缩脚，贻误了发展的良好时机（喻国明、苏林森，2010）。[2]

中国的传媒业正在经历一场新的变革：双转。双转是指传媒的体制转轨和形态转型。体制转轨是指一大批传媒将由原先的事业单位转变为企业单位，可称为"转企改制"。形态转型是指传媒从单一媒体的运作转为多媒体或全媒体运作。"双转"是一次制度性突破，将在相当程度上改变中国传媒业的版图。

"双转"将极大改变中国传媒业的版图，传媒业的管理模式、操作模式和运作模式都将发生巨大变化。中国的传媒业将从过去的"事业性质，企业化运作"转变成为事业单位和企业单位分离的"双轨制"运作。传媒业将从过去单一的行政调控转变成为行政、市场的双重调控，重点将是通过市场的手段来重新配置传媒资源，整合传媒资产。传媒业将从区域性的单一媒体运作转变为真正实施"跨区域、跨行业、

---

[1]　尹鸿：《中国媒介发展趋势初探产业政策分析》，新华网，2003 年。

[2]　喻国明、苏林森：《中国媒介规制的发展、问题与未来方向》，载《现代传播（中国传媒大学学报）》2010 年第 1 期。

跨媒体"运作。（李良荣、方师师，2010）。[1]

2.3.3　关于中国传媒体制改革中传媒管理的研究综述

国内研究中国传媒转制改革中的传媒管理问题，多表述为"传媒组织治理"、"传媒集团公司治理"，这里的传媒治理作为一种管理机制，其研究重点在于传媒集团或公司的治理结构，产权关系、委托一代理关系是关注的共同重点。

周劲（2005）在《传媒治理结构：制度分析与实证研究》一文中从制度经济学的角度分析认为，传媒治理结构是"政府对传媒的宣传、经营、管理、绩效进行监督和控制的一整套制度安排，它通过一定的治理手段，合理配置剩余索取权和控制权，以强化党的领导，协调利益相关者之间的利益和权利关系，从而形成科学的自我约束机制和相互制衡机制，有效地抑制代理成本，保证传媒的决策效率"。并提出了"双重逻辑下的主体加辅助"的传媒治理模式，即在政治逻辑与资本逻辑的双重主导下进行传媒治理结构创新；将传媒视为市场契约性组织，外部治理中市场机制与行政机制并重，内部治理中明晰产权关系，分离所有权和经营权，以传媒董事会、监事会、经理会作为主体治理系统，党委会和编委会作为辅助治理系统，形成"3＋2"的组织结构模式。[2]

张辉锋在《新型战略机遇期中国传媒组织治理结构创新》一文中结合中国传媒的分类转制改革，提出：①事业定性的传媒组织可借鉴公司治理的三级治理模式，其最高权力机构由宣传部、上级主管单位、国有资产监督管理委员会等代表组成，对传媒发展的重大事项进行审议、批准；传媒内部日常经营决策机构由社委会（管委会或董事会）和体外资金代表组成；执行层则由总编辑和总经理组成，各自向社委会负责；另设监事会对社委会会员和高级执行层人员进行监督。②企业定性的传媒组织则采用公司治理结构，投资主体多元化，并由产权所有者组成股东大会或股东会，由股东大会或股东会选出代表组成董事会，由董事会任命总经理，以此架构进行运作。[3]

《中国传媒集团公司治理模式探析》、《传媒管制与传媒集团公司治理模式的

[1]　李良荣、方师师：《"双转"：中国传媒业的一次制度性创新》，载《现代传播》2010年第2期。

[2]　周劲：《传媒治理结构：制度分析与实证研究》，载《现代传播》2005年第4期。

[3]　张辉锋：《新型战略机遇期中国传媒组织治理结构创新》，载《国际新闻界》2004年第1期。

构建》针对目前中国传媒集团产权残缺、委托人残缺及管理者激励机制欠缺等问题，提出了作为非营利性机构性质的中国传媒集团"三级治理"的公司治理模型，特别强调政府治理、外部治理、内部治理三者有机结合的综合治理。内部治理是公司治理的核心，即《中华人民共和国公司法》（以下简称《公司法》）确定的"三会四权"制衡机制，设置以社委会、监事会、编委会、经理会为基本框架的组织结构，实行决策层、管理层（包括采编和经营）、监督层相互制约的领导体制；外部治理包括一般少数股东、潜在股东、资本市场、股票交易所，以及经理市场、产品市场、社会舆论监督和国家法律法规等外部力量对企业管理行为的监督，外部治理是内部治理的补充，其作用在于使经营行为接受外界评价，迫使经营者自律和自我控制；政府治理即政府法律法规的控制和决定作用，确立适应市场机制的政府治理结构，是有效发挥外部治理与内部治理作用的前提（常永新，2006）。[1]

　　还有研究者提出了传播管理社会化理念，在管理科学社会化及公共管理社会化的理论视野中将其界定为："鼓励传播行业形成市场化体制的同时，将对以新闻舆论传播为主体的大众传播活动的监督、评价、管理和控制的职能，由行政主管部门承担转变为政府、社会和媒介自身共同承担的过程。"认为传播管理社会化的主要推动力量是经济的市场化、社会的多元化和政治的民主化；实现的主要途径包括公共论坛的舆论监督、社会中介组织的约束、商业伦理的规范、国际组织的倡导（马秋枫、支庭荣，2005）。[2] 这与传媒治理实现的制度背景及其所主张的政府与公民社会合作、协同管理传媒事务具有一致性。但此研究只着重于政府与社会在传媒事务管理中的合作。着眼于社会结构的变化，将政治、经济和社会三个领域的权力主体纳入到一个系统内，从组织网络的视角研究传媒管理机制的文献比较少；而在此制度背景下借鉴治理理论从"合作网络"的途径研究传媒管理机制的文献也极为少见。

2.4　网络治理理论及现状研究的文献综述

2.4.1　关于网络治理概念及其发展的研究综述

对于公共行政中的网络概念，以及公共服务与组织间的网络关系问题，西方学

---

[1]　常永新：《中国传媒集团公司治理模式探析》，传媒观察，http://www.chuanmei.net。

[2]　马秋枫、支庭荣：《传播社会化与中国新闻事业改革》，载《中国新闻研究中心》2005年第 7 期。

者做了一些开创性的研究工作。萨拉蒙（Salamon，1986）等人认为，传统的公共行政争论是基于指挥命令统一性假设的，然而20世纪60年代后政府管理战略发生了根本变化：政府在供给公共物品和服务时对多机构、政府间以及公—私—非营利伙伴关系的依赖日益增加，从而颠覆了现存的理论。

网络治理是在研究治理的过程中逐步发展起来的，用来描述复杂的治理过程，是治理理论的进一步发展和精致化。从研究的文献上看，早在20世纪60年代就已经出现了相关研究，利特韦（Litwak，1961）和迈耶（Meyer，1967）研究在社会服务供给上的组织间的合作机制，可是，这个话题却没有成为组织理论研究的一个重点。当代的研究主要讨论组织之间的联盟和伙伴关系。大多数文献认为，合作主要来源于网络中的参与者或行动者相互获益。在研究中，人们发现了政府仍然具有一定的力量来鼓励组织网络采用特定的治理机制。在对合作结构的讨论中，学者亚历山大（Alexander，1976）发现网络关系的变化与结构层次上的差异有关。把所有结构层次结合起来是完成一个特定政策目标的关键，没有一个组织能够单独地完成它。

进一步推动网络治理理论发展史来自美国学者哈格（Hage）对联邦政府系统的研究。他们认为组织间的合作是一个方法或过程，而不是一种结果。合作包括政策制定的合作（跨机构的委员会）、行政合作（合作项目）、执行合作（单项事务的管理）。他们认为网络治理理论关注的中心应当是网络的结构联结。

早期对网络治理文献的讨论，主要集中在对微观领域和某一特定政策的研究。后来的发展是把网络治理概念运用到宏观问题的讨论中。彼得·埃文思（Peter Evans）强调"国家—社会之间的协同作用"（state-society-synergy），用"镶嵌式自治"来描述国家与社会之间的关系，国家为目标和政策的实现而与社会进行谈判，并为下一次的谈判提供制度化的通道。乔纳·列维（Jonah Levy）则提出国家应当授权给市民社会。在国内，陈振明（2003）最先对公共部门的网络治理进行了界定，认为"网络治理就是对合作网络的管理，指的是为了实现与增进公共利益，政府部门和非政府部门（私营部门、第三部门或公民个人）等众多公共行动主体彼此合作，在相互依存的环境中分享公共权力，共同管理公共事务的过程"。

2.4.2　关于网络治理内涵的研究综述

全球治理委员会对"网络治理"的定义具有很大的代表性和权威性。该委员会在《我们的全球之家》的研究报告中对治理做出了如下界定：治理是各种公共的或私人的个人和机构管理其共同事务的诸多方式的总和。它是使相互冲突的或不同的利益得以调和并且采取联合行动的持续的过程。它既包括有权迫使人们服从的正式制度和规则，也包括各种人们同意或以为符合其利益的非正式的制度安排。它有四个特征：①治理不是一整套规则，也不是一种活动，而是一个过程；②治理过程的基础不是控制，而是协调；③治理既涉及公共部门，也包括私人部门；④治理不是一种正式的制度，而是持续的互动。[1]

治理理论的另一位代表人物罗茨（1996）[2]认为：治理意味着"统治的含义有了变化，意味着一种新的统治过程，意味着有序统治的条件已经不同以前，或是以新的方法来统治社会"。他还详细列举了六种关于治理的不同定义。这六种定义是：①作为最小国家的管理活动的治理，它指的是国家削减公共开支，以最小的成本取得最大的效益。②作为公司管理的治理，它指的是指导、控制和监督企业运行的组织体制。③作为新公共管理的治理，它指的是将市场的激励机制和私人部门的管理手段引入政府的公共服务。④作为善治的治理，它指的是强调效率、法治、责任的公共服务体系。⑤作为社会—控制体系的治理，它指的是政府与民间、公共部门与私人部门之间的合作与互动。⑥作为自组织网络的治理，它指的是建立在信任与互利基础上的社会协调网络。

治理的主要特征"不再是监督，而是合同包工；不再是中央集权，而是权力分散；不再是由国家进行再分配，而是国家只负责管理；不再是行政部门的管理，而是根据市场原则的管理；不再是由国家'指导'，而是由国家和私营部门合作"（弗朗索瓦—格扎维尔·梅理安，1999）[3]。

治理指出自政府但又不限于政府的一套社会公共机构和行为者，治理理论也提醒人们注意私营和志愿机构之愈来愈多地提供服务以及参与战略性决策这一事实。治理指行为者网络的自主自治，实行治理，则参与者最终便形成自主自治的网络。这样的一些网络总是连接于种种政策群体以及按功能或问题而形成的其他形式的群体（格里·斯托克，1999）。[4]

---

[1]　全球治理委员会：《我们的全球之家》，载《牛津大学出版社》1995 年版。

[2]　[美]罗茨：《新治理：没有政府的管理》，杨雪冬译，载《政治研究》1996 年第 154 期。

[3]　[法]弗朗索瓦—格扎维尔·梅理安：《治理问题与现代福利国家》，载《国际社会科学杂志》（中文版）1999 年第 2 期。

[4]　[美]格里·斯托克：《作为理论的治理：五个论点》，载《国际社会科学》杂志（中文版）1999 年第 2 期。

2.4.3 关于网络治理模式的研究综述

Jones（1997）[1] 扩展了交易费用经济学理论，使网络治理建立在四重维度的交易环境中，并在此基础上，以社会机制为基础提出了网络治理的理论模型。

进入 20 世纪 90 年代后，治理成为一种更具有综合性的思潮。它的兴起，可以看作是对当前世界各国在回应新的治理挑战中，所采纳的不同于传统公共行政的公共管理方式的总结。它的兴起是在全球化、市场化和分权化的背景下发生的，同时也是对 20 世纪七八十年代公共行政科学领域的范式危机的一种回应。

美国学者斯蒂芬·戈德史密斯和威廉·D·埃格斯（2008）[2] 合著的《网络化治理：公共部门的新形态》提出的"网络化治理"从另一个角度构建政府和供应商、政府和公众、供应商和公众的关系，开辟了公共治理的新视阈。

市场利益主体需求的多样化是网络化治理形成的关键因素。政府发挥着"网络集线器"的角色，这当然要求政府管理人要"跨越服务界限和组织机构进行创造性的思考"。"碎片化政府"的缺陷使网络化治理成为必然，"社会的巨大变化既让网络化治理成为可能，也让网络化治理成为必需"，而"网络化治理能够产生出实质性的利益"。

关于网络化治理与协同政府之间的区别，他们也提出了自己的辨析框架，它包括"公私合作程度"和"网络管理能力"两个维度，每个维度又分为高、低两个层次。在他们看来，网络化治理将第三方政府高水平的公私合作特性与协同政府充沛的网络管理能力相结合，然后利用技术将网络连接到一起，并在服务运行方案中给予公民更多的选择权。因此，"网络化治理"是跨界合作的最高境界。

目前国内学术界对公共服务供给组织间合作网络的研究甚少，与此主题相近的研究也非常稀少，主要集中在社会学、工商企业和市场网络研究中。此领域的学者主要研究了组织间网络的类型及治理结构等问题，尤其是网络组织已经成为企业之间合作与风险分摊的交互机构，成为企业间竞争与合作的有力工具（林闽钢，2002）。[3] 很明显，此类研究对公共部门间的网络合作也具有启示和借鉴意义。有人

---

[1]　C. Jones S.W., Hesterly P.S.A., Borgatti: General Theory of Network Governance: Exchange Conditions and Social Mechanisms, *Academy of Management Review*, 1997,22(4):911~945.

[2]　[美]斯蒂芬·戈德史密斯、威廉·D·埃格斯：《网络化治理：公共部门的新形态》，孙迎春译，北京大学出版社 2007 年版。

[3]　林闽钢：《社会学视野中的组织间网络及其治理结构》，载《社会学研究》2002 年第 2 期。

认为，合作网络是对政府与市场"二分法"的超越，治理合作网络要构建责任分担格局，建构公民自主参与的制度平台，明确合作网络组织的能力限度以提高治理能力，提高合作网络治理的适应性和合法性（王瑞华，2005）。[1] 由此，学术界将网络主要放在治理理论的背景下来研究。

彭正银（2003）[2] 所著《网络治理：理论与模式研究》一书指出网络治理是一个组织演化的产物。对组织演化的进程与治理演进的脉络把握准确，在前人研究的基础上进行创新性探索，构架了网络治理的理论体系。以资源的占用关系和协调方式为双变量论证了网络治理的基本模式，并对网络治理模式在中国企业集团的应用提出了富有新意的见解。

王诗宗（2009）[3] 在《治理理论及其中国适用性》中首次实现从公共行政学学科视角对治理论进行全面、系统的考察，研究可能对中国的公共行政实质性进步以及本土化的公共行政学理论建构产生一定的推动作用。试图超越治理中国适用性的消极辩护，转而探讨治理如何可能与中国政治—行政体制对接。

---

[1]　王瑞华：《合作网络治理理论的困境与启示》，载《西南政法大学学报》2005 年第 4 期。

[2]　彭正银：《网络治理：理论与模式研究》，经济科学出版社 2003 年版。

[3]　王诗宗：《治理理论及其中国适用性》，浙江大学出版社 2009 年版。

第3章　媒体服务供给公共治理的理论架构

公共治理方式强调了在公共服务供给中更深层次的公私合作。中国媒体服务供给的公共治理需要关注以下几个问题：①媒体公共治理的主体应包括所有可以包括的治理主体。不同的新闻和信息可以根据所要解决的公共问题的特点与类型，对应适合的治理主体参与公共治理。②媒体公共治理模式需要稳定的组织形式。③针对不同媒体的产权特点，建立不同类型的媒体服务的治理模式。[1]

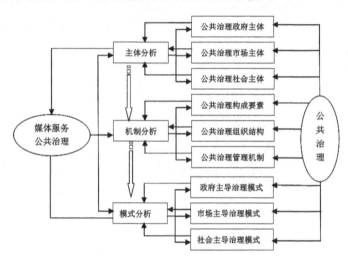

图3-1　媒体服务供给公共治理的理论架构

3.1　媒体服务供给公共治理的主体分析

3.1.1　媒体服务供给公共治理的政府主体

现代政府的产生，是社会成员"权力让渡"的结果。各利益主体所"让渡"的

---

[1]　刘丽君：《协作与网络化治理视角下的公共服务供给机制的创新研究》，载《湖北成人教育学院学报》2010年11月第16卷第6期，第64—66页。

权力形成了一个以维护每个人利益为目的的公共利益的代表者——政府。因此，政府之所以提供公共物品，就是为了满足公共需要，实现公共利益，进而实现其统治与管理。政府经由社会成员"权力让渡"后会拥有具备极大强制性的公共权力，可以动员各种公共资源来为政府的理性目的服务，从而实现公共物品的有效供给和社会福利的最大化。公共权力与公共物品间相互依存的"共生关系"，决定了政治家和政府官员必须维持社会稳定、经济繁荣，关心公有资源和公共物品，以通过选举获得社会成员持续的"权力让渡"，巩固政权。与此同时，政府必须为社会成员承担公共责任，接受公共监督。

不同国家的政府组织形式和名称有很大差异，但都与其政权性质相适应，是阶级专政的重要工具之一。在我国，中国共产党成为执政党以后，所领导的政权是人民政权，政府是人民政府，全心全意为人民服务是政府工作的根本宗旨。政府的职能与供给公共物品的公益行为相互兼容，使政府行为成为大规模的社会性公益行为。因此，在中国，政府实行媒体供给的机制是，在"公仆人"假设和公共利益的理性驱动下，政府对于媒体供给形成公益目标，并利用公共资源和公共财政进行媒介和信息供给，实现公共利益。但为了保障政府公益目标的实现，我们的政府运行必须处于一定的公共监督之下，以使政府在媒体供给体制中的公共责任得到落实。

在政府和传媒业的传统关系中，政府具有绝对的领导权和控制权。具体说来，政府在我国传媒领域具有三重角色：①作为一般社会管理者和监督者；②作为市场管理者；③作为国有企业的所有者或者说是生产者。当企业发生亏损时，他将利用其特有的垄断权力来保护自己作为所有者的利益。因此，在中国的经济转轨中，如果政府三位一体的话，就会存在深刻的角色冲突，政府就有可能利用它作为管理者的垄断性权利来谋取它作为所有者的利益。[1]

作为媒体公共治理中的政府主体，当前必须改变其固有管理观念和管理方式，管理不是行政命令，不是直接干预，管理就是服务。管理的直接目的就是为了解放和发展传媒生产力，调动广大传媒工作者的积极性、主动性和创造性，对传媒事业、传媒企业的管理就是制定传媒发展战略和传媒政策；对传媒产品的生产、流通进行规划、引导和监管；培育传媒市场，维护健康、公正的传媒市场秩序。[2]

公共治理对于政府的要求是：政府主要依靠组织外部的资源而非组织内部的资

---

[1]　常永新：《传媒管制与传媒集团公司治理模式的构建》，载《南开管理评论》2003 年第 1 期。

[2]　王晓刚：《文化体制改革研究》，中共中央党校 2007 年博士学位论文，第 80 页。

源来实现媒体公共服务的供给。政府部门的核心职责已经从领导和管理重新确定为有效协调各种媒介资源以创造公共价值。政府在此过程中要建立和完善一套基本的传媒在市场经济条件下生存发展的规则，这套规则应该包括：①规范传媒市场主体及其活动的准则，包括传媒的产权明晰，责、权、利的有机统一等；②规范政府干预市场行为的准则，把精力放在对传媒改革发展实行宏观调控、完善政策法规、制定发展规划等工作上，引导传媒产业合理布局和结构调整，通过法律和经济手段进行管制；③规范市场运行过程的规则，包括传媒市场准入和退出的规则，价格由供求关系自由决定的规则，禁止垄断的规则，保持市场行为正当化、市场竞争公正化的规则等。[1]

3.1.2 媒体服务供给公共治理的市场主体

由于消费者对公共物品的超额需求与企业"经济人"动机，公共物品也可以通过市场机制来供给。按照经济学的观点，市场交易必须是交易供给方与需求方基于市场的价格机制的志愿选择。作为一类"经济人"，供给主体愿意提供公共物品的前提是：提供这类公共物品，能够在增进社会福利的前提下也能够为自身带来利益（利润）。

媒体供给的市场治理包含了传媒产品市场、广告市场、发行市场、资本市场和劳动市场对传媒的治理。市场治理在政府治理无法达到的领域发挥作用，为传媒提供市场交易和传媒绩效的信息，评价传媒行为和经营者行为的好坏，并通过自发的优胜劣汰机制激励和约束传媒及其经营者，有利于传媒建立有效的监控机制。

传媒市场的横向竞争表现为同类传媒在发行市场和广告市场上的竞争。以报纸为例，对公益性党报而言，其发行目的是在广告群众中宣传党的方针政策，其发行效果更多的是考虑社会效益，采取指令性发行的方式，它是一种发育不完全的市场，表现在行政力量的充斥中，公费订阅和自费订阅市场并存。而对经营性传媒而言，一种是以报纸收入为营利目的，另一种是以广告收入为营利目的。以报纸收入为营利目的，以读者为目标消费者，报价通常大于成本，发行量越大越好；以广告收入为营利目的，以读者和广告商为目标消费者，报价通常小于成本，发行主要考虑广告商的目标受众和目标区域，在这些区域和受众中确定收益最大化的发行量。

---

[1]　周劲：《传媒治理结构：制度分析与实证研究》，载《现代传播》2005 年第 4 期。

3.1.3 媒体服务供给公共治理的社会主体

社会领域的非营利组织，其机制是以志愿求公益，通过具有平等地位的社会活动主体的个人选择、理解，形成共同的道德和信念等活动追求公共利益。社会治理是社会力量通过制度内和制度外的协调与对话，以或独立或与政府合作的方式，通过社区公众、中介组织、社会文化、新闻道德等对传媒加以影响控制，特别是社会上约定俗成的道德、价值观念、社会规范等思想文化力量对传媒加以影响和控制，参与行使政府的社会管理职能，最大限度增进公共利益，是应对"政府失效"与"市场失灵"的有效选择。

我国的新闻组织必须要受到监督和控制，受到社群意见、公众行为和职业道德的约束。要建立一种独立于媒体之外的，同时又对媒体发挥有效制衡作用和社会监督体系，要为民间自发的媒介监督组织营造宽松的环境和空间，激发社会的积极性和创造性，开展广泛的媒介观察和媒介批评，通过社会的、道德的力量关注传播内容的思想文化意义和社会价值，从而有效抵御商业运作对思想文化的负面影响。相对来自于外部力量的监督和制约，自律更多的是源自于新闻组织及其从业人员内生的、自觉地进行自我约束和规范的内在规定性。要推进我国新闻组织的自律，要恪尽职业职责，以公共利益为出发点和归宿，服务于公共利益。[1]

有一种意见认为，我国电视公共频道设置，应成为公共性传媒设置的尝试。在国家的推动下，各省级电视台近几年都设置了公共频道。除了推广公共频道的概念外，国家广电行政管理机关还为公共频道的顺畅发展给予政策上的倾斜。但现实状况是，公共频道在实际操作上出现了错位，有公共电视频道之名，无公共电视频道之实。公共频道举步维艰的根本原因是，对公共频道的属性定位是公共性，但其资源补给机制却由市场决定。因此，公共频道无法真正完成传媒公共性的表达，既有传媒结构中，公共性传媒依然是事实缺位的。在现存的传媒功能结构中，政府的意识形态取向与传媒的商业取向，共同形成强势，共同形成对公众的潜在威压。而在传媒类型结构中，公共性传媒又是缺位的。这种缺失性结构，已出现制度锁定的危险轨迹，将严重影响传媒的良性有序发展。在中国传媒混合型的功能结构中，不仅公众利益缺乏结构性保障，还存在强势的政府与传媒的严重利益冲突，冲突的双方均将受到利益的损伤。对政府而言，由于传媒商业逻辑的实质强化，将有可能对传媒的意识

---

[1] 周波：《公共管理模式下中国新闻组织的定位与重构》，吉林大学 2004 年硕士学位论文。

形态属性发生严重的消解。对于传媒而言，在其产业发展过程中，由于受到政治、资本力量的交替制约，产业的独立发展一直备受困扰，从而使传媒难以实现高度商业化运作而失去资本博弈的优势。这都是颇为严重的结构性问题。因此，合理传媒结构的建构，实现结构内政府、传媒、公众的三方博弈均衡，也就势在必行。

3.2 媒体服务供给公共治理的机制分析

媒体服务供给需要引入公共治理机制的理念。网络是包括多个组织或部门的互相依赖结构。[1] 网络表现出某种远远超越建立在正式联结与政策合法性约束的结构稳定性。[2] 而整合了网络联结的制度框架可能包含基于公共利益上的权威、交易关系以及联盟等，所有这些都可以纳入到一个多组织结构中。公共治理意味着政府的治理是在网络中发生，政府只是此网络关系中的一个构成部分，同样要受到网络规范的影响与限制，同时政府还与其他组织形成互动与依赖关系。从某种意义上说，"网络化现象"以及"公共治理"是国家与社会关系在现实中的反应，是政府角色及功能结构性变化的具体体现，其最终目的则是为了实现治理的有效性。[3]

3.2.1 公共治理的构成要素

公共治理包括一个网络领域所有参与网络的行动者，他们具有相互依赖的利益，努力寻求在集中的、非层级节制的层次上，通过集体行动解决问题。因此，公共治理代表的不仅仅是一种全新的分析工具，更是一种挑战传统政府制度的治理模式，代表着治理主体、治理工具、治理结构和治理机制的深刻变迁。

3.2.1.1 公共治理的主体要素

传统统治将政府组织视为中心和主体，而治理的理论认为，治理是政治国家与公民社会的合作、政府与非政府的合作、公共机构与私人机构的合作、强制与资源的合作。公共治理既包含高程度的公私合作，又意味着其对公私合作网络的管理能力极强。在现代社会，无论是政府，还是公民社会组织，都没有能力拥有单独行动

---

[1]　在某些较大的科层制安排中，这些组织或部门并不仅仅是其他组织的正式下属。

[2]　[美] 斯蒂芬·戈德斯密斯、威廉·D·埃格斯：《网络治理：公共部门的新形态》，孙迎春译，北京大学出版社 2008 年版。

[3]　郭春甫：《公共部门治理新形态——网络治理理论评介》，载《宁夏大学学报（人文社会科学版）》2009 年第 7 期。

所需的足够的信息和知识，每个治理主体在其熟悉的特定领域都具有比较优势，可以发挥最佳的治理能力，公共事物的良好治理就是许许多多单个治理主体"各得其所，各尽所能"的结果。仅有治理主体的多元化不一定就能保证各个主体都享有充分的权利保障和独立地位，应该对各个主体进行平等的赋权，实现权利多元化。在公共治理体系中，公民社会组织之间结成的是网络结构，并无单一的权力中心可言，因为治理权力的分布是网络化的。网络是开放的、多维延伸的、非等级化排列的，没有固定的权力中心，网络的任何一个节点（单个组织）都有可能成为一个中心。公民社会组织网络外部，社会的自主自治因为得到了社会舆论和人民主权原则的根本保障，对政府形成了强有力的外约束，政府再也不可能垄断一切权力，政府成为多中心体制中功能比较特殊（公共利益的维护者）的一元，但不可以侵犯其他权力中心的独立地位。

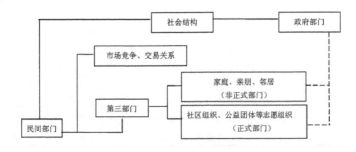

图 3-2 公共治理的主体要素

3.2.1.2 公共治理的工具要素

在公共治理模式中，包含规制性和强制性工具的第一代治理工具已经被主要包括激励、沟通工具以及契约的第二代治理工具取而代之。传统政府管理运用政府的政治权威，通过发号施令、制定政策和实施政策对社会公共事务实行单一向度的管理。公共治理主要通过确立认同和共同的目标，建立合作、协商、伙伴关系等方式解决公共议题。政府作为在政策网络中具有"驾驭"能力的主体，灵活地运用各种治理工具，影响和协调其他主体的行为，发挥"领航"（goal-oriented）的作用，实现对目标群体行为的改变，达到预期目的。

3.2.1.3 公共治理的结构要素

公共治理作为一种治理模式的结构而言，经常是在与科层和市场相比较的过程中表现出其特征。从实践来看，这种新的治理范式与传统的科层治理和市场治理存在着明显的不同（见表3-1）。[1]因而，它是人类社会治理范式在网络信息时代跃迁的新走向，契合了网络社会治理的新要求。

表 3-1　科层和网络的特征

	科层	网络
管理结构	集权化 明确的分工 部门主义	分权 交叉部门，整合结构
执行过程	自上而下	自下而上
治理风格	规则治理 明确的控制权 政府治理	放松管制 市场导向 沟通 网络中的治理
优势	明确的命令和控制 基于代议民主的合法性 专业能力 稳定性 自治	相互支持的收益 学习和发展能力的机会 地方知识可能性 灵活的 整体主义观点
问题	执行赤字 缺乏局部知识 对付复杂的、动态的和分散的社 会政治子系统的问题	无法形成集体决策 目标和方法会产生冲突 协调赤字 分割化

3.2.1.4　公共治理的机制要素

（1）信任机制。信任是公共治理得以形成、发挥作用的关键因素。行动主体之间存在着相互得以形成、发挥作用的关键因素。行动主体之间存在着相互信任，可以推动公共治理中的合作，有效解决彼此间的分歧，减少集体行动的障碍，约束行动者自觉遵守网络规则，为实现共同的目标通力配合。

（2）互动机制。互动机制是公共治理的内生机理。互动机制的运作，表明个体或团体具有通过直接或间接的纽带对其他参与者施加影响的能力与对环境的反应能力。通过互动机制，个体或团体能获得进入其他个体或团体资源的机会与实施对隐性资源或知识的交流。

（3）适应机制。具体而言，面对治理环境的急骤变化，需要公共治理结构中的每个结点都有能力和动机相互合作，打破信息隔离和不对称现象，彼此共享信息，

---

[1] Niemi-Iilahti A: Will Networks and Hierarchies ever Meet, Salminen A., *Governing Networks*, Amsterdam: IOS Press, 2003: 62.

实现在自己的优势范围内尽力协作。如果说互动是网络组织的内生机制,它促进着交流、沟通和演化,那么适应则保证了互动的产生并使互动向着最终形成协调的集体行动的方向发展。

(4)整合机制。整合机制服务于网络成员的创新活动,通过对关系序列的非有序重组,使之能迅速地组织精干的群体形成攻关团队。整合机制在两个方向上运作:①水平整合;②垂直整合。通过以上分析可以发现,公共治理的各种机制之间是相融互补的,它们影响甚至决定着公共治理的有序运行与绩效产出。如果说建立在互动与信任基础上的整合机制赋予了公共治理以驱动力,那么适应机制则使得公共治理能够应对复杂多样的环境变化从而达成治理目标。[1]

3.2.2 公共治理的组织结构

网络结构是宽泛的使命与联结及策略性的相互依赖行动的典型。[2] 当行动者认识到他们不过是整体中的一个构成部分,而彼此独立的行动并不足以解决一个特定问题,在相互依赖的情况下就产生了网络结构。网络结构包括信息联结、协作、任务驱动行为、联盟行动等。相对于人们只是松散地联结在一起的网络来说,网络结构中的行动者必须一起行动来完成目标,即使存在着独立的行动要求,也远超于相互独立的组织的同步行动。网络结构与传统组织结构的区别之处在于网络结构成员间地位的平等性。这种平等并不意味着其缺乏一个协作规则的主导性组织,相反,在网络结构中,传统权力与权威并未起作用。即便一些行动者依其拥有的资源而具有更大的正式权力,但在网络结构中,每个个体都是相互依赖的平等主体,因此不能随意对其他个体施加单方的权力压力。这意味着新的领导模式更需要采用诱导者角色模式。同时,网络结构并不依赖于人际关系基础上的交换,为使网络更有绩效,个体必须彼此之间建立信任为相互之间利益运行。[3]

公共物品的性质决定了公共物品可由政府、市场和非营利组织来供给。根据物品的竞争性、排他性,区分物品的供给主体,竞争性、排他性的私人物品一般拟由市场来提供,而非竞争性、非排他性的物品即纯公共物品一般则由政府和非营利组

---

[1] 何植民、齐明山:《网络化治理:公共管理现代发展的新趋势》,载《甘肃理论学刊》2009 年 5 月版。

[2] Keast Robyn, Mandell P. Myrna, Brown Kerry: Network Structures: Working Differently and Changing Expectations, *Public Administration Review*, 2004(3): 364.

[3] 李维安、周建:《网络治理:内涵、结构、机制与价值创造》,载《天津社会科学》2005 年第 5 期。

织来提供，介于两者之间的准公共物品可以由政府、市场和非营利组织来供给。在引入拥挤程度这一变量后，我们发现拥挤的公共物品是由于消费者忽视外部成本、引起过度消费导致的，因而通过市场机制，由私人收费供给则可以避免过度消费问题；而不拥挤的公共物品，由于排他不可能，一般私人无法供给，可以由政府和非营利组织供给。

公共物品的政府、市场和非营利组织供给制度，都有各自的作用空间与边界条件。在其作用空间和边界条件内，每一机制对公共物品的供给都是有效的，反之，则可能导致供给公共物品的不足。政府、市场与非营利组织在公共物品供给中形成了一定的伙伴关系，密切合作，相互分工、相互协调。

现实中，政府、市场（企业）和志愿事业之间的组织边界比较清晰，但功能边界却不清晰。原因是公共物品与私用物品之间的边界模糊。任何物品的公共性程度在时间上和空间上都是相对可变的。功能边界的模糊，导致了政府、市场（企业）和志愿事业在实际运行中经常发生功能的交叉、碰撞，容易发生政府对市场的过度干预和对事业领域的过度"包办"。因此，合理界定政府、市场（企业）和志愿事业三者正确发挥各自功能的边界，是保证公共物品充分有效供给的前提。

3.2.2.1 公共治理的分工结构

现代社会中的三大运行机制之间存在一种分工机制。传统上，政府制度、市场制度和志愿事业制度分别有不同的疆域。政府作为某一区域社会的宏观管理者，它通过制定法律、政策来规范各种区域社会活动的主体（组织和个人）的行为。对于市场机制和事业机制的正常运行，政府通过建立市场运行的规则、制度、政策、法律和基本设施建设，提供市场运行和事业运行的软环境（法律环境）和硬环境（基础设施环境），为各类市场主体和社会主体提供从事私人性的经济活动与公共性的社会活动的政策法律平台和制度监督。对企业而言，政府的作用是通过完善基本的公共设施和保护守法经营的企业的合法权益，促进企业的发展；对志愿事业而言，政府的作用是通过委办公共事务、资金补助和税租优惠等，促进志愿事业的发展。

3.2.2.2 公共治理的互补结构

现代社会中的三大运行机制之间存在一种互补机制。对于市场失灵，通过政府干预可以得到适当矫治，对于政府失灵，市场机制也可以进行适当修正。

3.2.2.3 公共治理的替代结构

在公共物品的供给中，三种机制之间也存在着一种替代机制。传统上人们习惯认为政府是公共物品供给的主体，政府的职能就是通过提供公共物品和服务，来满足社会基本的公共需求，实现公共利益。然而一旦由于政府失灵，政府对许多公共物品无法进行供给，也可将公共物品的供给事务委托给众多的志愿事业组织，由志愿事业组织就近、方便地提供公共物品。事实上，许多公共物品也通过市场交换来生产，于是就存在着一种公共物品的私人供给机制，即由私营部门通过市场化的方式提供公共物品。

三种机制相互替代供给公共物品，是由公共物品的性质决定的。通常，凡公共物品均具有非竞争性、非排他性的特征，但公共物品的消费又可分为拥挤的和不拥挤的两类。按照公共经济学理论，竞争性、排他性的物品一般拟由市场来提供，而非竞争性、非排他性的物品一般则由公共部门来提供。如果引入拥挤程度这一变量，凡是拥挤的公共物品，由于消费者会忽视外部成本，可能引起过度消费，因而通过市场机制，由私人收费供给则可以避免过度消费问题；凡是不拥挤的公共物品，由于排他不可能，则一般私人无法供给。此外，公共物品供给的制度安排，还可以从某一公共物品给行为者所带来的个人收益与社会的公共收益之比来分析，凡是个人收益大于社会收益的公共物品，则应由市场供给；而社会收益大于个人收益的公共物品则应由公共部门供给。

3.2.3　公共治理的管理机制

公共治理机制有能力平衡在四重维度环境中的竞争与合作需求，并将有效突破市场机制与科层组织不能治理团体间网络交易行为的局限，从而形成一套有效的治理机制，进而实现共同的结果。

3.2.3.1　公共治理的适应机制

所谓适应主要是指应对不确定环境的能力。影响协作网络机制成功建构的环境因素很多，包含地理因素、文化因素、技术因素等等。例如由于文化背景、技术发展状况、社会发展阶段的不同，协作网络机制在国外和在中国建构的难度不同。又比如不同的国家其经济发展程度不一、公共服务供给需求不一、政治制度不同、政府和市场及社会三者力量格局不同，也会在协作网络机制建构中导致不同的建构路径。而要实现协作网络机制成功的建构，需要有更宽松的政治制度环境，更健全的市场发展和更活跃的公民社会。

在公共治理中，每个个体既处于特定的小系统中，与环境和其他组织成员发生着资源和信息的交换；同时又处于整个网络大环境中，这就使个体对环境的适应性成为组织生存的前提。关系和互动可以看作是网络化环境的典型特征,互动促进着交流、沟通和演化,而适应则保证了互动的产生。在网络中,组织是否能够生存取决于其是否能够获得适合自身的养分,组织要有足够的柔性去适应环境,要有足够的创造性去创新,要有敏感的反应能力去学习。

3.2.3.2 公共治理的协作机制

网络组织在运行过程中常常会发生结点间利益矛盾甚至冲突,而合同机制难以从根本上解决利益差异引发的日常性矛盾和工作冲突。协作网络机制得以建构,其最根本的条件在于信任的建立。因为协作网络机制是建立在信任与协作基础之上的,它是在大的外部制度环境中的一种内部的自治理机制,它的建立和维持依靠的不是来自机制外部的强制力而是来自机制内部各个参与者之间的相互信任。而信任的建立是很难把握和维持的,会受到多种因素的共同作用,因此也成为协作网络机制建构中的难点。

信任与合作是网络的关键机制。公共治理下信任的特征是共识性。共识性要求伙伴关系要明确沟通网络的各种价值观念和目标,在此基础上逐渐达成价值目标的共性和共识。价值观念的调整会促进信任关系的建立。信任治理机制可以减少网络组织结点之间的交易成本。结点之间合作时,为了防止机会主义行为的发生,通常在合约中制定详细的防范措施,而通过培养结点间的信任可以提高结点的自觉性,减少合约细节化的要求,从而减少签约成本、监督和激励成本,使总交易成本降低。

3.2.3.3 公共治理的协调机制

协调网络机制旨在建立一种参与主体之间横向的、平等的、弹性的关系结构。在这种关系结构中纵向的权力配置是受到制约的,横向权力的均衡是其权力配置的核心。协调使参与者能在制定决策时进行沟通,并在信任与互惠的基础上共同确立其战略定向。协调有助于实现资源、信息与知识的共享和流动,来扩展自身的竞争优势和发展潜在的核心能力。更为重要的是,协调能节约网络的运行成本与参与者之间的交易费用。

对行政组织内部网络的协调主要体现在政府结构的调整和授权。当前关于府际关系的研究,可以看作是内部协调的新尝试。各级政府作为一个整体面临资源短缺的问题,单个政府尤其是地方政府更是面临着资源的不足。政府间的协调和合作,可以对资源进行有效的整合,统一有序的行动可以更好地完成目标。中央政府可以通过内部市场、委托与授权等方式更有效地利用手中的资源,改进组织绩效。对外部网络而言，行政组织的协调作用主要体现在两个方面：①以降低噪声干扰和进行负面协调为目的，这是政府协调最基本的职责。减少噪声干扰是要通过对话而不是把一个优势系统的道理和逻辑强加给其他系统。同样道理，为了避免负面协调变成伪装的强制协调，就应当以真正的多元主义为基础，而不是由某个系统及其运作规范和社会习俗统治一切。②行政组织要通过外交式斡旋和冲突解决等手段，进行网络线路的疏通和排障工作。斡旋和冲突解决能力是在公共治理环境下对行政人员能力的新要求，因为公共治理不以命令而是以平等对话为手段，这就使通过外交式斡旋排解冲突变得必须。

3.2.3.4 公共治理的整合机制

整合是借助外力的作用，使原本参差不齐或不协调的状态达到和谐的状态。彭正银所提到的企业公共治理的整合机制包括水平和垂直两个方向的运动，但这两种方向的运动更多的是指资源的整合。然而在公共治理中，资源整合仅仅是其中的一部分，整合还应该包括权力整合和组织整合。这三个方面是相互联系、相辅相成的，当然其中尤以资源的整合最为重要，因为它是引发其他两者变化的始因。资源整合会带来权力分配体系的调整，并且以权力整合作为保证；权力整合必然引起组织的整合，同时发生资源的转移；组织整合则意味着组织资源的增减和权力结构的变化。

针对资源整合，以市场化为核心的治理工具可以说为资源的整合提供了有效的途径。萨瓦斯明确提出区别公共服务中三个基本的参与者：消费者、生产者、安排者或提供者。政府提供某类公共物品，并不等于生产此类公共物品的责任也必须由政府或公营部门自身来承担，政府可以借助市场和社会组织的优势与能力来生产这些公共物品。政府可通过订立合同、补贴、税收政策等手段将一部分公共物品和公共服务的生产让渡给社会组织和民营组织承担，以其成本、技术和竞争等优势，为公众提供更有效率、品质更高的物品和服务，同时也降低了政府与公营部门的支出规模。萨瓦斯为民营化提供的工具十分多样化，包括政府撤资、合同承包、特许经营、补助、凭单等，这些安排既可以作为单一的形式而存在，也可以根据形势和环境的不同，有效地运用多样化、混合式和局部安排等方式。

权力的整合主要是分权和委托授权。分权可以分为地理空间分权、市场化分权和行政性分权；委托授权则是按照程序将一部分政府享有的权力（很大部分是执行权）转移给某个机构和组织。组织整合除了组织整体结构的变化，也包括职位设置和人员配置方面的改变。随着整合过程的继续，管辖权的概念可能会发生变化，整合化的信息处理不仅大大加速了跨机构信息和服务的流动，而且还通过大幅度降低交易成本而改变了一些权限规则。由于共享的信息数据库的建立，政府机构之间可以运用更加灵活和弹性化的机制进行管理，可以借助信息技术建立虚拟化团队对专项事务进行管理，通过绩效合同或签订承诺书的方式对服务的质量加以保证。

3.2.3.5 公共治理的维护机制

公共治理主要是对已经形成的网络关系的维护，以便使这种协作、互惠的网络可以长时期地存在下去。公共治理中的参与者，尤其是企业，在某些领域可相互协作地采取联合行动，但在另一些领域则又是相互的竞争对手，这就存在着风险与冲突。因此，公共治理的另一重要目标是要维护网络的整体功效、运作机能，以及参与者间的交易与利益的均衡。由于公共治理不具有类似于科层治理的权威结构来保护治理者的权益，因而公共治理更多地依赖社会关系的嵌入结构来发挥维护的效力。在公共治理中，维护的意义首先在于能通过达成集体的共识与许可，增加不当竞争行为的成本来规范参与者间的交易。其次，维护能通过加快信息传递的速度与扩展信息的传播范围来保障参与者间信息共享的权利，最大限度地降低信息的不对称性。最后，维护能通过增强信任，强化文化整合来减少交易中的机会主义和道德风险。

3.3 媒体服务供给公共治理模式的构建

汉斯·恩岑斯贝尔认为："没有一种不受操控的媒介，革命性的想法不是废除操纵者，而在于使每个人都成为操纵者。"媒介及其制度安排本来就是博弈或说是操纵的结果，出现什么样的制度安排很大程度上由博弈格局所决定，行动主体之间的力量对比决定了这种格局。因此，一个充分博弈的媒介制度安排一定是一个最不坏的制度安排，一个人人都可以操纵的媒介一定是最不坏的媒介。[1]

公共服务需要在不同部门之间平衡责任的分担，形成互利和互补的网络信任关系，但毫无疑问，政府部门必须处于建立资源共享机制、制定明确契约的主动地位，这样一个公私混合、功能互动的公共服务提供系统才能最终形成。

完善的治理结构是传媒的核心竞争力，是传媒持续发展能力和市场竞争能力的制度基础，可以说传媒竞争在很大程度上就是治理结构的竞争，其制度优势甚至超

---

[1] 潘祥辉：《媒介演化论：历史制度主义视野下的中国媒介制度变迁研究》，中国传媒大学出版社2009年版，第342页。

过传媒的技术与产品本身。但能够有效递送公共服务的网络并不是一蹴而就的。首先要将一群私人和公共组织融进一个严密的服务运行体制，搭建一个合理的公共治理架构。网络组织的结点是根据组织任务和公共项目而组合的，网络中的成员根据项目的性质要求会有不同，媒体供给服务同样如此。不同类型和性质的媒体供给中需要网络主体的参与程度也有区别。由于政府部门、公共组织、企业三者根据各种媒体供给的需要灵活设置控制点，对外界要有高度的适应性和多样化，因此网络组织是一种柔性的立体网络。

3.3.1　政府主导的媒体服务供给公共治理模式

政府主导媒体是指在传媒控制权的配置中，党和政府必须处于主导地位。这种主导地位体现在党对媒体的管理和引导上，尤其是对主要领导干部的任免、重大事项的决策、资产经营的控制、采编内容的终审上。体现在政府同其他股东按股权份额分享经营权的同时，也要防止资本话语权的膨胀，避免其对传媒采编的干涉。民营化途径为政府利用外部资源进行资源的整合提供了多样化的工具，政府间协议则为公共组织内部进行资源的有效整合提供了途径。此外，府际关系研究提出的相邻地方的区域治理也为不同政府间的合作与整合提供了思路。这种以跨地方公共事务管理与协作网络为基础的治理是一种弹性机制很强的共同合作管理方式，以跨地方功能性公共项目治理为主要手段。

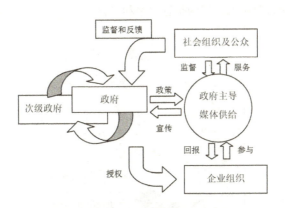

图 3-3　政府主导的媒体服务多元供给模式

授权经营，是指由政府或国有资产管理机构按照有关规定，将国有资产授给其选定的机构，使其能够代表国家持有一般企业中的产权和股权，并相应地行使资本投资、营运和管理等权利，承担国有资产保值增值责任的一种国有资产经营形式。

国有资产授权经营建立起了出资人制度，从而使产权得以明晰。政府主导的传媒是国有资产，产权属于国家所有，而国家作为一个政治主权概念不可能亲自行使国有资产所有权，必须建立传媒产权的组织管理体系，建立代表全体人民管理传媒国有资产的专司机构，代表国家行使所有权。[1]

在政府主导的媒体供给网络中，首先需要人大制定和颁布有关传媒国有资产法律，并接受政府关于传媒国有资产管理的定期报告，必要时开展咨询和调查。其次需要依照"统一所有，分级管理"的原则，健全各级政府传媒国有资产管理机构，行使传媒国有资产所有者的代表权、国有资产监督管理权、国家投资和收益权、国有资产处置权。最后要建立传媒国有资产经营公司，组建在国有资产管理部门之下，连接国有资产管理部门与传媒企业关系的国有资产经营管理的法人经济实体，作为传媒国有资产经营性的管理主体，对传媒国有资产进行所有权和产权处理。

3.3.2　市场主导的媒体服务供给公共治理模式

市场主导的传媒治理必须通过法律规范管理体系加以固化，否则该制度就会因缺乏强制实施的基础而不能得到有效实行。法律体系要在初始的权利分配中，明确传媒产权，将传媒治理的各种权利在传媒各方进行最适宜的分配，使权利配置能产生最大效用；同时，要尽可能地维持治理的秩序，保证权利交易能顺利进行，对传媒各方的责权利进行科学安排，以便通过市场交易纠正法律对权利的不当配置，维护资源最优配置的市场规律性。此外，从法律角度考虑公司治理，不但要考虑法律制度的完备性，而且要考虑法律的执行效率和可行性。

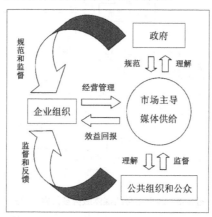

图 3-4　市场主导的媒体服务多元供给模式

在以市场为主导的媒体网络化供给中，政府与传媒之间的分工应更加明确，政

---

[1]　周劲：《传媒治理——理论与模式的中国式建构》，人民出版社 2008 年 7 月版。

府此时的主要职能是制定政策、制定产业发展战略、保证信息公共服务性，主要通过经济手段、法律手段干预传媒产业，不过多使用直接的行政手段。[1]

市场主导的媒体网络化供给重视社会组织和公众的监督与制约作用。社会组织和公众在传媒治理中的监督作用是一种合力，主要来自于以下三方面：①社会公众运用法律对新闻组织进行监督。主要表现为公众对新闻组织的司法诉讼，也叫做"媒介官司"。正是由于大量发生的公民或法人对新闻组织及其从业人员的法律行为，构成了社会各方面对新闻组织以及其从业人员的整体监督。而无论新闻组织是胜诉还是败诉，都有利于促进新闻组织依法规范运作和社会进步。②民间组织进行监督。新闻组织自我规范和控制还不能够完全维护新闻自由，而这些民间组织关注的内容广泛、并各有侧重，能够积极的进行媒介批判和监督。③社会中介力量进行监督。这些组织作为政府管理媒体的补充，在媒介管理中能够承担重要角色，担负着推进补偿性的社会正义或社会公平，确保媒介的公平竞争和拥有多种声音的作用。

3.3.3 社会主导的媒体服务供给公共治理模式

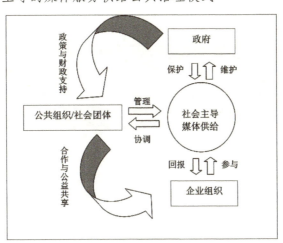

图 3-5 社会主导媒体服务多元供给模式

社会治理是各种社会力量通过制度内和制度外的协调与对话，以或独立或与政府合作的方式，通过社区公众、中介组织、社会文化、道德责任对传媒加以影响和控制，参与行使政府的社会管理职能，最大限度增进公共利益，最终实现政府、市场、社会的共同治理模式。

---

[1] 周劲：《传媒治理——理论与模式的中国式建构》，人民出版社 2008 年 7 月版。

合作控制强调的是参与传媒契约的各方当事人在法律制度的约束下，都能够参与传媒控制权的配置，特别是传媒经营权的配置，使各方当事人的剩余索取权与控制权相对应，从而有利于责权利相对应，促进传媒效率的提高。合作控制并非传媒利益相关者平分传媒控制权，也不是合作经营和合作管理，它体现在参与各方当事人长期重复的谈判进程中，其目的是为了促进参与传媒契约的利益相关者能更好地合作，从而提高传媒效率，化解各方矛盾。

第4章 网络媒体服务提供的公共治理

目前正在进行的我国传媒业体制改革，可以说是建国以来最为深刻的传媒体制改革。其不仅涉及传媒业的微观体制，同时也包括传媒服务提供的宏观体制。而建立健全媒体服务提供机制应该是我国传媒业体制创新的突破口，并且在今后中国传媒的深层次改革方面将占据十分重要的地位。因此，本书将在分析我国网络媒体服务提供现状与问题的基础上，提出媒体服务提供的公共治理对策。

4.1 网络媒体服务提供的现状分析

本书在明确媒体服务提供的内涵的基础上，对中国媒体服务提供和网络媒体服务提供的宏观状况进行了梳理与分析。

4.1.1 媒体服务提供的内涵

4.1.1.1 媒体服务提供与媒体产权

媒体服务作为公共物品，其提供主体为谁，这是公共治理首先要关注的问题。虽然在私人物品层面上，"提供"和"生产"是可以交替使用的，但对于公共物品来说，"提供"和"生产"是两个不同层面上的概念和研究领域。萨瓦斯在《民营化与公私部门的伙伴关系》中对公共物品的生产者和提供者进行了区分。他认为在公共服务中有三个基本的参与者：消费者、生产者、安排者（或称提供者）。其中，服务的生产者直接组织生产，或直接向消费者提供服务；而服务的安排者（亦称服务提供者）则会为消费者指派、选择服务生产者。[1] 这种区分为我们更清晰地研究媒体服务提供问题打下了基础。所以，研究媒体服务提供，主要是研究谁有权利指派服务的生产者，也就是研究媒体掌握在哪些主体手中，哪些主体控制着媒体，控制

---

[1] ［美］萨瓦斯：《民营化与公私部门的伙伴关系》，周志忍等译，中国人民大学出版社2002年版，第68页。

程度又如何。归根结底，可以概括为媒介的产权关系分析。

4.1.1.2　媒体产权的意义

产权是人与人之间由于稀缺物品的存在而引起的、与其使用相关的关系（平乔维奇，1990）。在当代产权理论中，产权通常指的是与财产权相关的"一束权利"，或者说是在财产归属基础上引申出来的一个权利空间，并且经常与"激励机制、监督费用、排他性收益权、风险、机会主义倾向、组织成本和资产专用性"等概念相连（周其仁，1994），产权界定不清，所有者缺位，必然会使交易费用升高，从而降低资源使用效率。[1]

媒体产权即是控制（Grossman and Hart，1986），它塑造了提供给公众和消费者的信息。当然，媒体产权并不是媒介内容的唯一决定因素。在许多国家，特别是针对私有媒体，政府通过管控传媒业、提供给媒体直接的津贴和广告收入、限制新闻和信息的收集等方式来控制媒体内容，但产权制度无疑在媒体服务提供方面产生重大影响。

4.1.1.3　媒体产权的概念

将产权的概念运用到传媒领域，就可以归结出"传媒产权"的概念。有研究者明确归纳了传媒产权的定义，即传媒产权（property rights of media）是指经济上的传媒产权，它不是人与物之间的关系，也不仅是静态的传媒所有权归属关系，而是一种行为权。它包括：传媒所有权；对传媒财产的实际占有权；在传媒生产经营活动中对传媒财产的实时使用权；根据传媒生产经营活动的实际结果获取现实经济利益的收益权；对传媒财产的最终处分权。[2] 传媒产权同样具有可分割性、可转让性等特点。

4.1.2　中国媒体服务提供的现状

4.1.2.1　传媒服务提供数量充沛

中国传媒产业近年来一直保持着高于 GDP 增速持续增长，但近 3 年来增长的速度有所下降。根据截至 2013 年 3 月收集到的各种数据进行统计和推算，2012 年中国传媒产业的总产值为 7 600.5 亿元，比上年增长 13.4%。关于 2012 年传媒产业子行业的发展，具有三个值得关注的亮点和特点：①电视业继续占据霸主地位，是市场规

---

[1]　尹世昌：《报业集团：从现代产权制度到建立法人治理结构》，载《山东理工大学学报（社会科学版）》2004 年第 6 期。

[2]　李艳华：《中国传媒产权的非国有成分研究》，华中科技大学 2008 年博士学位论文，第 42 页。

模最大的媒体，节目内容创新成为电视保持生命力的重要因素；②社会化媒体爆发式增长，2012 年可以称得上是"微信元年"；③报业经营形势严峻。[1] 我国目前共出版报纸 1 937 种，平均期印数 20 837.15 万份，总印数 439.11 亿份，总印张 1 969.4 亿印张。2009 年全国共出版期刊 9 851 种，平均期印数 16 457 万册，总印数 31.53 亿册，总印张 166.24 亿印张，定价总金额 202.35 亿元。期刊结构目前无法适应市场的需要。在 9 800 多种期刊中，科技期刊有 4 900 多种，大学学报有 2 000 多种，行业期刊有 1 000 多种，这意味着超过 2/3 的期刊不面向市场，而真正面向市场的消费类期刊不到 1 000 种。截至 2008 年年底，全国共有电视台 277 座，电视发射转播台 18 490 座。据国家广播电影电视总局统计，截至 2008 年年底，我国共有卫星地球站 34 座，移动卫星转播车 60 辆，卫星收转站 17 388 752 座，微波传送线路长度达 96 826.58 公里。我国电视综合人口覆盖率继续稳定增长。2008 年，这一指标达到了 96.95%，净增长 0.73%，为 2000 年之后的最高。[2] 中国互联网络信息中心（CNNIC）数据显示，截至 2010 年 6 月，我国网民规模已经达到 4.2 亿，较 2009 年年底增加了 3 600 万人，互联网普及率攀升至 31.8%。中国成为世界上互联网使用人口最多的国家，互联网普及率超过世界平均水平。手机网民成为拉动中国总体网民规模攀升的主要动力，根据工业和信息化部电信管理局的统计数据，截至 2010 年 9 月底，我国手机网民的规模达到了 2.92 亿，在互联网用户总数中占比超过一半以上。网民的快速增长带动了我国互联网产业的发展。目前互联网使用终端多样化的程度越来越深，我国互联网媒体的产业化进程加剧。互联网与实体经济的不断融合，带动了我国整个传媒产业的发展。[3] 据清华大学传媒经济与管理研究中心统计，2009 年我国传媒产业的总产值为 4 907.96 亿元，2004—2009 年我国传媒产业总产值的年均复合增长率达 18.45%；预计 2010 年我国传媒产业的总产值可达 5 620 亿元。[4] 但也存在着传媒服务主体产权不清、传媒上市公司股权单一等问题。[5]

4.1.2.2 传媒服务主体产权不清

由于我国媒体产权主体是国家，媒体产权实际上处于"虚置状态"，存在着产权主体缺位的现象。媒体主管部门广电局、出版局或党委宣传部并不是法律意义上

[1] 崔保国：《传媒蓝皮书·2013 年中国传媒发展报告》，社会科学文献出版社 2013 年版。
[2] 崔保国、周逵：《中国传媒业的现状与动向》，载《中国报业》2010 年 4 月版。
[3] 崔保国：《2010 年：中国传媒产业发展报告》，社会科学文献出版社 2010 年版。
[4] 崔保国：《2010 年：中国传媒产业发展报告》，社会科学文献出版社 2010 年版。
[5] 王声平：《传媒业产权体制的缺陷及对策》2005 年 6 月版。

的媒体资产的国家代表，却能行政干涉媒体资产运营。同时，媒体经营者的经营风险只在于主管部门评价的好坏，并不是来自于资产的减少。[1] 传媒企业是党和政府的宣传机构，是党和政府的"喉舌"，媒体至今仍定位为"实行企业化管理的事业单位"，并不是真正的企业。随着传媒业的迅速发展，当媒体为寻求产业扩张和资产重组而进入资本市场时，媒体产权不清已成为媒体发展的主要障碍。作为传媒集团资产所有者的国家，和作为经营者的传媒集团法人，两者之间的权利和义务关系并不明确。因此，国家和政府对传媒资产的监管制度无法建立。此外，如果传媒主体与国家之间的产权关系不明晰，还会带来传媒集团与其下属子公司、经济实体之间产权关系的不清晰，导致双方权利与义务不明。产权不清，就难以形成一个统一的传媒市场体系，传媒产权也就无法正常流动，更无法通过资本运营实现传媒业资产的优化配置、产权重组和集团发展。[2]

自建国以来的几十年间，我国传媒业实行的是多头管理、行业所属、部门所有、条块分割的四级办报、台体制。从国家级讲，中央宣传部门负责宣传内容和舆论导向，新闻出版署负责报刊和音像图书的出版管理，广电总局负责广播电影电视事业的管理，外宣办（国务院新闻办）负责对外宣传和互联网宣传管理，信息产业部、国家工商行政管理局等负责相关产业的行政管理。[3] 这种多头管理存在着诸多弊端，各部门均有多种行政目标，而所有者目标并不是他们的主要目标，也因此所有者目标和行政目标往往并不一致。

特别是，当传媒集团组建之后，传媒发展的投资风险将加大，如果国家和传媒集团之间的责任权利没有明确界定，就会带来一系列的问题。比如，一旦传媒集团出现决策失误，造成国有资产流失，其相关责任却将无从认定。因为，决策者既是经营者，又是资产所有者的代表。也就是说，由于没有明确的产权主体界定，对于传媒经营者而言，经营决策失误不需要承担什么责任，传媒集团资产的增减只会影响个人职务的升迁。而对所有者（国家）来说，如果经营者决策失误，却需要由国家承担全部的资产损失。[4]

---

[1] 刘东、卞琳、高俊山：《中外媒介集团公司治理结构比较研究》，载《新闻与传播》2004年第10期。

[2] 李维安、常永新：《中国传媒集团公司治理模式探析》，载《天津社会科学》2003年第1期。

[3] 孙正一、农秋蓓、柳婷婷：《我国新闻媒体资本运营情况初探》，载《新闻记者》2001年第5期。

[4] 李维安、常永新：《中国传媒集团公司治理模式探析》，载《天津社会科学》2003年第1期。

4.1.2.3 传媒上市公司股权单一

在传媒上市公司中，国家拥有高度集中的股权，是最大的控股股东。如湖南电广、东方明珠、央视基地、歌华有线四家传媒上市公司，虽地处不同省份，规模各有大小，但在股本结构等方面有着极为相似之处：①各公司国有法人股比重均在 70% 或 70% 以上，这就是说各传媒上市公司的资本主体乃是国家资本；②这四家传媒上市公司都是以某一控股公司为主体联合若干其他公司成立的股份公司，而被结合的其他公司，在组建股份公司的股本中仅占非常小的比例；③这四家公司名为"上市公司"实际并未上市，因为国有法人股、法人股并不能上市流通，而国有法人股、法人股在这些股份公司中都占据着绝对比重，所谓"上市"只是股份公司发行的一小部分流通股，从某种意义上说，仅是这些传媒公司向社会、民间筹集无须还本付息的无偿资金，处在这种情况下的股份公司、"上市"公司并未改变政府部门操办企业的实质。[1]

近年来，虽然有媒体和业外资本合作，或创办报刊，或承包报业的版面、专栏或广播电视节目，但这些都属不合法行为。目前，普遍的做法是传媒成立一家具有独立法人资格的企业，将经营性业务注入企业，再利用这一企业和业外资本合作。但是子公司的产权结构不能改变母公司（媒体）的产权结构。传媒业产权结构的单一化，束缚了媒体成为独立的市场主体，使其在经营中受到非经济因素的影响和制约的局面很难改变。

4.1.3 中国网络媒体服务提供的现状

近期，网络媒体的发展势头趋猛，不仅极大地丰富了传媒形态，改变了传媒格局，更对全球尤其是中国的社会经济发展产生了全方位的深刻影响。在经济领域，新媒体的发展和普及引发了前所未有的信息产业革命，成为经济发展的重要引擎、社会运行的重要基础设施和国际资本的竞争重地。当前，中国网民人数已达到 4 亿左右，网络视频用户规模达到 2.4 亿，每 5 位网络用户就有 3 个使用网络视频服务，移动电话用户超过 7 亿，手机上网用户达到 2.33 亿。数字出版与三网融合将成为近期内新媒体发展的最大热点。1994—2010 年的 16 年间，中国信息产业年均增长超过

---

[1] 李维安、常永新：《中国传媒集团公司治理模式探析》，载《天津社会科学》2003 年第 1 期。

26.6%，经济规模跃居全国工业之首，成为国民经济制度性和先导性的产业。[1]

按照网络媒体的创办主体，可以大致把我国的网络媒体分成三类：第一类是政府网络媒体，包括政府网站、由政府所有的传统媒体创办的网站（如人民网、新华网、央视国际等）；第二类是商业网络媒体，即以商业公司为主要力量创办的网站，如新浪网、搜狐网、腾讯网等；第三类是公共网络媒体，是由非营利性组织为代表的"第三方"创办的网站。

4.1.3.1　政府网络媒体服务提供

（1）政府网站。即是指一级政府在各部门的信息化建设基础之上，建立起跨部门的、综合的业务应用系统，使公民、企业与政府工作人员都能快速便捷地接入所有相关政府部门的政务信息与业务应用，并获得个性化的服务。但是，具体到中央政府和地方政府而言，由于政府职能的巨大差异，中央政府门户网站和地方政府（特别是地级市政府）门户网站在具体功能、体系结构及业务流程等方面存在着很大的不同。就具体功能来说，中央政府门户网站主要是向全社会甚至是世界宣传和展示中国政府形象，让人们能够对中央政府的基本情况有个切实的理解和认识；向公众提供全面、系统、权威、详实的法律、法规、部门规章以及规范性政府文件及其准确的解读和分析等，让社会有法可依；作为中央门户，向人们提供接入所有中央政府机构和省级地方政府的平台和通道；根据特定内容，向公众提供专门的服务。而地方政府门户网站的主要功能是直接面向本地社会公众处理与人们密切相关的那些事务，为提高政府行政效率、改善地方经济社会发展环境搭建虚拟平台。[2]

（2）传统媒体创办的网站。为了应对互联网高速普及所带来的挑战，传统媒体纷纷涉足互联网领域，创办了网络媒体。从以《人民日报》为主体创办的国家重点新闻网站——人民网，到以地区性传统媒体（报纸、电视、电台、杂志等）为主体创办的东方网、南方网、大洋网等区域门户网站，这类网络媒体数量繁多。传统媒体创办的网络媒体，由于其最终依托还是传统媒体，所以其产权关系，与其所依附的传统媒体的产权关系有着密切联系。

传统媒体一直以来都是作为党和政府的"喉舌"而存在的，国家作为出资人拥

---

[1]　《2010—2015年新媒体行业运营态势前景分析及投资风险预测报告》，睿博行业研究报告网。

[2]　林爱珺：《在信息公开中建构政府、媒体、公众之间的良性互动关系》，载《现代传播》2009年第2期，第51—54页。

有传媒的所有权。传统媒体作为事业单位，所需要的初始资金和物资由国家提供；传媒的负责人由国家任免；国家职能部门管理传媒产品的内容；虽然业外资本可以进入传媒，但不拥有传媒的所有权。[1] 然而，随着经济的发展，政府对媒体的产权、控制权的绝对掌握，也带来了很多问题。如：政府资金压力的不断加大，控制如此众多的媒体力不从心；官僚制引起的权力"寻租"；媒体行业整体国际竞争力弱，等等。所以，近几年政府和传媒业都在积极探索怎样有效地引入市场机制，促进传媒产业的健康发展。传统媒体创办的网络媒体由于其本身的开放性等特点，是最具有改制潜力的。不过，到目前为止，这类网络媒体仍然是政府控制占绝对主导。

4.1.3.2 商业网络媒体服务提供

我国现有的媒体产权关系具有一定的特殊性与复杂性，而网络媒体，特别是商业公司创办的网络媒体的兴盛与发展使我国媒体产权关系有了新的变化，其复杂性也因此进一步加剧。

中国互联网络信息中心（CNNIC）在京发布《第 32 次中国互联网络发展状况统计报告》（以下简称《报告》）。《报告》显示，截至 2013 年 6 月底，我国网民规模达到 5.91 亿，互联网普及率为 44.1%。我国互联网在农村普及速度较快，半年期新增网民中农村网民占到 54.4%。截至 2013 年 6 月底，我国手机网民规模达 4.64 亿，较 2012 年年底增加 4 379 万人，网民中使用手机上网的人群占比提升至 78.5%[2]，互联网大国的规模已经初显。海外的资本也看到了这富有巨大潜力的市场，纷纷渗入中国互联网产业。再加上互联网本身开放性的特点，和我国对相关融资政策的放松，都使得我国网络媒体与传统媒体相比，与海外商业资本的接触更频繁也更紧密。但是，商业资本在为中国带来更先进的技术，进一步普及互联网的同时，也逐渐从产权上控制了我国的网络媒体与中国互联网产业。大多网络媒体从成立之初就是以有限责任公司的形式成立，不用经过改制，本身就作为一个私营企业"自主经营，自负盈亏"，其投资创办者就掌握着它们的所有权。根据已上市网络媒体公司的股权分布状况，可以更直观地了解产权分割的趋势以及海外资本在这些公司中的强大控制力。海外资本对我国网络媒体的控制方式多种多样，比较常见的方式主要有以下三种。

方式一：网络媒体机构本身就是外资直接投资控制的。这主要是指境外网站以

---

[1]　李艳华：《中国传媒产权的非国有成分研究》，华中科技大学 2008 年博士学位论文，第 45 页。

[2]　中国互联网信息网络中心：《第 32 次中国互联网络发展状况调查统计报告》，http://www.cnnic.net.cn/gywm/xwzx/rdxw/rdxx/201307/t20130717_40663.html。

中文版的形式在中国落地或在中国寻找代理人。在这种方式下，网络媒体的产权较清晰，其所有权完全归外国投资者，外国投资者掌握媒体的控制权。

方式二：外国资本通过各种途径运作国内网络媒体公司在境外上市。据统计，截至2008年，中国共有网络媒体类的上市公司9家，而这9家无一例外都选择了海外上市。如，腾讯控股、中华网（共2家）在香港交易所上市；新浪、搜狐、百度、网易等7家则在美国NASDAQ上市。并且，这些公司其运营总部虽然都在中国大陆，但其注册地却都在海外。由注册地来看，很多网络媒体公司从严格意义上说并不能算中国的网络媒体公司（具体见表4-1）。

表4-1 截至2008年中国网络媒体公司海外上市情况表

公司名称	股票代码	上市地	上市时间	注册地
百度	BIDU	NASDAQ	2005.8	开曼群岛
腾讯	700	香港主板	2004.6	开曼群岛
新浪	SINA	NASDAQ	2000.4	开曼群岛
网易	NTES	NASDAQ	2000.6	开曼群岛
搜狐	SOHU	NASDAQ	2000.7	美国
中华网	CHINA	NASDAQ	1999.7	香港
金融界	JRJC	NASDAQ	2004.1	香港
空中网	KONG	NASDAQ	2004.7	开曼群岛
华友世纪	HRAY	NASDAQ	2007.3	开曼群岛

注：本表中数据来自NASDAQ和港交所网站。华友世纪因其旗下酷6网等网站，而将其划为网络媒体。但对于其本身的网络媒体性质仍然存有争议。

由于我国互联网公司纷纷到海外金融市场融资，使得越来越多的海外资本渗入到我国网络媒体公司中，海外资本在产权关系中所发挥的控制力越来越大，在这样的不断循环中，可以说我国商业网络媒体目前已经被外资控制或主导。

方式三：通过境外的风险投资对中国互联网企业进行影响与控制。风险投资（venture capital）是指将资金投向蕴藏着较大失败风险的高新技术开发领域，以期成功后取得高资本收益的一种商业投资行为。其实质是通过投资于一个高风险、高回报的项目群，将其中成功的项目进行出售或上市，实现所有者权益的变现（即与投资相对应的"蜕资"），从而不仅弥补失败项目的损失，还可以使投资者获得高额回报。[1] 网络媒体是一个具有巨大成长潜力的新领域，也是一个与先进技术紧密联系的领域，其发展需要充足的资金来保障，而获取风险投资正是一个非常有效的途径。我国网络媒体公司的发展与来自海外的风险资本是密不可分的。现任搜狐网 CEO 的张朝阳在美国 MIT 媒体实验室主任尼葛洛庞帝和风险投资专家罗伯特的风险投资支持下创建了爱特信公司，成为中国第一家以风险投资资金建立的互联网公司，接着推出了"搜狐"品牌。之后，又先后吸取了来自罗伯特、尼葛洛庞帝及罗伯特的学生处的 22 万多美元的"种子资金"，以及"桥梁"风险投资 215 万美元的融资等等。可以说，搜狐网是借助风险资金崛起与发展壮大的典型案例。

不过，风险投资商们在推动网络媒体公司快速发展的同时，也获得了越来越多网络媒体的股权。以腾讯网为例，从 1998 年注册资本为 50 万人民币的腾讯计算机（腾讯控股前身）到今天价值约 60 亿港元的腾讯控股，腾讯在整个发展壮大的过程中都浮现着风险投资商的身影。2000 年 4 月 IDG 和香港盈科共投入 220 万美元风险投资，以此为交换分别持有了腾讯总股本 20% 的股份。[2] 不仅仅是腾讯网，许多商业网络媒体公司也都在以股权为代价，不断从风险投资商手中获取发展所需的资金。在这个过程中，如果不能把握好"度"，将会使外资控制网络媒体的问题逐渐加剧。

风险投资的影响不仅仅存在于已上市的网络媒体公司，在许多具有发展潜力的网络媒体公司中，风险投资也发挥着重要的作用。例如，在提供视频类服务的网络媒体中，土豆网获得来自 IDG、General Catalyst、GGV、美国洛克菲勒家族四家的风险投资。我乐网获得了来自 HPE、SIG、ASI、CID 集团、红杉资本以及 Steamboat Venture 的风险投资。著名的风险投资商软银投资、伊藤忠商社、UMC Capital 等则投资了华友世纪旗下的酷6网。无论是已经上市的网络媒体公司还是新兴的网络媒体公司，海外的风险投资都成为了它们成长、发展的资金保障，同时也加深了海外资本对我国网络媒体的控制程度。

4.1.3.3　公共网络媒体服务提供

除了由传统媒体和商业公司创办的网络媒体外，另一种以非营利性组织为主体

---

[1]　中国电子商务研究中心：《中国互联网外资控制调查报告》（2009 年版），http://b2b.toocle.com/b2bimages/dcbg.pdf。

[2]　荆林波：《阿里巴巴集团考察：阿里巴巴业务模式分析》，经济管理出版社 2009 年版，第 263 页。

创办的公共网络媒体也在不断兴起。非营利性组织（non-profit organization）主要指那些不以获取利润为运营目标，而是追求拟定社会目标的组织。美国研究非营利组织专家莱斯特·M·萨拉蒙（Lester M. Salamon）教授通过对全世界 22 个国家的非营利性组织进行比较研究，概括出了非营利组织的六个主要特点：组织性、民向性、非营利性、自治性、志愿性、公益性。[1]改革开放以来，我国的非营利性组织发展迅速，截至 2006 年，我国非营利性组织的总量已超过 346 000 个。我国的非营利性组织具有"官民二重性"的特点，绝大多数非营利性组织既有"民"的性质，又有"官"的影子。由于我国非营利组织性质的模糊性，所以属于纯民营的网络媒体也很少。而这种纯粹由非营利性组织创办、运营、管理的网络媒体才是我们真正应该发展的。这类媒体的稀少，恰恰体现了我国此类型的媒体公共产品供应不足的现状。

4.2 网络媒体服务提供存在的问题

4.2.1 网络媒体服务提供管理中政府主导能力不强

政府可能不是网络媒体的产权主体，但政府是网络媒体管理的主体，当然应当承担引导网络媒体的舆论和保障国家信息安全等职责。然而，我国政府擅长对传统媒体的管理，对网络媒体管理尚存在经验不足、重视和投入不够等问题。

4.2.1.1 政府的网络提供管理核心地位

政府是社会政治生活中的政治主体，掌握着社会政治资源，在媒体治理格局中应该具有权威的、强势的地位。政府作为政治传播信息的垄断者和发布者，直接控制和协调着政治传播基调的确定、政治传播议程的设置和政治传播内容的选择。在网络社会，政府在政治主体中依然处于核心的、关键性的地位。网络社会和虚拟政治必然对现实政治生活中的国家主权、政府治理等方面产生重大影响，从而激发出政府权力的巨大张力。就目前中国的网络媒体提供管理而言，政府主导能力不强主要体现在以下方面：网络舆论引导能力不强、国家信息安全掌控不足。

4.2.1.2 政府的网络舆论引导能力不强

政府为了对网络舆论实施有效控制，从而达到维护网络政治稳定的目的，一般都会实施互联网信息服务各自主管服务项目的前置审批、对网站相关专项内容进行

---

[1] 李亚平、李海编选：《第三域的兴起》，复旦大学出版社 1998 年版，第 15 页。

监督检查和审核等监管措施。但现实往往是，越是政府"堵"得厉害的事件，网民越是活跃，舆论也越是难以控制。官方舆论场在与草根网络舆论场的较量过程中经常失利，显示出政府部门在网络管理中的弱势地位。[1] 虽然政府传统的对网络舆论实行监管的思想正逐步向引导网络舆论发挥积极作用的思想转变，但这种转变带有一定的被动色彩，也从侧面反映了网络社会管理中政府的弱势地位。

网络舆论引导的难点在于，基于大众传播的资源垄断被打破的大背景下，多元化的网民传播行为导致"把关"标准难以一致，甚或缺失；网络媒体多样化发展使受众有了充分的主动权，向政府创办的网络主流媒体提出了考验和挑战。因此，如何发展好主流网络媒体在网络舆论引导中的主导作用，是事关网络舆论引导能力建设的战略性问题。[2] 随着网络的迅速发展，从 web 1.0 到 web 2.0 的发展中，不断衍生出多样化的传播方式，而政府传统的屏蔽内容、禁止发言等舆论控制方式，显然已不符合网络时代的要求。

4.2.1.3　政府的国家信息安全掌控不足

随着互联网的诞生，知识和信息等无形因素正以前所未有的惊人速度渗透到世界的各个角落，从而使影响国家安全的因素已不再局限于传统的政治、经济、军事、国土、资源等有形因素。互联网的开放性、平等性和廉价性使传统社会中由政府主导的国家模式受到了极大的冲击，各种非政府组织甚至个体都能借助互联网的巨大威力对国家安全构成威胁。在网络成为国家信息基础设施之后，网络信息安全已经成为国家整体安全战略的重要组成部分。互联网络中的一般性局部事件，都可能快速演变为全局性的重大事件，从而使国家的安全与主权面临着严重威胁，政府对此负有快速应对的职责。[3]

4.2.2　网络媒体服务提供结构中商业提供比例过高

在我国网络媒体提供结构中，商业提供比例过高，政府和公共提供比例过低。

据中国国务院研究发展中心近年发表的一份研究报告指出，在中国已开放的网络

---

[1]　曾润喜、王国华、陈强：《国家与社会关系视角下的网络社会治理》，载《北京理工大学学报（社会科学版）》2010 年 10 月版。

[2]　刘正荣：《把握网络舆论引导的难点和着力点》，载《中国记者》2010 年第 7 期。

[3]　李啸英：《网络社会的政府治理》，北京邮电大学 2008 年硕士学位论文。

产业中，排名前 5 位的企业几乎都被外资所控制。[1] 如雅虎和软银在阿里巴巴股份中占大多数，南美传媒公司 Naspers 拥有腾讯 35% 的股权。虽然国有企业也试图在互联网上攻城掠地，CCTV 等国有传媒巨头就出资成立了不少网络传媒公司，作为他们进军互联网的桥头堡，但是如果没有政府部门的大力支持，这些国有企业攻陷互联网的希望是很渺茫的。[2]

我国网络媒体提供之所以遭遇外资控制、垄断的问题，一个重要的原因是：网络媒体领域国家、政府力量的薄弱。网络媒体本身就是我国市场化的产物，自然要求把市场机制作为网络媒体发展的基本机制，再加上网络媒体本身开放性等特点，故其是在一个相对自由的环境下发展起来的，而在这个领域，国家、政府的力量却相对较弱。另外，海外资本对我国网络媒体的过度控制、甚至垄断也显示出了政府在网络法律、制度、监管等领域的不到位。正是由于监管不到位，境外资本可以通过各种途径绕过我国法律监管，对互联网企业进行控制。而我国上市制度等金融相关制度的不完善，也是我国代表性的网络媒体企业纷纷选择在海外上市的原因之一。

在我国也出现了一些非营利组织参与的公共网络媒体。例如，青春中国网（如图 4-1），是一个综合性的青年文化公益网站，由北京地区的若干青年团组织于 2004年倡议发起，由青年志愿者自行管理，由中国文化信息协会提供后援支持。这个网站具有政府创办、非营利性组织运营的特点，但是由于这种形式没有明确规定，而且在实际运营中也没有明确地区分政府与非营利性组织的职能，所以产权关系仍然是混杂的。

图 4-1　青春中国网主页

---

[1]　中国电子商务研究中心：《中国互联网外资控制调查报告》（2009 年版），http://b2b.toocle.com/b2bimages/dcbg.pdf。

[2]　《外媒称国企未能主导中国互联网》，新浪科技，http://www.techweb.com.cn/news/2010-09-01/673688.shtml。

再如地球环保网，建立于 2009 年 12 月 25 日，是由沈阳工业大学、四川大学、南京大学、上海财经大学的几名热爱环保的大学生建立的立志于创造中国环保新势力的公共网站。该网站主要提供一些与环保有关的新闻报道、视频等。这个网站可以算是纯"民"性质的，但由于我国有关非营利性组织及其进入媒体行业的相关法律法规尚不完善，这类网站也确实存在着法律地位不明的尴尬，同时，政府的较少关注也使得此类网站存在着规模小、资金缺乏、生存期短、影响力弱等一系列问题。

4.2.3 网络媒体服务提供体系中外资提供存在隐忧

无论是微软、雅虎、亚马逊这样的互联网产业巨头，还是诸如日本"软银"这样的资本巨头，这些境外的互联网企业长期以来都在中国的互联网市场四处觅食，并不断扩大自己的地盘。在过去的 10 余年间，外资纷至沓来到中国掘金，在为中国普及了互联网的同时，也从资本层面控制了整个中国互联网领域的各个层面。我们不得不正视这样一个事实：当前几乎整个中国互联网产业，基本上都是外资控制的，中国民族资本与民族互联网产业有可能从根本上被淘汰出局。[1]

艾瑞咨询根据搜狐的招股说明书数据整理显示，搜狐网 2000 年在美国纳斯达克上市时股权结构（如图 4-2）分别为：CEO 张朝阳个人占有搜狐 25% 的股份，为搜狐最大的股东；其次是晨兴投资公司占有 21% 的股份，北大青鸟占有 19% 的股份，英特尔公司占 9% 的股份；此外还有道—琼斯以及国际数据集团等都占有一定比例的股份。[2]

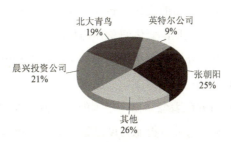

图 4-2 搜狐网主要股东及股权比例

根据新浪的招股说明书，其 2000 年在美国纳斯达克上市时的股权结构（如图 4-3）为：第一大股东为华登投资公司，持股 14%；第二大股东为四通公司，持股 10%；

---

[1] 中国电子商务研究中心：《中国互联网外资控制调查报告》（2009 年版），http://b2b. toocle.com/b2bimages/dcbg.pdf。

[2] 《搜狐上市时的股权分布状况》，艾瑞网，http://news.iresearch.cn/charts/30531.shtml。

第三大股东为戴尔公司，持股 7%，主要创业者王志东本人持 7%，另外还有软银、中国香港的盈科、美国的高盛等股东。

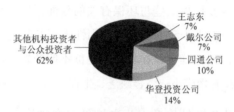

图 4-3　新浪网主要股东及股权比例

根据腾讯的招股说明书，腾讯公司 2004 年在香港挂牌上市时的股权分布为：来自南非的 MIH 是其第一大股东，持股比例达到 55%，马化腾持股比例为 21%，张志东持股 9%。之后 2005 年新进入的 ASBS BANK 持股比例为 15%。（如图 4-4）

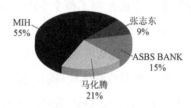

图 4-4　腾讯公司主要股东及股权比例

从以上的数据中可以看出，这几家我国知名的网络媒体的股权结构中，海外资本在主要股东中占据了相当的优势。在其他已上市的网络媒体企业中也具有相似的特点。当然，这些网络媒体公司的股权分布也是在不断变化的，不断有新的大股东进入，也有一些股东退出。但是，变化的总体趋势没有改变，即海外资本的控股比例不断上升，有的公司中海外资本甚至已经掌握了绝对的控制权。与之相反，国有资本的身影却渐渐消逝。

中国 B2B 研究中心研究院曹磊指出，中国的互联网产业过分依赖外资，会导致以下几个方面的消极影响：①外资控制力度过强，对网络产业造成巨大经济风险；②外资控制程度过高，对国家信息战略安全造成危害；③外资控制领域过广，对舆论导向产生一定消极影响；④外资控制比例过高，对资本市场金融领域弊害重大；⑤外资控制程度过深，对宏观国民经济带来潜在隐患。[1]

---

[1]　中国电子商务研究中心：《中国互联网外资控制调查报告》（2009 年版），http://b2b.toocle.com/b2bimages/dcbg.pdf。

4.3　网络媒体服务提供的公共治理对策

4.3.1　加强网络媒体服务提供管理中的政府主导

网络社会对个人、社会和国家的巨大影响，以及网络社会发展过程中凸现的诸多问题，是政府加强网络媒体治理的必要性所在。由此可见，如何正确处理在网络社会紧急状态下，安全与发展、政府与社会之间的关系，建立网络信息安全的法律保障体系，并在全社会倡导网络道德意识，都是值得政府关注的问题。

治理是一种互动，强调的是参与和回应。政府必须努力参与到网络互动中去，积极给予网络回应。[1] 政府可以通过行政手段建立网络舆情反应中心，提高对网络舆情信息的汇集、分析技术，尤其是要注重利用信息技术对网络舆情突发事件进行分析与预警。首先，政府应该建立自己的主流网络媒体，能够快速提供权威信息，在第一时间遏制错误虚假煽动性信息的泛滥。在媒体中有"黄金四小时"一说，政府必须在"黄金四小时"内尽快做出最积极的有效反应，澄清事实，通过主流网络媒体发布权威信息，安抚网民情绪。"网络发言人制度"也可以较好地与网民进行了"双向性互动"。其次，政府应尊重网民的知情权，在网络问政中主动提供可靠的政务信息。在人民网发布的"2010 年第一季度地方应对网络舆情能力排行榜"中，四川巴中"全裸"乡政府就因为在信息透明度、政府公信力等指标上一枝独秀，而与贵州安顺警察枪击致死案、山西问题疫苗事件形成鲜明的对比。[2] 因此，政府在面对网络舆情时，能够充分地尊重公民包括知情权与监督权等在内的权利，就可以有效地引导受众正确认识网络事件，减少连锁反应所带来的恶果。

政府也应加强互联网立法，建立互联网舆论法制的基本框架，在法制的框架下实现网络的引导和治理。同时，加强对新技术、新业务引发的信息安全问题及其对策的研究：按照职责分工，与有关部门共同建立信息安全管理的长效联动机制[3]；制定国家总体的信息政策，建立和完善信息管理体制，加强政府对网络环境的监督、指导作用，建立一个以国家级宏观信息市场为指导、各级基层信息市场为基础的开

---

[1]　曾润喜：《网络论坛的运行机制——以"家乐福事件"为例》，载《电子政务》2009 年第 2—3 期，第 77—84 页。

[2]　《2010 年第一季度地方应对网络舆情能力排行榜》，人民网。

[3]　余秀才：《掌舵与划桨：政府网络行政管理的角色之辩》，载《今传媒》2009 年第 2 期。

放而统一的全国信息市场。

4.3.2 调整网络媒体服务提供结构中的相对比例

4.3.2.1 增加政府网络媒体提供的比例

随着中国网民数量的不断增加，中国国家媒体机构正在积极拓展自己作为政府宣传工具这个传统角色以外的领域，开始与私营互联网公司进行竞争。中国官方新闻服务机构新华社，前不久和中国国有电信运营商中国移动有限公司联手推出了一个搜索引擎——盘古搜索。中国政府运营的大型报纸《人民日报》不仅推出了名为"人民搜索"的搜索引擎，还推出了类似 Twitter 的微博服务。但目前，这些国营大型网络公司要想赶上百度、新浪以及优酷网等互联网巨头，还面临多项挑战。虽然在市场主体产权结构上面对着商业网站的巨大压力，但政府对网络话语主导权的控制并不一定需要直接面对商业资本的竞争，可以从推进政府网站的开发和建设以及传统媒体的网络化两方面着手。

加强政府网站建设，是充分保障公民知情权、参与权和监督权的必要环节。政府和媒体都有着维护社会公共利益、促进社会和谐发展的共同目的。[1] 政府应加强自身的网站开发和建设，使政府网站成为引导社会舆论的重要源头。尤其在发生重大新闻事件时，网络媒体传播的新闻往往成为民众普遍关注的焦点，也能很快形成舆论。网络媒体的发展给政府与媒体互动，并正确引导舆论提出了新课题。[2] 政府在主动公开信息的同时，也必须接受社会监督。媒体监督是社会监督中最有效、最快捷的一种，是促进政府信息公开和防止行政腐败的重要手段。正如美国联邦最高法院大法官斯图瓦特认为，宪法保障新闻自由的目的就是保障一个有组织的新闻媒体，使其能够成为政府三权之外的第四权力，用以监督政府，防止政府滥用权力，发挥制度性功能。[3]

当前传统媒体提高竞争力和影响力的重要方式之一是报网互动。所谓"报网互动"，主要是指报纸与网站作为两个相对独立的媒介系统之间的相互联系与作用。[4]

---

[1] 林爱珺：《在信息公开中建构政府、媒体、公众之间的良性互动关系》，载《现代传播》2009 年第 2 期，第 51—54 页。

[2] 朱颖、陈艳：《政府与网络媒体的互动——以广州市构建阳光政府为视角》，载《广东外语外贸大学学报》2010 年 1 月版。

[3] 周甲禄：《舆论监督权论》，山东人民出版社 2006 年版。

[4] 蔡雯、陈卓：《试论报网互动的基本模式》，载《现代传播》2007 年第 5 期，第 110 页。

一般来说，以下几种形式的互动均在传统媒体报网互动可借鉴的范畴中：①将某一话题发布在网络论坛上，引发网友讨论，再在报纸上对讨论结果进行汇集报道；②将某一已经发表在报纸上的报道发布在网络论坛上，引发读者与网友讨论，对讨论结果进行后续报道；③在报纸网络版上直接进行对某一问题的调查，以调查问卷的方式收集第一手民意；④采用即时通讯软件与读者（同时也是网友）一对一地交流，收集新闻线索、新闻资料、接受反馈；⑤举办大型报网互动论坛，采用"网络＋报纸＋演播室"的方式传播，即"演播室举办—网络直播—报纸报道—网络继续讨论"。[1]

传统媒体加强新媒体建设，实现报纸、网络的有机融合，不是权宜之计，而是具有战略意义的重大举措。传统媒体的报网融合，必将成为传统媒体新一轮发展和创新的着力点，是传统媒体集团走向强大的良好契机，也是政府加强对网络舆论主导能力的重要因素。网络媒体关注于"时"，传统媒体关注于"效"，而当传统媒体与网络媒体相融合后，"时"、"效"可以兼得：通过网络发布准确、正面的及时消息；通过传统媒体分析、引导正确的舆论导向。[2]传统媒体通过网络手段的互动环节，利用其政治敏锐度，理智地回应网络上的各种观点，使得传统媒体网站变身"舆论引导者"和"理智互动者"。在网络井喷式发展的今天，打开各式网站、论坛、博客，都会看到各种各样的思想在交流，而在这些林林总总的观点中，有的略显偏激，有的太过主观，这既是当今社会部分矛盾凸显的表现，也是部分发表观点的人的直白表述，更有些是带有某种目的的评论。在此种情况下，各级传统媒体应该充当起党和政府的沟通桥梁，引导舆论健康发展，化解各种基层矛盾。在网络层面，传统媒体更应该发出自己的声音，阐述自己的观点。

4.3.2.2　增加公共网络媒体提供的比例

在加强公共网络媒体提供方面，非政府组织一直是推进媒体社会责任的主要方式之一。作为一国或跨国的民间力量，非政府组织往往代表特定公共利益，直接影响着网络媒体社会责任标准的制定与执行。

比起中国，西方国家的非营利性组织发展得更早、更完善，因此，由非营利性组织创办的网络媒体也就相对较多、较完善。正如上面所说，非营利组织具有公益

---

[1]　程晓萱：《报网互动中的网络媒介呈现与受众参与》，载《武汉理工大学学报（社会科学版）》2008 年 12 月版。

[2]　张景华、修伟：《合作有"道"　同享共赢——关于党报开辟网络平台的几点思考》，大连市新闻网，2010 月 11 月 8 日。

性的特点，即服务于某些公共目的或者为某些群体服务，所以其创办的网络媒体，都是以提供某一方面特定资讯的公益性网站为主，例如，环境保护类的 Envirolink 网站（http://www.envirolink.org/）（如图 4-5）。Envirolink 是一个非营利性组织，同时也是一个连接世界 150 多个国家的组织和志愿者的网络和在线社区。该网络创建于 1991 年，主要由志愿者负责运营，如今已经发展成为世界上最大的环境信息交流中心之一。通过 Envirolink 网站，我们能够获得最新的与环境相关的新闻与资讯，也能够与世界各国的环境保护组织、志愿者进行交流，共享信息。[1] 从产权关系上来看，该网站的产权还是较为清晰的。因为网站的创建主体 Envirolink，具有作为非营利性组织的独立的法人地位，它独立于政府与商业公司之外，其拥有所创办网站的全部产权。即使政府、商业公司是非营利性组织获取资金的重要渠道，这些资金也并不会改变组织的性质，自然也就不会从根本上对网站的产权产生影响。

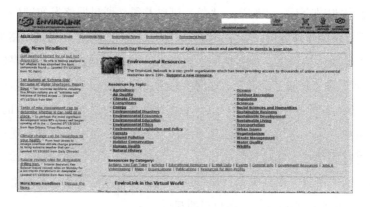

图 4-5　Envirolink 网站主页

　　我国台湾地区的非营利性组织也比较成熟，由这些组织创办的网站有许多。例如，台湾公益资讯中心网站（http://www.npo.org.tw/）（如图 4-6），它是由财团法人喜马拉雅研究发展基金会设立的，在提供公益基金会名录、机构简介、NPO 法规介绍之外，也提供有关公益活动、公益组织的相关新闻资讯。该网站的所有权完全归基金会所有，产权关系也是比较清晰的。类似的非营利性组织创办的网站还有很多，例如，提供协助视障同胞各项资讯的"无障碍全球资讯网"，为身心智障者提高就业能力提供咨询的"圆梦网"，报道公益团体、弱势群体最新动态的"生命力公益新闻网"等等。这些网站有些是基金会创办的，有的也是政府扶植的，有的则是学校创办的，

---

[1]　翻译自：http://www.envirolink.org/about.html。

但不管是何种主体，这些网站都有比较明确的法律身份，比较清晰的产权归属，这也是台湾地区非营利性创办的网络媒体发达的体现之一。

图 4-6 台湾公益资讯中心网站

社会主导的网络媒体提供，应当在一定程度上借鉴国外和港台地区一些公益网络媒体的经验，从非营利性组织、政府和企业多个方面进行规范和治理。在所有权上，社会主导的公益性网站必须归属于非营利性的社会组织和公益机构，明确其产权性质。在资金来源上，主要依靠公益基金及社会资金募集，其次吸引有一定相关性和公益追求的企业组织参与进来，同时政府也应该对这类网络媒体提供一定力度的政策和资金支持。

4.3.3　优化网络媒体服务提供体系中的商业模式

4.3.3.1　加强商业网络媒体服务提供的宏观监管

可以看到，过度市场化、外资控股比例过高、监管欠规范化以及过度照抄照搬国外模式、缺乏自主创新，仍是当前我国互联网产业发展的显著特征。要解决网络媒体商业化（经济利益）和社会化（伦理道义）之间的二元对立和博弈，必须要求政府、社会组织及公众的积极参与，建立对网络媒体社会功能失调现状的长期有效的调适纠偏机制，从多角度、多层面进行监管，建构与重构一套完善的网络媒体的规范管理制度。在互联网的行业管理上，要有一些明确的、细则性的规范，完善与互联网新经济相关的涉外投资融资的法律法规体系和监管力度，对涉及我国国民经济安全运行、涉及社会新闻舆论导向、涉及国家信息化安全等利害的重大并购、投资要严格把关、加强审批、加强监控。

网络行业自律组织对网络社会的监管方向与政府的监管方向是一致的，他们能够充分认识到网络社会存在的问题，并能提出具有可操作性的解决办法。同时，来自同行无形的声誉压力往往比来自政府的监管力量更有约束力。因此，如果能够发挥其在网络监管中的积极作用，定将成为政府监管的得力助手。

4.3.3.2 完善商业网络媒体服务提供的金融体系

互联网产业具有典型的轻资产、无污染、资源消耗极低的特征，且普遍具有较强的自主创新能力。优质互联网企业将是我国金融市场重点服务的对象之一。很多互联网企业都具有非常创新的商业模式和良好的赢利前景。金融管理部门对互联网企业的发行审核应重点关注其发展前景，前期适度降低"创业板"准入门槛，完善互联网企业境内融资市场，拓展各项境内民族金融资本、产业资本和民间资本参与投资互联网产业的渠道。

4.3.3.3 塑造商业网络媒体服务提供的中国特色

一个强大的国家要有一流的自主创新能力和新经济推动力。[1]我国互联网上市公司和一大批有上市潜力的新兴互联网公司，应该是互联网产业经济运行体中最具自主创新精神、最具核心竞争力的群体，[2]也是与我国当前社会舆论导向、公众价值取向、实现资源优化配置、新技术新模式应用以及与国民经济传统制造业、流通领域最息息相关的新经济企业。因此，提高这些互联网公司的平台价值、提高自主创新的能力、加强我国境内资本在这些最核心公司中的控股权，是塑造具有中国特色的商业网络媒体提供，实现可持续发展的必然要求，也是夯实我国互联网新经济产业的市场基础的必然要求。

---

[1] 中国电子商务研究中心：《中国互联网外资控制调查报告》（2009 年版），http://b2b.toocle.com/b2bimages/dcbg.pdf。

[2] 但国内很多网站纷纷简单模仿所谓成熟"美国模式"，偏离了中国国情，也缺乏核心竞争力和自主创新能力。

第5章　电视媒体服务生产的公共治理

电视媒体服务生产是电视媒体通过生产电视节目与电视广告，并利用频道播出以及提供相关服务的过程。其中广告的生产早已剥离给各大大小小的广告公司，媒体自身的广告部门主要是审查功能和管理功能，少数媒体拥有的公司只接受零星的广告业务，故电视广告的生产不在本书所谈论的电视媒体服务生产的范畴之中。本书在厘清电视媒体服务生产的内涵和特点的基础上，对电视媒体服务生产的方式进行了总结并分析了其中存在的问题，并在公共治理的视野下提出了改进电视媒体服务生产的对策。

5.1　电视媒体服务生产的现状分析

我国的电视新闻生产经过数十年的经验积累，经过几代电视新闻工作者的努力，已经形成了一套富有中国电视采编特色的新闻生产方式。本节在梳理媒体服务生产的内涵、电视媒体服务的特点的基础上，总结了目前电视媒体服务生产的五种方式。

5.1.1　媒体服务生产的内涵

5.1.1.1　媒体服务生产的定义

马克思曾指出："生产是指人们使用工具来制造各种生产资料和生活资料的一种行为。"任何产品的生产都需要一个完整的过程，传媒机构也不例外。生产有两种基本组织形式：一种是产品工艺专业化生产，即是将完成某特定工艺过程所需的同类设备（软件等工具）、同种工人集中于一个单位或场所，每个生产单位只完成同一种工艺加工；另一种是产品对象专业化生产，即以工艺为中心设置生产单位，最终达到在同一个生产单位中集中加工某一个产品所需所有设备的目的。[1] 传媒产业

---

[1]　姜进章：《创建全媒体工作平台、实现媒体生产方式变革》，载《工业工程与管理》2009年6月版。

是一个集合了智力密集型、资金密集型和技术密集型三大特点的行业，媒体服务生产虽然不如工业产品生产需要那么大规模、集中化的作业模式，也不需要严格按照上述分类方法进行生产统筹，但传媒机构在媒体服务整个生产过程中的作用与工业生产一样，就是将整合起来的劳动力、资金和技术进行合理的投入并产出信息和精神产品的过程。

媒体服务生产是指媒体根据市场的需求，利用各类资源进行加工组合，进而生产并制作出能满足媒体消费者需求的产品和服务的过程。在现实生活中，媒体服务与社会意识形态有着密不可分的联系，而这种联系则决定了媒体提供的服务必须与一定的政治、经济、文化、宗教和审美观念相适应[1]，并隶属于精神或信息产品与服务的范畴。

5.1.1.2　媒体服务生产的属性

任何产品的生产都有两个前提条件，即生产力基础和制度（组织）基础，而传媒产品的生产更是一个复杂劳动的过程，需要建立在高度分工的基础上，并且各部分的从业人员都要具备较高的业务技能和专门知识。因此，媒体服务作为由媒体组织生产出来的劳动产品，同样是可以用来交换的劳动产品，因此就具备了其第一重属性——商品性：在生产媒体服务时消耗了人力、信息资源以及各种生产资料（电脑等），同时在生产完成后又通过满足媒体消费者的需求来实现其交换功能（即受众获得使用价值的同时，传播者取得传媒商品的价值），这样媒体服务的商品功能就实现了。

媒体服务的第二重属性是流动性。媒体服务跟其他产品一样，需要在完成生产后进行交换，所以必须将其投放到市场中，使其在市场的作用下进行流通交换。对社会受众来说，在一个开放、竞争的市场上选择传媒产品和服务的目的是为获取信息和文化娱乐；而对传播者来说，生产精神文化产品的目的是为取得受众的接受和认同，并最终实现有偿收入。

媒体服务的第三重属性是二元性。媒体服务市场是二元化的市场，即媒体服务和其服务的对象（既包括受众，又包括需要吸引受众注意力的客户）。也就是说，媒体同时活跃于产品销售和广告服务这两个不同的市场[2]，从而使得媒体服务本身具

---

[1]　曲江滨、刘伟：《媒体产品的经济学解读》，载《石家庄铁道学院学报（社会科学版）》2008 年 6 月版。

[2]　吴文虎：《新闻事业经营管理》，高等教育出版社 1999 年 12 月版，第 59 页。

有了二元性：一方面是作为直接面对受众市场的内容产品；另一方面则是面对广告主的广告产品。[1]

此外，在一定的条件下或特殊情况中，政府或者具有公益及慈善性质的团体会利用媒体进行各类宣传活动，所以媒体服务有时又具有了宣传品的属性，而宣传品的生产者和消费者之间往往有着不平等的交换关系[2]，即政府强制使用媒体或是媒体主动进行免费宣传。

5.1.1.3　媒体服务生产的分类

既然媒体服务集多种属性于一身，那么我们就可以针对其各自不同的属性对其进行分类。当下国内外对于媒体服务的分类多种多样，较为普遍被接受的是将媒体服务分为广义和狭义两种：广义的媒体服务包括新闻、广告、电影、公益宣传等；狭义的媒体服务指报纸、电视、广播、杂志、网络等具体的媒体内容及形式，有些更将其细分为图书、期刊、报纸、电视节目等。

5.1.2　电视媒体服务的特点

在市场售卖过程中，电视内容服务是一种独特的商品，具有迥异于一般商品的经济学特征，这些特征决定了电视媒体服务独特的价值实现方式和营销模式。

5.1.2.1　电视媒体服务的反向稀缺特点

经济学的一个最基本的理论假设就是：每个消费者都是拥有无限需求和有限资源的个体，追求效用和满足的最大化则是每个消费者的目标。而电视内容不会因为消费而产生消耗，英国学者吉莉安·道尔据此认为包括电视内容资产在内的媒体内容没有稀缺性，这一特征直接悖逆了商品稀缺性这一经济学定律的基本前提，因此道尔用"公共商品"这个概念来描述电视节目的这一特征。道尔指出："私有商品，如一个面包、一瓶蜂蜜将因消费而被耗尽。一条面包一旦被人吃了，就不能再让其他人享用。因此，一条面包只能卖一次，但是，当节目在特定时间，特定区域的播映权被卖掉以后，卖家仍旧拥有它，还可以一次又一次地销售。"[3]

然而我们似乎并不能据此就得出电视内容不具有稀缺性的结论。虽然电视内容不会被耗尽，但一般来说，观众不可能反复消费同一个节目，某一特定的节目的价

---

[1]　何海明：《论媒体产品与媒体的广告产品》，载《电视研究》2005 年第 1 期。

[2]　金碚：《报业经济学》，经济管理出版社 2007 年 3 月版，第 6 页。

[3]　[美] 吉莉安·道尔：《理解传媒经济学》，李颖译，清华大学出版社 2004 年版，第 9 页。

值实际上也总是有限的。如果简单否定电视内容的稀缺性，那么就很难解释特定个体节目的价值衰减。事实上，电视内容资产并不是没有稀缺性的，而是其稀缺性比较特殊而已，更具体地说，这种特殊的稀缺性是一种反向稀缺性：电视内容资产的稀缺性体现为消费者需求的稀缺，或者说是观众注意力资源的稀缺，也就是说，观众消费电视内容的过程，不是电视内容被消耗掉的过程，而是观众注意力资源被消耗掉的过程。电视内容资产的反向稀缺性具有重要的实践意义，例如，电视珍稀资料的保护性使用是通过控制珍稀节目资料的流通范围和使用频次以防止其价值过快衰减的。

5.1.2.2 电视媒体服务的双权分离特点

经济主体之间发生的有形资产交易，其所有权和使用权通常是统一的，即资产的所有权和使用权一并获得或者同时失去。当然，在一定情况下，有形资产的所有权和使用权可以发生分离，例如固定资产的融资租赁业务就属于这种情况。但值得注意的是，固定资产的使用权和所有权只能分离一次，即只能将其使用权在租赁合同规定的有效期内转让一次。但电视内容资产则不然，其所有权和使用权不仅能够分离，而且可以多次分离。

所有权和使用权可多次分离直接决定了电视内容资产的市场开发模式，即同样的一个内容可以被打造成不同的产品和服务进行梯次立体开发，通过对节目资料进行版权细分，打造多样化的版权产品，实现多种权利在不同媒体、不同范围、不同时间段的多次售卖，通过窗口化策略有效实现价值延伸。

5.1.2.3 电视媒体服务的虎头蛇尾特点

电视内容的生产是一个劳动密集型、智力密集型、创意密集型的行当，但一般来讲，一旦生产出一个节目，再将其复制和供给其他顾客的成本就很低。对于电视台而言，不管最后有多少观众收看节目，一个节目的采制和传输成本通常是固定的。因此，高初始成本和低边际成本是电视内容售卖的价格竞争力来源。

电视内容资产高初始成本和低边际成本的特征对于节目生产具有重要的启发意义，它意味着在经济上最可行的节目生产方式应该是从选题、策划环节就充分考虑电视内容的多窗口销售和市场开发，充分考虑到节目的经济寿命，尽量制作一次投入、多次产出的"虎头蛇尾型"的长尾产品，而不是定制式的一次投入、一次产出的一次性产品。一般而言，电视内容资产最集中的市场回报是通过首播权来实现的，以此形成"虎头"。而此后多种权利的梯次立体销售收入则构成了电视内容资产的"长尾"。尽管数字新媒体上的内容销售是零星销售，但是当海量的零星销售聚合在一起时，便成了大生意。凭借"长尾"，长期沉睡片库的电视内容资产将很可能一跃成为一座取之不尽的金矿。由于电视内容资产具有长尾特征，判定任何节目资料没有价值都会显得简单和武断，对于消费者的个性化需求而言，那些看起来似乎无价值的节目和素材可能恰恰具有无可替代的价值。

5.1.3　电视媒体服务生产的方式

电视作为一种媒体，其目的就是将希望传达的信息传递给目标受众，而这些信息就包含在电视媒体所提供的所有服务（节目）之中。目前电视媒体服务常见的生产方式有内制内包、内制外包、外制外包、引进改编、民间提供等。

5.1.3.1　电视媒体服务生产的内制内包方式

长期以来，中国内地各电视台大多采用了具有浓厚自然经济特色的"自制自播"的封闭生产方式，电视节目的生产制作仅仅是为了满足自身播出的需要，而没有进行有效的节目市场开发。目前，特别是一些新闻类和综艺类节目，也没有在全国形成一个统一、开放、竞争、有序的电视节目交易市场。

在韩国，其广播电视节目产业表现出这样的生产特征：国家强力扶持、寡头积极竞争、节目制播合一。韩国三大电视台（KBS、MBC、SBS）不但联合垄断了韩国电视收视市场和广告市场，并且各自垂直整合节目制作流通和传播环节，形成了"制播合一"的节目产制格局；同时，三台网相互之间极少进行横向节目交流，绝大多数节目在本台播出后，国内市场便极少再有人问津。节目制作一直由播出台及其下属公司所垄断，播出台与制作公司之间是一种定购关系。在政府与寡头心照不宣的合谋下，韩国从 1997 年开始，电视节目的出口每年以 33％的速度递增，其中有 19％左右的节目是销往中国的，2002 年韩国电视节目出口额首次超过进口额，而电视剧作为一个类型主宰着这个市场。[1] 据"韩国放影像产业振兴院（KBI）"2009 年的一份数据显示，2008 年韩国电视节目出口总金额达 18 016 万美元，比 2007 年增加 10.28％。韩国电视节目出口增长率在 2005 年凭借强劲的"韩流"热潮一度高达 72.8％。韩国 2008 年主要出口的电视节目中，电视剧的出口额为 16 532 万美元，占

---

[1]　Moon Haeng LEE: Strong presence of Korean Drama in Asia Oriental Television Forum: Media New Economy A Conversation between China and the World (Thesis Album)(2005).

91%，其次是动画片，出口额为 611 万多美元。[1]

5.1.3.2 电视媒体服务生产的内制外包方式

内制外包的生产方式在中国较为普遍，即由民营公司提出创意，电视台参与意见，然后由民营电视公司制作出样片，电视台认可后介入制作，而民营公司则退出制作，把主要精力放在节目的服务和经营上，比如其欣然影视机构与央视合作制作的"幸运52"、"超市大赢家"就属于这种模式。该类公司大部分属于电视台下属或是由电视台参股的制作机构，通常将其称为"三产"公司。在运营上，它们通常是直接按照电视台的要求进行生产，仅有一些资金量庞大的机构能独立进行策划、制作和包装，并最后通过竞标进行投放。

5.1.3.3 电视媒体服务生产的外制外包方式

外制外包方式是指：由民营电视节目制作商独立制作节目，再通过各种不同的方式将节目内容卖给电视台。通常，民营电视节目制作商采取"以销定产"的生产模式，只有在为内容找到播出的渠道，并为节目找到广告商赞助后才有可能实现赢利。这种"以销定产"的方式是符合市场规律的，生产者是根据电视台和广告商的需要来确定生产的内容和数量。然而民营电视节目制作商与作为生产者的电视台，在市场地位和拥有的资源上完全不对等，导致他们之间的竞争并非是完全市场化的竞争。加上作为播出平台的电视台对渠道的垄断，民营电视节目制作商事实上不可能完全依照市场的需求来决定生产的内容和数量，在节目内容上会自觉地向电视台的价值取向靠拢，以换取向电视台销售的成功，因此，这类生产模式是不完全市场化的模式。[2]

5.1.3.4 电视媒体服务生产的引进改编方式

随着我国改革开放的进一步深入和人民精神文化需求的极大发展，越来越多的国外电视机构纷纷落地内陆，起初是直接使用外汇购买版权或者播出权，而后发展到进行广告位出售、节目交换以及与第三方媒体机构合作后进行多头播放等等。但由于政策法规上的限制，中国内地的电视频道大多只是对国外节目的"效仿"。例如："超级女声"等真人选秀节目是源于对美国的"美国偶像"节目的借鉴和模仿；"快乐大本营"等综艺娱乐节目则是对英国的"谁想成为百万富翁"等节目的引进，

[1] 环球网：《韩流"降温" 韩国电视节目出口停滞不前》，http://world.huanqiu.com/roll/2009-02/376151.html。

[2] 周亭：《中国电视娱乐产业研究——一种生产者的视角》，复旦大学 2007 年博士学位论文。

2013 年大热的户外亲子类节目"爸爸去哪儿"则是对韩国 MBC 的"爸爸！我们去哪儿？"的引进。目前，中国内地的娱乐节目正处于起步阶段，模仿与借鉴有利于其发展，但却不是长久之计，因为长时间的模仿会产生依赖，并不利于我国娱乐节目的自主创新。

5.1.3.5　电视媒体服务生产的民间提供方式

电视媒体服务生产的民间提供方式目前尚未成为主流，但是互联网技术，尤其是第三代移动通讯技术的全面铺开，使得人们可以利用自己手中的手机及其他便携式视频音频设备，对发生在自己身边的事进行记录和发布，这也是为什么我们在传统新闻中看到了越来越多的手机或者在线视频资料。尽管目前没有法规或者行规对此类现象和行为进行解释和规范，但是其在及时性、真实性和大众的接受度等多方面，都对传统的拍摄和采访方式形成了挑战。

5.2　电视媒体服务生产存在的问题

5.2.1　国有电视媒体服务生产存在的问题

国有电视媒体是指电视媒体所有权属于国家；电视台的主要领导人由党和政府任命，电视台的宣传报道方针必须和党的行动纲领、政府的施行纲领保持一致的电视体制。电视台是在此前提下去尽量满足观众对信息和娱乐等的需求的。我国的电视媒体，是具有代表性的国有媒体体制。20 世纪 80 年代以前，我国的电视节目生产，注重完成党和国家的宣传任务；改革开放后，我国的电视节目生产又出现了或过于讲求艺术创作效果或片面追求经济效益的倾向——前后两个不同时期的"生产"，始终没能走到在高度重视社会效益的前提下以创造效率为最高目标的现代生产正途上。制播合一、资金效益、制作能力、商业运作等问题，至今仍然没有得到很好的解决。

5.2.1.1　国有电视媒体服务生产的制播合一问题

我国的制播合一体制有其存在的历史合理性，但其弊端也相当明显。①在制播合一体制下，电视节目实行的是自产自销的生产方式，不论节目质量如何，最后的内部消化不成问题，因此，电视台多有"皇帝女儿不愁嫁"的心态，必然缺乏创新激励机制，最终导致节目质量的下滑。②尽管在激烈的市场竞争压力下，电视人的改革意识、精品意识有所增强，节目质量在不断改版过程中也有了很大提高，但是，正如我国台湾学者徐钜昌所说："一个节目的生产，并不是机械式的工作，不能够用'模子'大批地生产，而是智慧的创造成果。而且每一天的每一个节目，都需要不断地创造。"在这种情况下，电视台本身创造性力量的缺乏必然带来节目的专业化水平低下。③制播合一的背后必然配备有一支庞大的人员队伍，包括行政管理和后勤服务队伍、采编播节目制作队伍、设备技术和播出系统队伍等，由此带来的机构臃肿、人浮于事直接影响了电视台的高效运转。

从整体来看，中央电视台、省级电视台和沿海发达地区的个别地（市）级电视台状况较好，制作能力也相对较强；而大量的地、县电视台甚至西部的部分省级市级电视台基本上无法正常维持，没有能力制作像样的电视节目，也没有多少资金购买优秀节目。虽然电视台的国有性质决定了其能在不考虑经济成本的基础上进行生产，但是随着设备、人员薪酬以及广告等多方面因素的不断变化，传统中小城市以及地区性电视台的节目制作能力正在不断下降，大量的电视台由于没有自己的节目或因资金缺乏而反复播放老片，更甚者有个别电视台廉价购进的播出带比大街上录像厅播的带子质量还要差，盗版现象也屡禁不止。

5.2.1.2　国有电视媒体服务生产的资金效益问题

中国电视媒体的现状是：一级政府一群电视台，形成了复杂而拥挤的格局。而几乎所有的台又都有一种心态，把自己的频道办成综合频道，以此来彰显电视台的地位和身份。由此衍生出了许多奇怪的现象：①多台一面。一个电视台一个综合频道，全国上千个综合频道，均是什么节目都做，什么节目都播，这样如何提高节目质量和专业管理水平？②多台一腔。一个地方多家电视台经常以同样的形态在同一时间播出同一个题材。③多台一戏。全国几十家电视台在同一时间播同一部电视剧的事屡见不鲜。而最令人反感的不仅于此，每年几千台春节晚会耗费好几个亿，中看的有几台？④多台竞奢。资源的浪费还表现在大量的投资被用于非生产性的设施，省级的几个亿，地级的几千万，县级的几百万，多数都是豪华气派的办公楼，生产性的设施有多少？在设备购置上有钱的台大量重复购置，使用率却极低。高档电视设备价格极其昂贵，折旧率极高，资金利用的效益极其低下。

5.2.1.3　国有电视媒体服务生产的商业运作问题

从20世纪90年代开始，中国新闻界重新界定电视业具有双重属性，电视业既属于上层建筑又属于信息产业，从而确定电视业"事业性质，企业管理"的运作模式，开始了电视业在经营上的商业运作。但这种有限商业运作是在一定的控制范围内进行的，不同于美国式的完全商业化：节目的制作和播出只能部分而不能完全按市场需求来执行；各家电视台之间有着激烈的竞争，也存在"优胜劣败"的现象，但迄今还未出现"优胜劣汰"或者"优胜劣并"的现象；各电视台非常看重节目的收视率，但并不以收视率为评判节目的唯一标准。倡导有限商业运作模式的初衷是引入市场竞争机制，在确保电视业国有制、确保电视台宣传好党和政府方针政策的前提下，增加电视台的活力、丰富节目内容、满足观众需求、减轻国家的财政支出。[1] 从我国 10 年来的实践看，电视台的有限商业模式基本上达到了原先的构想，但也带来了电视业"散、乱"的问题。由于电视台可以成为赢利的企业，全国出现了争办电视台的热潮，且只生不灭，越办越多，电视台总数从 1990 年的 800 家左右发展到 1999 年的 3 000 家左右，成为世界上电视台最多的国家，造成了巨大的资源浪费。[2]

有限商业化运作模式在减少或摆脱传媒对政府或政党资助的依赖、取得经济上独立的过程中，也使传媒管理者即党和政府对媒体的监督管理，包括对舆论导向的调控和对资产保值、增值的监管上，均出现了某些失控情形。例如，传媒出于对其自身利益尤其是经济利益的考虑，可能不适当地维护其广告客户的利益；另一方面，传媒商业化倾向也可能使媒体迎合受众的低级趣味，以至于突破社会公德的底线，致使舆论导向出现偏颇。[3]

5.2.2　商业电视媒体服务生产存在的问题

商业电视媒体是在国家法律法规的管制下，通过向市场提供电视产品（服务），以广告和节目销售为主要经济来源的媒体体制。商业电视媒体格外强调节目的收视率，以吸引广告商的广告费和赞助费，并在节目方针的制定和节目的编排上受到广告商和赞助者的影响。最典型的商业电视媒体在美国，美国现有电视台 1 000 多家，其中商业电视台约 960 家，无论是在数量上还是在现实影响力上都占了绝对的优势。

5.2.2.1　商业电视媒体服务生产的社会责任问题

媒体的商业化运作必然导致大众传媒的商业倾向与其社会责任之间的冲突。商业电视媒体由于其营利性的本质而出现片面追求经济效益的弊端，使其不能很好地承担所应履行的社会责任，从而阻碍了媒体社会效益的正常发挥。清华大学国际传

---

[1]　目前，部分入不敷出的电视台仍由地方政府拨款，保证电视台的正常运作，而大部分的电视台已不再需要政府的财政支援，完全依靠广告收入和其他经营收入。

[2]　李良荣：《当今世界的三大电视体系》，载《新闻大学》2000 年第 2 期。

[3]　李文明：《传媒商业化倾向问题与解决方案》，载《中国报业》2008 年 2 月版。

播中心主任李希光教授就曾指出："很多媒体现在所做的一切不是为了寻求新闻公正和社会公正，而是借名人的名字使其采访和制作成本降低，发行量猛增，获得更多的广告，赚取更多的利润。"这样做的结果是，媒体的经济效益虽然上升了，但其应当履行的社会职责却减弱了。具体表现为：对坏人坏事的揭露不够有力，反映公众意见不够充分，传播品位格调不够高雅，促进国家现代化的作用不够明显等。

5.2.2.2　商业电视媒体服务生产的新闻异化问题

商业媒体服务生产常常出现新闻报道产生异化的问题。具体表现为：对采访、编辑环节的投入减少，致使传媒的"把关人"功能削弱，新闻自查不规范；媒体过多关注社会生活中的"反常"现象，未能为公众很好地描述现实生活的真实图景；因过度追逐商业利润，致使大量偏离新闻专业理念和基本原则的庸俗新闻甚至假新闻频频出现。

5.2.2.3　商业电视媒体服务生产的公共价值问题

商业媒体由于追求利润的最大化，可能导致作为社会公器的电视媒体愈来愈商业化、娱乐化。从欧美媒体行业来看，媒体商业化的一个消极意义是电视公共价值的衰落和边缘化，媒体集团将非营利公共机构的地位置于社会的危险边缘。美国传播政治经济学者麦克切斯尼基于对美国媒体的考察和研究指出："媒体集团真正感兴趣的是如何让新闻带来利润。"商业化使得新闻已经成为媒体集团赢利的摇钱树，电视只对那些政治敏感度低的新闻议题进行追踪报道。需要注意的是，商业化的全面渗透并不只是在美国出现，媒体系统的一个发展趋势是一步步推动商业主义的国际化。麦克切斯尼指出："国际媒体系统本质上是一种非竞争性经济，它们是新自由主义放松管制政策的直接结果。"[1]媒体集团背后的动力不再是民族国家地理政治，而是公司联合与商业扩张。全球媒体系统的特点就是残酷无情的、无处不在的商业主义。[2]

5.2.3　公共电视媒体服务生产存在的问题

公共电视媒体是通过国家委托或特许的公共机构经营，或者直接由政府提供电视节目，以追求公共福利而不是营利为主要目标的，一般不播放广告的媒体体制。

---

　　[1]　[美]罗伯特·W·麦克切斯尼：《富媒体穷民主——不确定时代的传播政治》，谢岳译，新华出版社2004年版，第125页。

　　[2]　李文明：《传媒商业化倾向问题与解决方案》，载《中国报业》2008年2月版。

在 20 世纪 80 年代以前，公共电视媒体在全世界大多数国家占绝对的优势地位，在西欧基本上都是公共性质的电视媒体。最典型的公共电视媒体是英国广播公司（BBC）、日本放送协会（NHK）等。在商业电视非常发达的美国，也有公共的广播电视组织，如公共广播公司（CPB）、公共电视网（PBS）、全国公共广播网（NPR）等。公共电视媒体在公共价值传播方面发挥了重要作用，但在现实运作过程中，特别是公共电视节目生产过程中，全世界范围的公共媒体都面临着相似的问题和考验。

5.2.3.1　公共电视媒体服务生产的政治控制问题

公共广播电视机构从诞生之日起，就要求具有"非政府与非商业、独立追求文化目标的社会公器"[1] 等特征，虽说它在非商业方面做得比较彻底，但在非政府方面却很少真正实行过，政府在许多问题上都表现出对公共电视的政治控制。在诸多基本政治力量的制约下，公共电视经营机构一方面依法独立运行，另一方面又与众多社会基本政治力量结成不同的政治调控关系。这种政治调控关系一旦运用不当，就会导致公共电视的媒体生产出现政治干扰的问题。日本放送协会（NHK）就曾经迫于经营和政治压力，连接出现了经营方针偏差的丑闻。

2005 年 1 月 12 日，《朝日新闻》报道了 NHK 教育台 2001 年 1 月 30 日播放的专题节目"如何审判战争"内容被修改的原因，是迫于政治压力。当年节目播出后，关于内容修改的责任应由谁负担，在负责内容策划的协会和 NHK 制片方之间，还引发了一场诉讼。2007 年 1 月 29 日，东京高等法院就 NHK 揣测国会议员的意图，修改专题节目"如何审判战争"第二集内容的诉讼案做出二审判决，认定 NHK 滥用和放弃了受到宪法保护的编辑权，损害了原告市民团体"战争与对妇女的暴力"对电视节目的期待和信赖，判处 NHK 和两家节目制作公司向原告给予 200 万日元赔偿。[2]判决认定了：在节目制作的最终阶段，在并未参与节目制作的某 NHK 高层人员的指示下，节目中原有的慰安妇证词被删除等篡改行为。这次删改是该 NHK 高层，在自行"忖度"某国会议员的意图后所做出的决定。判决还认定了原告具有"期待权"，而 NHK 侵害了原告的这一权利，并没有尽到告知义务，有违法情节。

2006 年 11 月 10 日，日本总务大臣菅义伟氏将 NHK 会长桥本元一请到总务省，

---

[1]　郭镇之：《欧洲公共广播电视的历史遗产及当代解释》，载《国际新闻界》1998 年第 5—6 期，第 50 页。

[2]　《日法院就 NHK 修改"慰安妇"节目案作出二审判决》，新华网，http://news.xinhuanet.com/world/2007−01/30/content_5671600.htm。

就被朝鲜扣押日本人质问题，命令 NHK 短波广播的对外传送节目，要对相关内容给与"特别留意"。并要求："要对北朝鲜显示出日本政府坚决解决问题的姿态，'人质问题是日朝之间最重要的课题'。同时也要对在北朝鲜失去自由的被害者传达出希望他们无论如何也要活下去的意愿，以及日本国内的家属、国民和政府没有放弃他们，正在为救出他们全力斡旋的实情。"根据日本《放送法》第 33 条，总务大臣"应该就放送区域、放送事项及其他必要事项下达要求"，相当于可以对放送下达命令，并且相应费用由国会承担。但日本新闻协会的有关人士对这次事件的不同看法是，这次的命令涉及对报道内容的指示，超出了"必要事项"的范围。

还有一些政治上的控制是通过经济手段达到的，如政府资助、颁发执照以及视听费的收取规定等等。比如，BBC 虽然通过皇家宪章保障其独立地位，英国政府一般不干预具体的节目制作和播出，但通过吊销营业执照等手段，政府仍然保留了对公共广播机构的控制权。[1]

5.2.3.2　公共电视媒体服务生产的资金压力问题

一直以来，执照费收入在公共广播机构的总收入中占据着绝对优势的比重。但近年来，任何地方的执照费收入几乎都呈相对下降趋势。"进入 70 年代后，西方电视市场基本趋于饱和，取自电视执照费的资金来源也几乎不再增长甚至停滞了，然而频道和节目时间的增加以及随之而来的机构膨胀，却使电视机构的运营费用不断上升。"[2] 美国的公共电视事业从一开始就遇到了经济上的问题，虽然《公共广播法案》规定，公共电视网的一部分经费来自联邦财政预算，但政府从一开始就没有拨出足够的资金投入运作，使得公共广播事业公司不得不在经费问题上求助于企业赞助和个人捐赠。进入 20 世纪 90 年代，公共电视的经济危机更是显露无遗。美国"媒体与公共事务研究中心"（一个非政府组织）在一项对公共电视的研究报告中，批评公共电视网背离了公共电视创办的初衷，并非"非营利性"。据此，1995 年美国保守派建议废除公共电视或以其他资助代替联邦政府对公共电视网的资助。经过长时间的协商，美国公共电视虽然暂时保存下来，但联邦政府减少了对于公共电视网的资助，导致美国公共电视机构经费严重紧张。

---

[1]　熊婷：《公共电视资金来源研究》，华中科技大学 2007 硕士学位论文。

[2]　姜红：《英国公共广播电视体制：困境与变革（上）》，载《电视研究》1998 年 5 月，第 52 页。

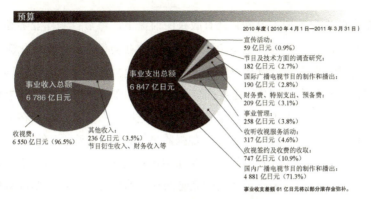

图 5-1　NHK 2010 年度财务预算

5.2.3.3　公共电视媒体服务生产的受众定位问题

公共电视媒体面临的另一大危机是直接来自于受众市场的压力，也就是同商业电视争夺受众，商业电视与公共电视的竞争主要是对受众的竞争。虽然公共电视并不以追求高收视率从而获得生存发展所需及广告利润为终极目标，但是大众支持力度仍是公共电视服务存在的一个决定因素。因此，视听节目的质量成为商业电视与公共电视竞争的核心内容。但随着商业电视的"公共化"倾向的加强，商业电视机构在研究了具有较高收视率的公共电视的文化、教育节目后，纷纷创办了一些与公共电视节目相似的电视频道，如纪实频道、发现频道、NICK 儿童频道、学习频道等，与公共电视争夺观众。于是，原来忠实于公共电视的受众大量流失，成为商业电视的新拥护者，因为他们可以在实力雄厚的商业台中看到制作精良又同样具备公共服务性质的节目，且不必为此缴纳视听费。而此前，这些节目一直是公共电视的"独家专长"。

5.3　电视媒体服务生产的公共治理对策

针对电视媒体服务生产中存在的问题，本书从公共治理的视角，分别提出国有电视媒体、商业电视媒体和公共电视媒体的治理对策。

5.3.1　国有电视媒体服务生产的公共治理对策

5.3.1.1　国有电视媒体服务生产的制播分离

体制不顺，机制不活，电视"精品"的产生也就难以为继。正是在这样的情况下，国有电视台的制播分离改革开始引起关注。而当此种观念遭遇到市场力量对媒体的另一个影响——媒体的泛娱乐化倾向时，便有了实际操作的可能性，这也就是以"光线"为代表的民间电视制作公司得以在壁垒森严的电视业"边缘突破"的原因。制播分离是指在电视台策划、投资并拥有版权的前提下，将节目制作业务委托给外部制作机构或独立制片人完成，逐步实现电视节目的社会化生产、市场化流通和制约性传播。国有电视台在实行制播分离的过程中，要建立起规范的游戏规则，要明确哪些节目可以实行社会化制作，哪些只宜在电视台内部实行栏目制片人制作；对于可以实行社会化制作的电视节目，要确保投放的透明与公正。另外，在节目外包的过程中，应制订科学的节目评估机制，并加强监督与管理，对那些单纯追求经济效益、格调低下的节目要严格把好播出关，以保证节目的社会效益与正确的舆论导向。此外，制播分离需要有配套的相关政策法规和完善的社会监督体系，需要明确多种主体的角色并实现多种主体的治理作用，这是国有电视媒体制播分离改革的关键。

5.3.1.2 国有电视媒体服务生产的二次销售

国有电视媒体主要追求电视节目播出后产生的政治效益，这种效益体现了电视媒体对党的方针政策和国家主流意识的宣传力度和舆论导向的把握。但随着"多频道时代"的到来，初级加工的简单资讯已不再是市场的"稀缺资源"，而社会的"注意力资源"却成为各种传媒竞相追逐的对象。"如何将资讯的传播价值进一步深加工，创造高附加值，以及如何精细化地深度掌握社会的'注意力资源'，经营好传播市场链条中的'终端'（受众群、广告客户群等）"[1]，必将成为未来电视市场竞争的关键。这里涉及的就是传播学中著名的"二次销售"理论。其基本内涵是：媒体第一次销售的产品为有价值的新闻信息，获得目标受众的注意力；第二次销售的是受众的注意力，获得广告收益。要想成功进行"二次销售"，就必须找到节目生产与广告营销的契合点。从节目定位、节目内容、节目形式到节目的后期制作和编排，国有电视节目生产的各个环节也都与广告营销有着密不可分的关系。营销概念是节目生产的先导，着眼于营销，这样的节目生产出来才有受众，这样的产品才有市场；而反过来，节目生产又为广告营销提供了大量的形式和载体，只有优秀的节目作品才能创造出显著的社会价值和经济价值。[2]

5.3.1.3 国有电视媒体服务生产的公共关注

作为公共服务的组成部分，国有电视媒体服务生产更应该充分体现对社会民生的关注，实现其公共属性。首先，国有电视媒体应该鼓励某些类型的节目（如儿童教育类节目），或者鼓励平等待人（如选举活动中公平对待不同的政治候选人）。对于电视业中出现的社会性问题，如有关侵犯儿童权利的宣传、淫秽色情的内容、少数

---

[1] 喻国明：《变革传媒：解析中国传媒转型问题》，华夏出版社 2005 年 1 月版，第 9 页。

[2] 王澎：《政治框架下的市场取向策略：以北京电视台为例分析电视节目生产方式》，载《广告人》2009 年第 7 期。

民族歧视的节目等，社会舆论本身以及新闻专业主义精神自律都能形成一定程度的约束。[1] 另一方面，国有电视媒体的节目应加大对社会弱势群体的关注。因为社会弱势群体缺乏表达的渠道和机会，而国有电视的民生节目可以为这些"不被听到"的声音提供说话的机会，克服现代社会日益增加的疏离感，从而有效地建立社群的整体感。

5.3.2 商业电视媒体服务生产的公共治理对策

5.3.2.1 商业电视媒体服务生产的法律规范

由于我国所有电视媒体都属国有，近年来对电视媒体的规制基本上依靠整合电视媒体资源、通过推行"集团化"的方式来加强管理，而行政命令的手段也一直比较有效。但随着 2001 年以后私人资本、境外资本进入媒体 [2]，媒体之间的竞争日趋激烈，广电总局的行政管理方式已不能完全控制各个媒体的内容，于是"叫停"和"封杀"就成了家常便饭，但效果却难以达成。因此，应建立"有法可依，有法必依，执法必严，违法必究"的法治局面，才能将"管死"与"放活"相结合。在充分把握民意的基础上可以参考国外做法，建立"电视监督委员会"，其主要职能为"为公众提供服务，以接受公众对电视节目所提出的指控"。[3] 这样的监督机制可以发挥在电视媒体法治中不可替代的作用：充分利用公众舆论的监督，增加电视媒体法治的互动性，使其能进入良性循环的轨道。

5.3.2.2 商业电视媒体服务生产的合作机制

商业电视媒体应该进一步专业化、细分化，并在此基础上形成分工合作、利益共享的电视服务市场。然而，由于存在级别和地位的差异，中国电视节目基于行政隶属关系的合作多，基于同等级别的合作多，而基于平等商业关系的市场合作却较少。针对这种情况，商业电视媒体应形成并完善委托制度。委托对象是从内部剥离出去的节目制作部门或是在外部节目市场中挑选的合作伙伴。因此，委托制也分为内部委托和外部委托两种。内部委托是精简机构的过渡方法，外部委托方式则是在独立制片人市场充分发育起来后采取的常规方法。这种做法既保证了节目制作的可控和技术质量，又将节目中最需要创造性、最难以保证的部分推向了市场，增加了节目的可选范围。[4] 同时，这种合作还应该体现在电视节目交易中建立的双方利益共享、风险共担的良性合作机制上。例如，1999 年上海东方电视台与广东巨星影业公司之间就出现了首份以收视率论价的电视剧播映风险合同。电视台首先按照基数支付一

---

[1] 易旭明：《世界商业电视、公共电视模式初探》，载《声屏世界》2007 年 4 月版。

[2] 参见《关于广播影视集团融资的实施细则（试行）》2001 年 12 月版。

[3] Report of committee on privacyand and related matters.cmnd 1102, 1990.

[4] 唐世鼎、黎斌：《制播体制改革与电视业发展问题研究》，中国传媒大学出版社 2005 年版。

定购片费用，然后根据收视率和广告的高低给予节目公司额外的奖励，这种做法极大地刺激了电视节目制作单位的热情，有利于双方取得良好效益。[1]

5.3.2.3 商业电视媒体服务生产的公共监督

在市场条件下，商业逻辑对媒体的公共性影响很大，媒体必然会面对影响其独立性和批判性的重重考验，而此时一个完善而有效的社会监督机制，是保持商业媒体社会功能得以正面发挥的有力武器。社会监督通常分为市民团体监督和研究机构监督。市民团体监督一方面能帮助形成广播电视行业的立法及政策环境，另一方面还可以和广电从业者直接交流，对行业的自我规范施加影响。研究机构监督是研究机构对广播电视的内容和社会影响展开研究，其结果往往对这些商业性的广播电视内容起着间接的监督作用。如美国媒体教育中心帮助指导怎样使用芯片滤除不合适节目；美国媒体与公共事务中心致力于电视暴力的发展倾向研究；加州大学洛杉矶分校传播政策中心专注于电视网节目中的暴力监视，等等。这些研究机构或社团通过研究或佐证，来公开发表自己对节目内容的意见，对广播电视媒体形成一定的舆论压力，迫使其接受内容方面的监管。[2]

5.3.3 公共电视媒体服务生产的公共治理对策

公共电视是政治化和商业化的隔离带，既可以避免沦为极权政治的工具，又可以避免成为商业的附庸。英国广播研究所 1985 年提出了公共广播电视的八项原则：①地理上的普遍性；②财源由视听者直接支付；③独立于所有利益集团和政府之外；④公共广播电视机构的从业者应使自己与国民保持充分的统一；⑤普遍的吸引力，节目应满足所有人的需求和喜好；⑥特别考虑少数群体和受歧视人群的利益；⑦具有促进提高节目质量而非视听人数的机制；⑧坚持公益性方针，给予节目制作者充分的自由。公共广播电视的宗旨是通过普遍性的服务、多样化的节目，为全体公民提供严肃的、教育性和文化性的节目，提高受众修养和审美情趣，以保证公民及时获得信息、文化和教育的权利，并在媒体伦理上特别强调维护少数群体利益的原则。为了保证公共电视媒体履行以上原则和宗旨，本书从自主运行、财务独立和法律保障等方面探讨公共电视媒体服务生产的公共治理对策。

5.3.3.1 公共电视媒体服务生产的自主运作

公共电视机构既不属于私人，也不属于政府，而属于全体公民。为实现公共服务功能，公共电视机构必须有自主运行的管理机构，该机构一旦确立，就独立运转，

---

[1] 唐世鼎、黎斌：《制播体制改革与电视业发展问题研究》，中国传媒大学出版社 2005 年版。

[2] 黄春平：《美国商业电视内容监管》，载《传媒》2010 年 7 月版。

不受政府的领导或控制[1]，从办台方针到财政预算、节目制作及播出，都由该机构最终决定。日本放送协会（NHK）经营委员会作为 NHK 决定年度预算、事业计划、节目编排基本计划等有关经营方针和业务运作等重要事项的决策机构，由能在公共福利上做出公正判断并拥有丰富经验和学识的 12 位委员组成。这些委员经代表国民的参众两院同意后，由首相任命。HNK 在节目基准中写道："日本放送协会作为以全体公民为基础的公共放送机关，任何人不得干涉，保持不偏不党的立场，确保言论自由。"图 5-2 为 NHK 自主运作的治理机构图。[2]

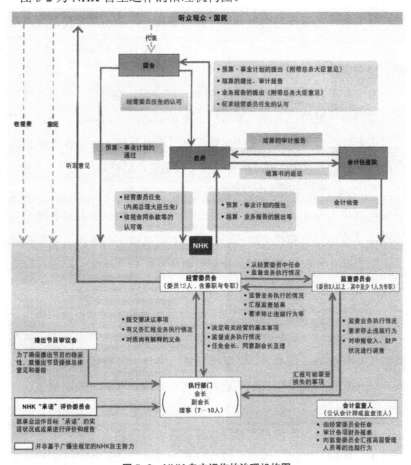

图 5-2　NHK 自主运作的治理机构图

---

[1]　公共电视媒体服务生产的自主运作与市场化运行并不矛盾。罗伯特·默多克也认为："在某处的法律限度之内，任何人提供了公众希望并以可能支付的价格得到的服务，都是在提供公共服务。"公共广播电视虽具有公共服务的属性，但并不妨碍其"公共服务市场化"的运作。

[2]　本节有关 NHK 的数据和信息，均来自"NHK 年度报告 2010/2011"，由作者在 2011 年2 月 24 日访问 NHK，并访谈 PP 局西川部长时获得。

在播出内容方面，公共电视的主要内容集中在文化、教育和科学等节目方面。不同利益群体都可以在公共电视节目中发表自己的意见和声音，对关系国计民生的社会问题进行公开辩论。[1] 政府一般对节目内容不进行干预，但保留最后的控制权，尤其是涉及重大问题的报道，政府有可能会对节目进行审查。例如，根据相关规定，英国政府对 BBC 在法律上拥有审查权，可以无条件禁止 BBC 播出的任何一个节目。最为典型的是 1985 年撒切尔政府与 BBC 冲突和 1988 年禁播对爱尔兰恐怖分子的访问。1985 年，BBC 制作了一部反映北爱尔兰地区暴力冲突的系列纪录片《真实的生活》。撒切尔政府认为该片的播出是给暴力分子提供了讲台，故而强烈反对，内政大臣布里顿致信 BBC 理事会主席，要求不得播出此片。由于该片未能播出，BBC 的记者在原定的播出日期举行了 24 小时的罢工，以抗议政府的干预审查。而在 1998 年英国警察甚至突击检查了 BBC 在苏格兰的办公处。应该说，在任何一种电视体制中，电视台都不可能拥有绝对的自主权。事前的审查和事后的惩罚制度在一定范围内是合理的，节目审查过松或过严所带来的问题都是显而易见的。如何在保障公共电视台合理的自由自主状态下，建立适度的审查和干预制度，仍然是一个操作上的难题。

5.3.3.2 公共电视媒体服务生产的财务独立

公共电视媒体为保证其服务生产的独立性，首先必须保证其财务的独立性，这样才能不受特定政治势力和社会经济团体的左右，从而可以提供公正和高质量的节目。除了政府资助外，收视费体制、社会捐助体制、公共基金体制都可以从资金来源上保证公共电视机构的财务独立。

（1）收视费体制。收视费体制就是以收视费的征收为公共电视机构主要经济来源的收入制度。收视许可费是依照专门立法向电视接收设备的购买者、拥有者或者公视节目的受众征收的一项费用。[2] 以收视费为主是大多数国家公共电视所采取的收入制度，只有收视费直接取自于民众，才能更好地实现其公共职责。这种制度的优势在于：一方面，公共电视可以避免一味追逐收视率而迎合市场的低俗做法；另一方面，公共电视可以因不依赖政府拨款而不受政府控制。目前采用这一制度的国家主要有日本、英国、法国、挪威、瑞典、澳大利亚。尽管这些国家的公共电视收

---

[1] 陆地、高菲：《中国建立公共电视的总体思路、模式和路径》，载《声屏世界》2005 年 8 月版，第 21 页。

[2] 梁宁：《英、日、法三国公共电视财税体制及相关问题研究》，载《中国广播电视学刊》2004 年 3 月版。

入主要依靠收视费，也会辅以其他的经费来源，如政府拨款、广告收入、社会捐助等[1]，只是各种类型的辅款所占比例有所不同。

（2）社会捐助体制。社会捐助体制是以社会团体、个人捐赠[2]为主要资金来源的公共电视收入体制。社会捐助没有长期固定的捐助者，还有可能出现社会捐助团体对其产生牵制作用，但是相比政府拨款体制下的公共电视事业具有更鲜明的独立于政府之外的姿态。美国《1975 年公共广播资助法案》确立了美国公共广播以筹款为主、以联邦政府拨款为辅的运营模式。以 2003 年财政年度为例，美国公共广播系统的收入约为 23 亿美元[3]，其收入明细见表 5-1。

表 5-1　2003 年美国公共广播收入来源表

收入分类	收入细目	金额（美元）	份额	比例
社会各类捐助	州政府赠款	331 203 000	14.5%	33.8%
	公立大学赠款	182 523 000	8.0%	
	基金	141 184 000	6.2%	
	地方政府	60 933 000	2.7%	
	私立大学赠款	36 460 000	1.6%	
	其他公共大学赠款	18 790 000	0.8%	
会员费	会员费	575 556 000	25.2%	25.2%
联邦政府拨款	CPB 拨款（政府拨款）	340 000 000	14.9%	16.9%
	联邦教育拨款和资助	45 185 000	2.0%	
商业收入	经营收入	361 078 000	15.8%	16.4%
	拍卖	13 052 000	0.6%	
其他	其他	174 499 000	7.7%	7.7%
合计	合计	2 280 463 000	100%	100.0%

（3）公共基金体制。根据公共基金可能资助的对象（公共广播电视机构或者一般广播电视机构），可以将基金的设立分为"专门型"公视基金和"竞争型"公视

---

[1]　除了主营业务广播电视之外，NHK 还广泛涉足了其他媒介部门、服务业、文化艺术事业等领域，拥有众多的协作公司。这些协作公司除了承担特定的延伸功能之外，也给 NHK 提供了更多的利润来源，使得广播电视的生产成本大大降低，从而保证收视费不会超过一般民众所能承受的范围。

[2]　这种捐助可以是资金，有时还体现为人力、物力。

[3]　冯广超、冯应谦：《世界公共电视的生存及其争议》，载《中国传媒报告》2005 年第 1 期。

基金两种。"专门型"公视基金是为一个或多个公视机构设立的专门资金。经费只能由性质明确的公视机构用于节目的制作与播出、机构的管理运营等。目前较多国家拥有的公共电视基金都属于这一类型。"竞争型"公视基金是建立一项公共广播电视基金，使所有广播电视机构而不只是公视机构，都有权利参与竞争。哪个电视机构有能力制作出精良的节目，并保证该节目是具有公众服务性质的，那么它就可以获得该基金为该项节目的制作及运营等提供的资助。持这类观点的学者认为："在各方博弈中，一些收视费反对者认为，在数字媒体时代，收取收视费不再是传送公共广播的最佳方式。"[1] 这种方式可以增强公共电视与商业电视之间的竞争，从而提高电视机构的效率与节目的质量。但在具体实施的过程中，需要对节目的精良程度、公益性质等制定出一套十分有效而明确的判别标准，这就加大了实际操作的难度。

5.3.3.3　公共电视媒体服务生产的法律保障

公共电视媒体的顺利运作，必须得到相关的法律保障。西方大多数国家的公共广播电视机构，之所以能持续地以收视许可费、政府拨款或是社会捐助作为其主要经费来源，都是因为在相关的法律法规中做出了明确的规定，以保障特定收入制度的施行。在日本，1998年的《广播法》明确规定了NHK不同于商业台的公共电视性质[2]，还为NHK订立了明确的经营体制与模式，使其作为特殊的法人组织无须纳税，并规定日本每一户有电视机的家庭都要平等地交纳收视费。[3] 日本《广播法》第3条规定："凡设置可接收NHK电视节目接收设备者，必须与协会（NHK）签订电视接收合同。"《广播法》第46条还规定："协会不得从事与他人营业有关的广告播出。"强调在允许征收视听费的同时，对广告的播出加以禁止，并规定NHK"在开展业务时，不以营利为目的"（第9条）。NHK不仅不能依靠广告营利，甚至在节目中也必须时刻注意不能有意无意地替其他工商业实体进行广告宣传。例如，在提到"味精"时，不能使用通称的"味之素"，因为它同时也是著名的品牌。电视剧出现在餐厅、家中喝啤酒的镜头时，要在啤酒瓶上贴上现实中不存在的啤酒商标。这样，日本就从法律的层面上将NHK不得播出广告，并以视听费为收入来源写进条文中，予以监督和保障。

---

[1]　黄玉：《BBC：收视费面临挑战与危机》，载《中国记者》2003年7月版。

[2]　日本民间放送联盟：《日本广播电视手册》，秦建、李俊译，中国广播电视出版社2002年5月第1版。

[3]　NHK的收视费不是与节目等价的费用，而是为保证NHK整体的运作，由观众平等负担的费用，分地面合同与卫星合同两种。按照2010年的标准，地面合同预付一年的金额为14 910日元，卫星合同预付一年的金额为25 520日元。

第 6 章　报纸媒体服务绩效的公共治理

作为出现最早的新闻媒体，报纸一直是重要的信息传播载体。新中国成立以后，报纸媒体迅速发展，其各项主要出版指标大幅增长，报纸普及率稳步提高，我国已成为全世界报纸发行总量最大的报业市场。[1] 本章通过对报纸媒体服务的政治绩效、经济绩效、公共绩效的现状及其存在问题的分析，提出应建立综合性的报纸媒体绩效评价指标体系，在合理确定各类指标的权重系数的基础上，力求达成报纸媒体政治、经济、公共绩效评价指标之间的协同协调。

6.1　报纸媒体服务绩效的现状分析

所谓绩效评估就是运用科学的标准、方法和程序，对组织或者个人的业绩、成就和实际作为做尽可能准确的评价。[2] 根据不同的角度，绩效评估可分为不同的类型。从评估的组织活动形式上看，可分为正式评估和非正式评估；从评估机构的地位上看，可以分为内部评估和外部评估；从评估的时限上看，可以分为短期评估、中期评估和长期评估；从评估的层次上看，可以分为宏观评估、中观评估和微观评估；从评估的指标上看，可以分为定量评估和定性评估；从评估的内容上看，可以分为政治效益评估、经济效益评估和社会效益评估，等等。本书旨在内容评估的层面上，对报纸媒体的政治效益、经济效益和社会效益的绩效现状进行考察。

---

[1]　郑保卫：《新中国成立 60 年来我国报业变革发展的历程、成就及经验》，载《新闻界》2009 年第 4 期。

[2]　陈信凌：《国内电视媒体制度变迁与绩效评估研究》，南昌大学 2006 年博士学位论文。

表 6-1 报纸媒体服务绩效的现状分析

政治绩效			市场绩效			公共绩效		
政治绩效体制性	政治绩效影响力	政治绩效信任度	市场绩效的构成	市场绩效的状态	市场绩效的成因	维权型公共绩效	维稳型公共绩效	反腐型公共绩效

6.1.1 报纸媒体服务的政治绩效分析

早在 1849 年，马克思就指出："报刊按其使命来说，是社会的捍卫者，是针对当权者的孜孜不倦的揭露者，是无处不在的耳目，是热情维护自己自由的人民精神的千呼万应的喉舌。"我国的报纸媒体作为新闻宣传的主阵地，在为国家利益服务、为统治阶级意识形态服务、实现人民言论自由等政治权利[1]方面发挥了重要作用，但报纸政治绩效的充分发挥还需解决以下问题。

6.1.1.1 报纸媒体服务政治绩效的体制性

陈怀林（2006）认为，中国传媒制度可以自上而下分成三个层面：① 位于制度体系顶层的宏观管理制度，将"传媒是党和政府的喉舌"奉为圭臬。传媒必须归国家所有，并纳入行政级别体系。上级政府和党委宣传部对传媒的高层人事和编辑方针拥有决定权，地方或部门的传媒必须跟随中央或上级传媒的立场。②居于中间的采编运作制度，涉及传媒内部业务运作的种种规范和例律，其核心是"宣传至上"。优先报导上级领导活动，正面宣传为主，限制批评报道，严守规定报道范围。③位于底层的经营分配制度是管理传媒的广告、发行等经营活动，以及工资、奖金和福利分配的法规和政策，其基本原则是"经营服从宣传，级别决定分配"。政府拨款多少和员工待遇的厚薄，主要取决于机构和个人行政级别的高低。传媒制度的三个层面相互依存。宏观管理制度提供了判定传媒其他制度的合法性的标准，限定了传媒采编运作的价值取向和传媒财经制度的形式。采编运作制度从组织程序和运作过程，维护了宏观管理制度所体现的传媒性质和功能，制约了传媒财经制度的成效。经营分配制度规定了传媒的利益取向与传媒既定性质的一致性，为传媒运作提供了人员、资金和物资的保障。[2]

6.1.1.2 报纸媒体服务政治绩效的影响力

以政治绩效为主要利益追求的传统党报面临影响力下降的趋势。在市场化改革

---

[1] 梁平：《论广播电视的三重属性》，载《有线电视技术》2003 年第 17 期，第 10—16 页。

[2] 陈怀林：《九十年代中国传媒的制度演变》，载《二十一世纪（香港）》1999 年 6 月号总第 35 期。

前，党报根本不用担心发行量，它们接受财政资助，通过邮局发行。普通民众是否购买党报，根本没人关心，编辑们只要对上级领导负责即可，而不是读者。强制摊派、机关订阅，一直是党报发行量的主要构成。随着财政断奶、治理摊派发行、党报被推向市场等一系列政策的出台，党报发行量急剧下滑。党报需要自筹相当一部分运转资金，对广告收入的倚重逐渐加强。同时，新媒体的不断增加，版面的不断扩张，广告份额的不断分切，人才的不断流失，成本的不断加大，增加了党报的生存压力。党报虽然仍然拥有政治特权赋予的垄断优势，但这种优势正在逐渐被弱化，作为政绩考核的强制征订的作用也在式微，零售市场的重要性越来越凸显。

6.1.1.3 报纸媒体服务政治绩效的信任度

在中国特有的语境下，政治信任的对象不仅包括政府机关和公务员，还包括党的组织系统及从属于宣传部门的官方媒体。政治控制的负效应是媒体公信力和政治信任度的降低。1993—1994 年，史天健在中国大陆调查了公众对媒体和政府的信任，发现新闻媒体往往使公众倾向于不信任政府。政治信任与公众对媒体的评价正相关，而与公众接触官办媒体的程度负相关。在官办媒体的统一口径下，有限的信息来源无法使公众信服，也无法为政府赢得信任，小道消息却成为重要的信息来源。这对于报纸政治绩效的达成产生了严重的影响。[1]

6.1.2 报纸媒体服务的市场绩效分析

6.1.2.1 报纸媒体服务市场绩效的构成

报纸媒体服务市场绩效考察的是报业企业的经济效益，即经营收入与经营支出的比较。报业产业的支出主要包括：人员工资、设备投入、信息采集、报纸的生产及管理费等。报业经营收入是指报业企业通过经营活动从市场上所得的收入，由三部分构成：发行收入（面向读者，出售报纸内容产品所获得的收入）；广告收入（面向广告主，出售报纸所拥有的传播和影响能力所获得的收入）；其他收入（包括提供信息增值服务、印刷业务、咨询服务及其他多种经营所获得的收入）。[2] 作为一种文化服务，报纸媒体服务存在二次销售的现象：第一次销售给读者，即报纸生产者将报纸的内容产品以低于成本的价格向读者出售，在为读者提供新闻及其他多种信

---

[1] Xueyi Chen and Tianjian Shi, 2001, Media Effects on Political Confidence and Trust in People's Republic of China, *East Asia*, 2001, 19(3):84-118.

[2] 肖光华：《我国报业产业组织研究》，中南大学博士学位论文。

息服务的基础上,赢得声誉,形成传播和影响能力;第二次销售是报纸生产者将形成的传播和影响能力出售给广告主,在为广告主提供促销商品和塑造形象服务的基础上,最终实现报业经营过程中的价值补偿与增值。

处于不同国家、不同时期,报业经济收支各部分所占百分比的比重是不同的。如果就单纯的某一报社来说,报纸的发行收入占报业经营收入的20%—35%,广告收入占65%—80%,其他收入很少,可以忽略不计。但是就报业集团而言,其他收入在报业经营中所占的比例就显得举足轻重了。例如,1994年,以67.66亿美元列居美国公共报业公司资产首位的ABC报业集团,在其收入中,其他收入占了82.7%,从报纸经营中所获得的收入仅占该集团收入的17.3%。[1] 表6.2是1991—2006年我国报纸广告的经营额。[2]

表6-2　1991—2006年报纸广告经营额(单位:亿元)

1991 年	9.618756	42.06	27.42
1992 年	16.18324	68.25	23.84
1993 年	37.71	133.02	28.12
1994 年	50.54	34.02	25.24
1995 年	64.88	28.37	23.67
1996 年	77.69	19.74	21.19
1997 年	96.83	24.64	20.96
1998 年	104.35	7.77	19.40
1999 年	112.33	7.65	18.08
2000 年	127.76	13.74	17.93
2001 年	157.70	23.43	19.84
2002 年	188.48	19.52	20.87
2003 年	243.00	28.93	22.53
2004 年	230.70	− 5.06	18.2
2005 年	256.00	10.97	18.08
2006 年	312.60	22.11	19.9

6.1.2.2　报纸媒体服务市场绩效的状态

根据2005年31个省(市、区)报业产业的相关数据,采用DEA(数据包络)

[1]　Robert G., Picard and Jefrey H., Brady,*The Newspaper Publishing Industry*, pp.5-6.

[2]　数据来源:《中国广告年鉴》,1995—2007年。

分析方法，即产出—投入的模式进行市场绩效测度，产出项定为报纸的广告收入，投入项定为报纸运行的成本总和，以此获得对我国报业行业利润的总体判断。

（1）总体上说，仍有一部分报社处于亏损状态。1999 年，我国广告经营额过亿元的报社或报业集团有 33 家，其广告经营总额为 80.27 亿元，而当年的报业广告总额为 112.3 亿元，当年的报纸或报业集团的统计数为 2 020 家。经计算，广告额前 33 名报社占全国 2 020 家报社广告经营总额的 71.48%，其余 1 987 家报社占总额的 28.52%。进一步分析计算可知，其他 1 987 家报纸的平均广告额为 161 万元。这也从另一个侧面说明，我国目前有很大一部分报社的经营处于亏损状态，这种情况在行业报、专业报和区县报中尤为突出。

（2）亏损报业主要是行业报、专业报。有关统计数据表明，我国报纸广告收入的绝大部分流向了都市报，这种趋势还有更加明显集中之势。目前，在我国的 2 000 多家报纸中，保本经营和有赢利的仅占 1/3 左右，而剩下的 2/3 则处于亏损或在财政补贴和强行的行政摊派下勉强维持生存。也就是说我国只有 700 家左右的报纸是保本或赢利的，而有 1 300 多家报纸或报社是处于亏损状态的。绝大部分行业报纸由于市场定位模糊、市场化程度低，在报业市场激烈的竞争中处于劣势。

（3）我国大部分都市报利润丰厚，赢利能力强。由于广告收入是我国报业收入的主要组成部分，一般占到报业总收入的 65%—80%，而我国报纸一般是以低于成本的定价发行的，因此发行是亏损的，故报业的广告收入就成为其利润的主要来源，笔者试图通过分析我国报业广告收入的变化和集中情况来窥探我国报业的利润状况。据统计：我国报业的广告收入从 1983 年的 0.7 亿元增长到 2011 年的 381.5 亿元，3 年间增长近 400 倍；1983—2001 年，广告收入增长率为 37.8%。随着报业广告收入的迅速增长，我国出现了一批增长极快、实力很强的优势报社和报业集团，这些报社经营的大都属于综合性都市类报纸，或是定位准确的消费类、财经类和 IT 类报纸。随着竞争的加剧，我国报业市场也呈现强者恒强之势，广告收入逐步向优势报社和报业集团集中。

（4）随着新媒体的快速发展，报纸的广告收入不断减少，面临着新的赢利困境。根据《2013 年度中国报纸广告市场分析》，2013 年报纸广告刊登额下降 8.1%，降幅超过了 2012 年的 7.5%，中国报业广告实收额继续延续着 2012 年 15%—20% 的下降速度，这表明报纸广告的衰退在进一步加剧。从区域分布来看，在全国五大区域中，实销率只有华中地区增长，其他四大地区均为下降，其中华东地区的降幅达到 9.31%；

从报纸类别来看,IT类和财经类报纸近几年销量持续走低,2013年下降幅度仍然较大;都市类报纸一直是各城市零售市场上的绝对主角,进入2013年之后,尽管销量仍继续保持市场份额61.06%的领先地位,但普遍下降,只有个别城市的都市报处于上升态势。而2014年也依然没有好转的迹象,预计到2014年年底,报业的广告实收额就将腰斩,而较多的报纸将出现亏损。报纸是否消亡暂且不论,但其衰落已成大势和定论,亏损、休刊甚至停刊的报纸将会越来越多。在这种情况下,报纸改革转型已经迫在眉睫。

(5)在整体堪忧的外部大环境下,报业也出现了一些亮点。2013年新闻出版总署和国家广电总局合并为国家新闻出版广电总局,从国家管理层面实现了"条"的整合,顺应了传媒业融合的大趋势,将有力地促进报业和广电业的相互进入和融合,必将有利于市场化能力强、品牌影响力大、人才储备多的大型报业集团的快速发展壮大;上海报业实现了全面大整合,2013年10月28日,解放报业集团与文新报业集团合并后的"上海报业集团"正式挂牌,总资产规模达到208.71亿元,净资产为76.26亿元,如果其旗下的不动产采取完全市场化的估值方法,其总资产和净资产则会更高。结合国家新闻出版广电总局发布的《2012年新闻出版产业分析报告》的数据,解放报业集团和文新报业集团分别居于报刊出版集团总体经济规模综合排名的第三位和第五位,因此,合并后的上海报业集团无疑是中国最大的报刊集团。

(6)一些地方报业在新环境下整合初见成效,党报和时政报成"好声音"。2013年3月,半岛都市报社和青岛日报报业集团签订战略合作协议,共同成立青岛新报传媒公司运作《青岛早报》和《青岛晚报》,经过合并,半岛传媒对青岛报业资源的整合基本完成。2013年7月份,《青岛早报》广告刊登额同比增长16%,《青岛晚报》同比增长35%,早报和晚报双双实现赢利。2013年4—8月,实现利润1 600余万元,同比增长3 900多万元。更为重要的是,青岛报业摆脱了之前无序的、恶性竞争状况,而进入了良性循环。此外,大众报业在山东省内其他地方的整合也效益显著,2012年,临沂两报的净利润为2 420万元,是整合前的4倍;《潍坊晚报》的净利润为2 000万元,是整合前的3倍。除了一些地方报,党报、社区报、时政类报纸逆势上扬,成为发行市场中的"好声音"。其中,党报平稳发行、缓慢上升,影响力不断提升,呈现恢复性增长的态势;而以《环球时报》为代表的时政类报纸,由于迎合读者的爱国情绪以及评论国际大事件的心理,发行量继续上涨。

6.1.2.3　报纸媒体服务市场绩效的成因

基于中国报业市场结构的绩效分析表明，中国报业市场结构的基本特征是由行政性垄断直接过渡到市场垄断的，目前较为典型的表现为行政垄断与市场垄断相结合的混合型垄断。在由行政性垄断向市场垄断过渡的过程中，转型的路径依赖使报业市场格局仍然在较大程度上受到行政因素的影响，从而也影响了报业市场的绩效。

由此可以认为，中国转型期有两大原因决定了报纸产业的市场绩效：①各省市报业发展不平衡且与当地经济发展相关联，行业绩效高低与经济、制度环境息息相关。计划经济时代行政手段分配资源的积累直接影响了报业市场的格局，报业市场上的大多数企业都是由事业单位转制而来，继承了报纸行业的大多数优势资源，显性与隐形行业规制使得行业可进入性差，有限竞争必然带来低绩效。②我国正处于转型时期，报业市场由行政性垄断走向市场化，但过渡过程中表现出较强的路径依赖。报业企业虽然已经走向市场，但仍同政府关系密切，企业利用其社会资本对政府资源进行争夺，这种不正当的竞争使得资源并不是按照效率原则分配，而是按照同政府的关系强度分配的，资源不一定流向最有效率的企业，从而损害了行业绩效的提高。因此，提高报业绩效的关键在于进一步深化市场化进程，打破市场垄断，在保留少数中央级政府党报权威地位的基础上，强化和推进报业市场竞争的改革与创新。

6.1.3　报纸媒体服务的公共绩效分析

报纸媒体服务公共绩效的兴起，源于美国媒体的私营性质和公共服务的根本矛盾：美国的私营商业媒体只顾追求公司利润，动摇了美国民主制度，使公共责任失去载体，公众不再信任媒体。主要表现在：公众对政治兴趣的丧失、公众社会生活质量的下降、公众对新闻界不信任感增强、因技术进步及新闻媒体生存环境的改善而引起的竞争的激烈、战后社会责任理论的影响争议。[1] 此后，民生新闻与公共新闻开始出现，成为报纸媒体服务公共绩效的主要载体。

6.1.3.1　报纸媒体服务的维权型公共绩效

由于一些人法律意识薄弱，受利益驱动而见利忘义，损害了群众的利益，受害的群众心中不平，强烈不满。如果不及时将矛盾解决，极少数人就有可能因一时想不通而走向极端，造成严重后果。如果新闻媒体得知此类新闻线索或接到他们的"投诉"后，及时利用民生新闻舆论监督的力量，与有关部门配合，使群众的合法权益

---

[1]　唐思：《美国公共新闻事业缘起及其他》，载《中国新闻研究中心》2004 年第 3 期。

受到保护，就可避免矛盾激化，对维护社会稳定具有不可低估的作用。

6.1.3.2 报纸媒体服务的维稳型公共绩效

有相当一部分群众对社会转轨过程中的各种变化，譬如政策的调整或新法规的制定，由于一时不理解或从局部利益出发，产生了不满甚至对立情绪。如果不及时理顺这些群众的情绪，就会影响社会和谐。这就要求新闻媒体发挥民生新闻报道联系群众的优势，针对群众的不满情绪，多做宣传解释工作，让群众了解新的政策调整、采用新法规的意义，解除群众的疑虑，消除群众的困惑，使群众心平气和。

6.1.3.3 报纸媒体服务的反腐型公共绩效

新闻媒体与纪检、监察、执法部门密切配合，不断揭露消极腐败现象，使腐败分子、坏人恶人受到惩处，群众拍手称快。这就说明了新闻媒体采写的民生新闻报道确实有一定化解矛盾的威力。

从新闻传播领域看，"民生新闻"的兴起，昭示着媒介市民社会理念的起步，而"从民生新闻到公共新闻"的转型，体现出新闻媒介开始涉足公共领域。[1] 与此同时，民生新闻也存在很多缺陷：报道内容肤浅、琐碎，简单追求感官刺激，一味报道车祸、凶杀、都市悲情剧等极端个案，背离了民生新闻最初的理想。[2] 民生新闻并不能完全满足公众的公共信息需求，媒体的公共绩效达成也不能完全依赖于民生新闻。而民生新闻充其量只是报纸媒体在追求公共绩效过程中的一次"边缘突破"，要真正建立一个有效而可靠的公共信息供给体系，有赖于一个可行的媒体公共绩效衡量指标的建构。

6.2　报纸媒体服务绩效存在的问题

我国报纸媒体在取得显著的政治绩效、经济绩效和公共绩效的同时，由于历史和体制的原因，尚有许多不尽完善的地方。本节分别对政治类报纸和商业类报纸的政治、经济、公共绩效存在的问题进行客观的分析，以求在提出解决思路时能有的放矢，切中要害。

---

[1] 蔡雯：《美国新闻界关于公共新闻的实践与争论》，载《新闻战线》2004年第4期，第78—80页。

[2] 周燕妮：《建立公共性传媒体制——践行公共新闻的根本》，载《法制与社会》2009年6月版。

表 6-3 报纸媒体服务绩效存在的问题

政治类报纸绩效的问题			商业类报纸绩效的问题		
政治绩效问题	经济绩效问题	公共绩效问题	政治绩效问题	经济绩效问题	公共绩效问题

6.2.1 政治类报纸媒体绩效存在的问题

政治类报纸是指以政党的政治宣传为目的的报纸，在我国从一般意义上可以将其理解为政党报纸，即"政党、国家机构、社会团体主办，用以宣传其政治主张、方针政策和思想观念的报纸"[1]。我国的党报作为一种政府事业，承担着意识形态传播和舆论导向的功能。党报在主题选择和报道题材上注重体现舆论的导向性，以传达党和政府的大政方针为内容主旨，重视与政治、经济和社会发展有关的议题内容，其受众对象主要是各级党政部门和其他事业单位的工作人员，以及具有较高文化程度和社会地位的社会阶层。作为党和政府发言人的传统党报，在发挥了重要且成功的政治作用的同时，也存在着一些问题：报纸企业规模小、实力弱，绝大多数党报尚未成为真正的市场主体，也未建立起现代企业制度；国家对党报企业的管理现状导致报纸企业"优不胜劣不汰"；报业收入主要依靠广告的单一性赢利模式加剧了报纸媒体的风险等。[2] 上述问题和矛盾导致了中国目前的党报系统处于多重角色冲突之中，既有政府代言人角色与市场主体之间的冲突，又有政府"喉舌"角色与公民代表角色的冲突，在市场绩效和社会绩效两个方面都存在一定的缺陷。

6.2.1.1 政治类报纸媒体政治绩效存在的问题

首先，政治类报纸的公众参与程度低。作为一种传统媒体，这类报纸中政治系统和社会的信息交流、沟通途径是单向的。这种方式的缺陷在于其始终自上而下，传播系统的效率低下、结构单一。而政府部门的执政行为，如果缺乏公众的信息集和与意见交流，显然是很难获得准确的政策制定依据的。如何顺畅有效地和公众保持良性、对等、坦诚的对话，是政府执政能力优劣的体现之一。[3] 现阶段，读者能够就其关心的政治问题和国家大事，参与报纸的讨论或参与意见的发表依旧十分困难。报纸在充当政府和民众沟通对话平台的能力方面还有待加强，公众对报纸等权威媒

---

[1] 孙玮：《现代中国的大众书写——都市报的生成、发展与转折》，复旦大学出版社2006年版，第31—32页。

[2] 窦宝国：《世界报业发展趋势及我国报业发展前景与对策》，载《中国报业》2009年12月版。

[3] 周武军：《新技术·新媒体·新时代——浅析数字时代大众传媒政治功能发挥》，载《长春理工大学学报（社会科学版）》2008年11月版。

体的认同感也不高。[1]

另外，政治类报纸在发挥民主监督功能时体现的作用还远远不够。媒体作为一种监督力量，比起其他的监督手段来，具有公开性、及时性和权威性的特点。因此，在对行政权力和行政行为的各种监督形式中，来自媒体的监督和曝光很有必要，尤其对以政治功能为首要功能的党报媒体来说，更是如此。但今天的报纸媒体，所发挥的公众民主监督武器的作用还不够明显。一些政府部门常常会以"影响团结"和工作等理由设置种种障碍，来阻挠媒体进行舆论监督，致使报纸的监督并不顺畅，比如西丰事件、通缉记者事件等。

6.2.1.2 政治类报纸媒体市场绩效存在的问题

政治类报纸媒体市场绩效的主要问题，体现在市场化体制不完善。国有事业单位属性造就了中国党报既总体发展不足，又闲置大量资源。事业单位实行财政收支两条线，事业费用增长过快，导致支出比例越来越大，大量国有资产被占用，公共财政负担增加。同时，事业单位资源配置不合理，机构臃肿，吃大锅饭，端铁饭碗，需要的人进不来，不需要的人出不去，人浮于事，投入产出率低。从经济属性来分析，党报要实现经济效益，就要实现"产业化"，而这一切都最终要依靠市场赢利来实现。在党报的微观管理上，无论是报社还是报业集团，都是以行政权威关系为核心，报纸本位、等级本位和官本位现象严重，自主经营、自负盈亏、自我发展的机制远未建立起来。[2]

另外，党报的"广告市场"优势尚未得到充分认识和发掘。广告市场实为媒介的市场信誉度和影响力，这是一种无形资产，不能仅仅理解为广告版面和广告收入。实际上，由市场信誉度所带来的广告经营（包括广告、发行或收视费、印刷等相关多元化经营）能带来巨大的多元化效益。但现在，将其单纯地理解为广告且收入来源主要靠广告的媒介普遍存在，它们的相关经营及相应的市场开拓远远不够，关联经营成绩甚微。

6.2.1.3 政治类报纸媒体公共绩效存在的问题

我国把党报定位为事业单位，主要是因为报业集团要把公共效益放在首位，提倡企业化管理是因为报业集团应实现社会效益与经济效益相结合。报业集团要把社

---

[1] 刘伟伟：《政治控制、市场竞争与中国地方党报的影响力（1978—2009）》，南开大学2009年博士学位论文。

[2] 米燕：《1978—2008中国报业经营管理发展概况》，华中科技大学2008年硕士学位论文。

会效益放在首位，一方面是因为报纸作为大众传播媒介在现代社会具有巨大威力，一旦失去控制，容易危害社会稳定。另一方面，还因为报纸作为党和人民的"喉舌"，具有舆论宣传的功能。但基于报纸作为大众传媒的特殊性，事业单位的定位并不必然使报业集团能够做到把社会效益放在首位。[1]

从某种角度来看，公共效益可以解释为经济活动的正外部性，报纸无疑是具有较强正外部性的产品，因为报纸内容质量的高低，舆论导向的正确与否，对它所存在的整个社会环境都有巨大的影响。要做到公共效益最大化，就是指保持报纸的正外部性，避免负外部性。而根据"科斯定理"[2]，产权的清晰界定是确保外部性问题妥善解决的关键，事业单位与纯粹的企业相比，产权清晰化程度相对要差。正是因为事业单位的性质模糊了报业集团的产权界限，造成一些宣传工作中"不求有功，但求无过"的不良作风，减弱了舆论导向的力度。[3] 总之，事业单位的性质所导致的产权不清，严重地影响了党报正外部性的发挥。

6.2.2　商业类报纸媒体绩效存在的问题

商业类报纸的经营和管理是以市场为导向，具有市民化、服务性、综合性等特征，其主要读者和传播对象是市民；其内容以新闻为主，突出硬新闻，但强调与市民个人生活有关的实用信息。随着消费主义[4]对商业类媒体的侵蚀，媒体渐渐背离严肃的公共话题和对公共利益的关注，也就导致了媒体公共性角色的缺失。[5] 在市场化主导的发展目标下，商业报纸的经济绩效、政治绩效和公共绩效存在的问题主要表现在以下几个方面。

---

[1]　尹世昌：《报业集团：从现代产权制度到建立法人治理结构》，载《山东理工大学学报》第 20 卷第 6 期。

[2]　"科斯定理"解释：由罗纳德·科斯提出的一种观点（并非真是一条定理），认为在某些条件下，经济的外部性或曰非效率可以通过当事人的谈判而得到纠正。

[3]　尹世昌：《报业集团：从现代产权制度到建立法人治理结构》，载《山东理工大学学报》第 20 卷第 6 期。

[4]　消费主义指的是："一种价值观念和生活方式，它煽动人们的消费激情，刺激人们的购买欲望，消费主义不在于仅仅满足'需要'，而在于不断追求难于彻底满足的'欲望'。换句话说，人们所消费的，不是商品和服务的使用价值，而是它们的符号象征意义。'消费主义'代表了一种意义的空虚状态以及不断膨胀的欲望和消费激情。"

[5]　王宁：《消费社会学》，社会科学文献出版社 2001 年版，第 145 页。

6.2.2.1　商业类报纸媒体经济绩效存在的问题

商业类报纸在竞争中追求眼球效应，从关注市民到关注明星、名人，公众的内涵越来越狭窄。明星的隐私、绯闻大量充斥版面，成为一些商业报纸热衷的报道内容。正如学者陶东风所说，媒体"热衷于在把没有公共意义的私人（特别是明星）隐私公开化，同时把真正的公共事务'隐蔽'起来"。"本来应该关注、谈论与公众切身利益相关的公共事件、公共问题的媒体，因其热衷于上传明星艳照、展示明星隐私、炒作明星绯闻而远离了真正的公共问题。"

6.2.2.2　商业类报纸媒体政治绩效存在的问题

商业报纸的通俗化和市民化，使得它在处理重大社会政治问题时显得力不从心。对于那些关系到普通百姓切身利益的更为深层的政治、文化议题，往往被琐碎的民生新闻所掩盖，没有受到应有的重视。而且，商业类报纸把政治沟通中的公众表达窄化为精英表达。报纸版面上充斥着各种所谓社会精英的言论和报道，而那些弱势群体的声音则越来越微弱，甚至找不到发声的空间。在报纸版面上，对于公共事务的报道，只看到政治精英、经济精英、文化精英、科学精英们的看法和声音，却难以听到普通公民的想法；一些关乎民生的公共政策的制定，缺乏来自社会的参与和表达。普通人的声音被称为"琐碎"，难以进入媒体报道的视野。

6.2.2.3　商业类报纸媒体公共绩效存在的问题

赚取利润是商业媒体的根本属性，但是新闻本身涉及公众利益，不管是与大众相关的信息还是其文化意义，对"公共领域"的讨论使媒体具有必然的公共性。从美国新闻史角度看，对新闻的认识、商业性和服务公众在便士报开始就奇妙地缠绕在一起。赚取金钱是建立在成功的以新闻服务公众的基础上的，这也是追求商业利润和新闻价值并行不悖的肇始因素，从此也就开始了美国媒体在商业性和公共性的矛盾与平衡的张力中走出的独特道路，这种平衡有时似乎很好、有时似乎很差，但是这种平衡是脆弱和动态的。[1]许多商业报纸关注公共事务不够，报纸版面被大量的广告充斥，一些具有广告色彩的内容被包装成"专题"，以软文的形式占据着报纸的版面。大量的专刊，如"地产专刊"、"家电专刊"等等，在服务读者、满足读者使用需求的同时，也把读者引入消费主义的泥潭，作为大众化报纸，商业报纸更多地受到现代消费文化的影响，报纸的版面也因此充斥着消费的欲望。读者的注意

力大量地被引导到消费文化中去，而原本应该受到关注和重视的公共事务、公共话题则被消解。民生新闻关注普通百姓的议题，但是往往流于琐碎。[1]

6.3　报纸媒体服务绩效的公共治理对策

报纸媒体绩效主要包括政治绩效、经济绩效和公共绩效三个方面的内容。在报纸媒体绩效体系中，应该正确地处理好这三种绩效的关系。经济绩效发挥着基础作用，没有经济绩效，整个新闻传播活动就会缺乏物质基础和经济支撑，公共绩效和政治绩效也不会长久；公共绩效是报纸媒体绩效的价值目标，没有它，经济绩效就没有实现的意义和价值，政治绩效就会失去社会基础；政治绩效是报纸媒体绩效的现实要求，实现经济绩效和公共绩效都离不了法律和制度的保障。

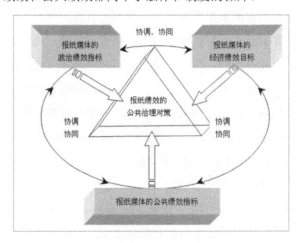

图 6-1　报纸媒体绩效的指标体系结构

6.3.1　报纸媒体服务的政治绩效指标

新闻工作的党性原则对报纸媒体绩效也提出了政治上的要求，报纸媒体的政治绩效是指新闻传播服务于现有政权的效率和能力，包括对国家安全的维护、对主流意识形态的传播、对政策法规的宣传以及对政党和领导人的形象宣传等。

6.3.1.1　报纸媒体服务的正面报道绩效指标

正面报道是基于媒体的宣传价值以及党性原则要求而出现的正面信息披露，是

---

[1]　刘劲松：《公共性：都市类报纸角色的缺失与重建》，载《深圳大学学报（人文社会科学版）》2010 年 3 月版。

针对那些揭露性的、揭示社会问题尤其是党和政府中出现的腐败问题等反面的信息披露而言的。具体表现为：宣传党的路线、方针、政策、领导人活动或者国家重大活动的报道；社会主义建设的成就报道以及配合改革政策推行的报道；典型人物报道，等等。从内容上看，正面报道绩效指标包括以数量的方式分配信息题材，就是媒体的正面报道必须达到一定的比例，和直接指派政治性的栏目和信息。比如"新闻联播"中出现的"立党为公，执政为民"、"'三个代表'在身边"以及"永远的丰碑"等专题系列报道就是如此。这些信息或是宣传贯彻党的思想路线，或是弘扬革命先烈的精神，都是媒体作为党的"喉舌"的直接表征。

6.3.1.2 报纸媒体服务的限制披露绩效指标

《中华人民共和国保守国家秘密法》中规定的国家秘密涉及国家事务的重大决策、国防建设和武装力量活动、外交和外事活动、国民经济和社会发展、科学技术、维护国家安全活动和追查刑事犯罪等等。这些保密范围的规定非常广泛，不只是国防、外交，几乎社会生活的所有领域都与国家秘密有关联。对法律规定的禁区，媒体在信息发布中是不能越线的。除了法律的规定之外，还有党政部门的相关规定，它们往往比法律条文严格得多，加大了媒体不能披露的信息的范围。比如根据《中华人民共和国传染病防治法》的规定，疫情是"应当及时地如实通报和公布"（第二十三条）的。但根据党政部门的指示，却可以变成不报道或者作大事化小的报道。[1]

6.3.1.3 报纸媒体服务的报道方式绩效指标

政治绩效不仅包括新闻内容，还包括新闻报道方式。1987年7月18日，由中宣部、中央对外宣传领导小组和新华社联合发布的《关于改进新闻报道若干问题的意见》规定：突发事件凡外电可能报道或可能在群众之中广泛流传的，应及时作公开连续报道，并力争赶在外电、外台之前；涉外事件中凡在国内影响不大，而在国际上可能产生影响的，对国内可不作或少作报道，对外则需要作连续报道，说明事实真相，以正视听。针对"外国新闻机构派驻我国的记者和短期来访的新闻从业人员不断增多，外国电台对我国内的广播渗透日趋严重"的情况，提出了以下报道方式要求：①加强新闻报道（特别是对外报道）的时效，与西方舆论争夺读者、听众、观众，以"先发制人"为主，以"后发制人"为辅。②主动触及敏感问题和热点问题，对于国外议论较多的或国外读者关心的国内问题，以及西方报刊、电台对我国重大问题的歪曲宣传，不要回避，而要经常研究并及时组织有针对性的对外报道，释疑解惑，增

[1] 孙旭培：《从萨斯危机看新闻自由与保守国家秘密》，中华传媒网，2005年10月23日。

进世界人民对我国的正确了解。③在正面报道为主的前提下，对外新闻报道也要有批评报道，提高我国新闻报道的可信性，同时要注重社会效果。④增加国务活动报道的透明度，避免外国新闻机构捕风捉影。⑤对内报道和对外报道同时并重，有时对外报道还要先于对内，注意发掘国内地方新闻的国际新闻价值。[1]

6.3.2　报纸媒体服务的商业绩效指标

报纸媒体的经济绩效是指报纸创造经济收益的目标实现程度和能力，包括投资回报率、广告与销售收入、固定资产的增长、员工收益、品牌价值提升、对国家和地方经济的贡献等。为测定报纸媒体的经济效益指标，赵彦华设置了七大类共计 28 个指标，采取加权平均数进行评定（表 6-4）。[2] 根据国内一些媒介管理专家的研究成果 [3]，报纸媒体主要的经济效益指标体现为报刊发行、读者评价和成本收益等绩效指标。

表 6-4　中国报业市场评价体系（单位：月 / 季 / 年）

评价指标＼报社名称	报纸产品消费量评价				读者消费忠诚度评价				报纸广告资源评价				报纸读者货源评价			平均期发数		报纸成本收益评价				报纸市场潜力评价			
	订阅发行量	零售发行量	赠阅发行量	发行总收入	周平均阅读天数	日平均阅读时长	月平均阅读次数	读者实际接触频度	广告版面的数量	广告版面实际定价	广告经营额	广告达到率	读者人口覆盖人数	读者传阅率	报纸品牌知名度	读者的理解程度	读者实际覆盖人数	单位产出成本	报社运行成本	报社总收入	成本利润率	读者的遗憾度	报纸的涵盖率	广告增长率	总收入增长率	总资产增长率
	1	2	3	4	5	6	7	8	9	10	11	12	13	14	15	16	17	18	19	20	21	22	23	24	25	26	27

6.3.2.1　报纸媒体服务的报刊发行绩效指标

以报纸、期刊为代表的纸质媒介的评价指标作为媒介市场竞争中的"晴雨表"

---

[1]　肖燕雄：《微观新闻制度论》，中国传媒大学出版社 2008 年 3 月版，第 3—5 页。

[2]　赵彦华：《报纸市场评价指标体系研究》，载《国际新闻界》2004 年 1 月版。

[3]　张明瑞、张伟：《中外媒介评价指标比较》，载《新闻世界》2009 年第 12 期。

和"指示器"，标志着媒介在具体的经营、管理、发行与广告过程中的优劣成败。报纸的具体评价指标有报刊发行量、读者评价指标、广告评价指标、报纸的成本收益评价指标等。报纸作为一种成熟的媒体，其评价指标已经固化，成为学界和业界普遍认可的常识。对于电视的评价则从 20 世纪 80 年代有了真正意义上的媒介评价方法以来，评价方法在争议中不断改进和完善。[1]

报纸的发行量是表明读者的外部分布状况的指标，它能反映报纸读者在地理空间及社会阶层中的分布情况。具体衡量指标是：①期发行量；②月发行量及月均发行量；③年发行量及年均发行量。此外，与发行量有关的还有如下几个指标：宣传发行量；稽核发行量；订阅发行量；零售发行量，等等。

6.3.2.2　报纸媒体服务的读者评价绩效指标

读者评价指标包括读者忠诚度和读者的有效接纳程度。读者忠诚度考察指标主要有读者平均每周阅读天数、读者实际接触报纸日平均时长、读者实际接触报纸月平均次数、读者报纸实际接触频度。读者的有效接纳情况主要指标包括：①读者人口覆盖率；②读者传阅率；③阅读人，又叫读者实际覆盖人数。

6.3.2.3　报纸媒体服务的成本收益绩效指标

成本收益绩效指标包括：①单位产出成本；②报社运行成本；③广告经营收入与其他合计；④支出合计。

6.3.3　报纸媒体服务的公共绩效指标

传媒公共性的缺失是政治和经济双重逻辑制约的结果，表现为市场利益驱动和政治集团控制反复博弈并作用于传媒。最终，传媒成为政治和市场博弈的妥协物。谁能掌控传媒，传媒就为谁服务。在政治和经济双重力量的裹挟中，传媒的公共性发生缺失。传媒一方面受到政治集团的控制，出于保护自身利益的需求，经常会与国家、政治集团或其他利益群体达成妥协；另一方面，传媒又受到商业逻辑的控制，往往在社会责任、伦理道德与巨额商业利润的纠结中陷入困境，以致丧失其会独立品格，放弃社会公众立场。传媒公共性的缺失与公共性传媒的缺位，是世界范围的

---

[1]　张明瑞：《我国媒介评价指标刍议》，载《现代视听》2009 年第 12 期。

传媒危机。[1]

媒介是社会环境的守望者、社会舆论的代言者、社会公德的监督者和社会正义的维护者，媒介只有充分发挥这些功能，才能获得受众信任，赢得社会影响力，取得较高的公共绩效。本书从以下三个维度概括影响报纸公共绩效指标的因素。

6.3.3.1 报纸媒体服务的公众参与绩效指标

传统晚报从来都有"飞入寻常百姓家"的定位，都市报主张作"市民生活报"，强调做普通市民的报纸，报道主题与传统党报相比，更加贴近百姓，反映社会生活中的问题，特别是能够反映社会底层的疾苦；很多报纸从一开始就把自己的读者对象设定为"市民"，这一概念已经突破了原有的机关干部的局限，开始着眼于生活在城市中的市民，这是一个模糊的概念，同时也体现了其公众的特征；随着转型期中国社会结构的变迁，社会分层加剧，媒体所面向的公众不再是模糊的大众概念。报纸注重公众参与，最早设立读者热线，后发展为报料平台，扩大新闻线索的来源，普通读者也乐于为这类报纸提供新闻线索，甚至一些生活中长期难以解决的问题都寻求都市类报纸的帮助，并最终得到解决；报纸还热衷于与读者的互动，对读者的问题进行及时的反馈，并以召开座谈会、搞读者交流活动等方式加强互动。

6.3.3.2 报纸媒体服务的民主监督绩效指标

民主监督与信息公开：是指公众可以借助媒介表达，媒体为公众提供一个公开的平台，媒体的使用和运作是公正的。报纸注重与读者的沟通，其小报化的特征使其与读者的沟通门槛低。同时，沟通的方式也在不断改进，过去只有读者来信，报道篇幅小，把关严格，反馈信息单一；之后建立报料平台，加强与读者的沟通；网络发展后，又建立了网络联系和反馈的方式；体现在文本上，报纸设立时评版，不仅有社论和专家个论，而且有普通读者参与的众论内容。

报纸不仅仅是信息载体，同时还具有公共舆论载体的功能。公共舆论在报纸上得到公正的体现，媒体传达和放大公众的声音。报纸关注弱势群体、关注民生，民生新闻作为一种实践的样式，在报纸上得到极大的发扬，本身就是代表城市普通市民利益。那些在生活中关系到老百姓、普通市民切身利益的议题，作为民生新闻受到报纸的关注。

---

[1] 张金海、李小曼：《传媒公共性与公共性传媒——兼论传媒结构的合理建构》，载《武汉大学学报（人文科学版）》2007 年第 7 期。

6.3.3.3　报纸媒体服务的公众认同绩效指标

作为公众对媒介的价值判断标准之一,势必不仅仅是对媒介的专业特质的评价,更包括公众对于特定媒介在文化上、情感上和价值观上的认同。在当代文化和价值观多元化的社会背景下,公众对于媒介的感知和认同在规模和数量上势必会大打折扣。较之喻国明的"社会的感知和认同",陈力丹教授则从媒介自身的角度提出了媒介关怀四要素和媒介操守三要素。他认为媒介应该站在社会大众的立场上,关注最广大民众的利益;敢于针砭时弊,批评性新闻比例高、批评力度大;关心处于困境的弱势群体;以平等的姿态面对读者观众。

6.3.4　报纸媒体服务绩效指标的协同协调

在报纸媒体服务的绩效指标研究中,应对其政治、经济、公共绩效三方面目标的综合效应进行整体评价,由此确定报纸媒体服务绩效是否处于良好的运行状态,是否产生良好的综合效应。本书对报纸媒体服务绩效指标综合目标的评价运用层次分析法(Analytic Hierarchical Process,简称"AHP法"),力图建立一套全面的、协调的评价指标体系。[1]

6.3.4.1　报纸媒体服务绩效指标的层次结构

根据 AHP 方法,可以将报纸媒体服务绩效的指标体系分为以下三个层次:①总目标:在报纸媒体服务绩效指标的综合评价中,由政治、经济、公共绩效合成的综合绩效即可作为总目标;②分目标:政治绩效指标、经济绩效指标、公共绩效指标分别作为子目标;③指标层:指标层由报纸媒体服务绩效指标中可以直接度量的因素组成(如图 6-2)。

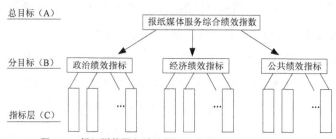

图 6-2　报纸媒体服务绩效指标综合指标体系的建构思路

---

[1]　此处参考了诸大建《关于城市综合发展的指标体系的思路》,参见:《管理城市发展:探讨可持续发展的城市管理模式》,同济大学出版社 2004 年 3 月版,第 88—90 页。

6.3.4.2　报纸媒体服务绩效指标的权重系数

确定各个指标对报纸媒体服务绩效指标的贡献程度，是将 AHP 用于报纸媒体服务绩效指标研究的重要方面。根据目前我国报纸媒体服务（国有媒体的有限商业模式）的绩效指标是以经济绩效和政治绩效目标为中心，同时兼顾社会绩效的协调模式，可以将经济、政治、公共绩效三个指数的权重比例确定为 0.40：0.40：0.20。商业媒体可以将经济、政治、公共绩效三个指数的权重比例确定为 0.60：0.20：0.20。公共媒体可以将经济、政治、公共绩效三个指数的权重比例确定为 0.20：0.20：0.60。在此基础上，运用专家意见法或其他科学方法进一步确定各个单项指标相对于子目标和总目标的权重。

6.3.4.3　报纸媒体服务绩效指标的综合指数

对于报纸媒体服务政治、经济、公共绩效等子目标指数，可以用通常的"线性加权加法"求出。

$$B = \sum C_i W_i$$

式中，C_i 代表下一层指标 i 的评价值；W_i 代表下一层指标 i 的权重。

对于报纸媒体服务绩效指标的综合效益指数，由于政治、经济、公共绩效三个分指标之间是不可相互替代的，因而必须采用"加权连乘法"求出，以保证三个分指标同时达到较高水平时才有可能得到较高的综合效益指数：

$$A = \prod B_i W_i \ (i = 3)$$

式中，B_i 代表政治、经济、公共绩效子目标 i 的评价值；W_i 代表政治、经济、公共绩效子目标 i 的权重。

6.3.4.4　报纸媒体服务绩效指标的协调协同

综合指标反映报纸媒体服务绩效指标的总体实现情况，另外可以用协调指数和协同指数来判断三个系统之间的结构性协调问题。

（1）报纸媒体服务绩效指标的协调指数可以表示为：

$$A_1 = B_{min}/B_{max} \quad 0 \leqslant A_1 \leqslant 1$$

式中，B_{min} 代表经济、社会、生活质量三个子目标效益指数中的最小者；B_{max} 代表经济、社会、生活质量三个子目标效益指数中的最大者。

A_1 值越大，表示三个子目标的效益水平越接近，报纸媒体服务绩效指标的协调程度越高。

（2）报纸媒体服务绩效指标的协同指数可以表示为：

$A_2 = \Delta B_{min} / \Delta B_{max}$

式中，ΔB_{min} 代表经济、社会、生活质量三个子目标中效益递增最小者；ΔB_{max} 代表经济、社会、生活质量三个子目标中效益递增最大者。

A_2 值越大，表示三个子系统的效益增长较为均衡，报纸媒体服务绩效指标的协同程度较好。

第 7 章　媒体服务供给公共治理的应用研究：以 ICS 为例

上海电视台外语频道（简称"ICS"）成立于 2008 年 1 月 1 日，但其实早在 1986 年 10 月，上海电视台就开播了中国第一档英文新闻节目，比中央电视台早了 3 个月开播英语新闻。1995 年，当时的上海电视台又成立了上海电视台下面的子台外语台，简称"IBS"，于 1995 年 9 月 1 号开播，也是在国内第一次以完整时间段播出外语节目。1996 年其成为国内第一家向美国有线电视新闻网 CNN 提供英语新闻的媒体单位。1998 年外语节目随着上海卫视的成立也开始上星播出。因此，上海希望成立一个完整频道的外语频道的努力其实由来已久。随着世博会的临近，上海在国际传播上诉求不断地提升和加强，2008 年 1 月 1 日 SMG 集团决定成立 ICS。本章将媒体服务公共治理的结论应用于 ICS，对 ICS 媒体服务供给的问题进行分析，并提出 ICS 媒体服务供给的公共治理对策。

7.1　上海电视台外语频道服务供给的现状

7.1.1　上海电视台外语频道的历史

ICS 是全国省级电视媒体诞生的第一家外语频道，是对开放的上海打造国际化大都市的一次崭新诠释。ICS 拥有专业一流的外语节目制作能力，每天制作播出 19 小时涵盖新闻、资讯、时尚、娱乐、家居、休闲、教育、谈话等不同题材的外语节目，具有广阔的国际视野和国际传播影响力。

ICS 制作的外语节目集国际风范、温润优雅和精致品位等气质于一身，为上海的外语使用者和国际居民等高端人群提供新闻、时尚、资讯及影视等类型多样、制作精良的外语视听盛宴。其特点不仅仅在于播出语言本身，更在于内容的独创性和全球性。同时，频道还引进大批原版影视节目，为喜爱观看原版电影的观众每天奉上电影大餐，其中既包括《指环王》、《傲慢与偏见》和《蜘蛛侠》等经典大片，也包括《三峡好人》、《图雅的婚事》和《夜·上海》等优秀国产艺术电影，以满足电影爱好者的要求。

2010 年上海世博会期间，上海外语频道每天用一个半小时直播世博会。180 多天的世博会，外语频道精心打造了大型直播节目"世博天天看"，在每周一至周五晚上的黄金时间播出，在开幕和闭幕之际另设特别节目；推出 2010"冲刺！中国"大型城市文化体验真人秀节目，以及 26 集城市环保类节目"绿色城市"。作为世博报道的周末版，"城市节拍"荟萃一周的世博精彩节目。外语频道在 2010 年为上海市民呈现了一套世博的饕餮盛宴，也圆满完成了世博外宣工作。

2011 年 1 月 1 日，上海外语频道 3 周岁生日之际，ICS 迎来又一次全新闪亮改版。频道继续将目标受众定为工作生活在上海的外籍人士，以及年龄层在 15—40 岁、以年轻高端人群为主的受众群体，为他们提供一个涵盖新闻、时尚、资讯及影视等节目的综合性电视平台，因此，新的版面内容更加活力、精致、新锐并且贴近生活。

改版后外语频道黄金时段的编排高潮迭起、精彩纷呈：从晚间 18 点的"轻松时刻"，19 点的"娱乐强档"，19 点 30 分的"娱乐类真人秀"，20 点 30 分的时尚类电视杂志时间，到 21 点网罗海量资讯的"夜间新闻直播秀"——"直播上海"以及 22 点的海外原版大片集锦。另外，外语频道还将继续在周日晚献上日语时段，提供丰富的中日时事文化资讯、流行音乐集锦和日语电视剧。此外，也有如"访客陈蕾"、"洋泾一大帮"等大量新节目和观众见面。

7.1.2 ICS 所属的东方传媒公司概况

上海电视台外语频道隶属于上海东方传媒集团有限公司（英文简称 SMG），后者由上海广播电视台出资成立，是由原 SMG 上海文广新闻传媒集团在 2009 年年底集团新一轮改革，实行"事企分离"重组而成。

新 SMG 是上海广播电视台台属、台控、台管的控股企业集团，由企业本部业务部、若干家子公司和职能部门组成。集团将引入市场机制，为外部的投资融资创造条件，通过对具备市场发展潜力的业务板块进行重组，打造一批面向市场的独立子公司。业务涵盖了影视剧制作、发行与投资、少儿动漫节目制作及相关衍生产业、综艺娱乐节目制作及演艺相关产业、体育节目制作及版权、赛事运营、生活时尚节目制作及时尚产业拓展，以及新媒体等各个板块业务，是集广播电视节目制作经营、新媒体运营服务及传媒相关业务于一体的媒体产业集团，是全国第一家获得国家广电总局正式批准的推进广播电视制播分离改革的单位。

上海东方传媒集团有限公司本部包括东方卫视、艺术人文频道、ICS、广告经营中心、节目资料中心、版权中心及相关职能部门。下属独立的子公司有：第一财经传媒、星尚传媒、新娱乐传媒、东方盛典传媒、时空之旅文化公司、广电影视制作公司、幻维数码影视、五星体育传媒、东方广播公司、电视传媒、炫动传媒、东方购物、五岸传播、SITV 文广互动数字电视、百视通新媒体、SMGBB 东方宽频、上海电视杂志、每周广播电视报、《第一财经日报》等。

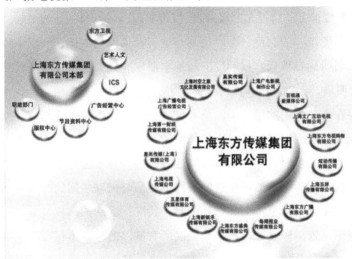

图 7-1　上海东方传媒集团有限公司的职能部门及下属独立子公司

7.2　上海电视台外语频道服务供给存在的问题

7.2.1　上海电视台外语频道媒体提供存在的问题

长期以来，我国传媒业面临的主要问题体现在界定产权、划分事企边界、行政干预过多等方面。在近 20 年间，广电系统经历了三次大的"剥离式"改革，即台网分离（内容与网络）、频道分营（新闻与娱乐）、制播分离（制作与播出）。根据2006 年 3 月 28 日召开的全国文化体制改革会议的精神，新一轮制播分离改革将以电台、电视台为主体，以电视剧为重点，按照"先内后外、先易后难、逐步剥离、事企过渡"的线路，深入推进电视剧、动画、财经、娱乐、体育、生活等节目制作的社会化，按《公司法》要求建立法人治理结构，逐步打破区域行政壁垒，搭建全国性节目交易市场，并形成多个区域性节目交易中心，使之成为共享资源、储备流通、方便交易的平台，以实现广电产业的规模化和集约化，加快向现代企业集团转型。

然而，在实际改革中，广电集团既要事业性质又要企业运营，存在许多障碍，事业、产业缺乏分类管理法规，经营性资产无法以合法身份进行市场运营，相关配套措施不到位，党政、政事、事企关系难以理顺。同样，属于上海东方传媒集团有限公司的上海电视台外语频道现阶段仍然存在产权属性模糊、权责分工不明等一系列问题。

7.2.1.1 产权模糊不清

现代企业制度的基本特征是产权清晰、权责明确、保护严格、流转顺畅。它是权力、责任和利益的高度统一的制度，而产权则是这三者依附的主体。产权主体归属明确和产权收益归属明确是现代产权制度的最基本要求和最大特征。在产权清晰的基础上才能将权责明确、保护严格和流转顺畅。[1]

中国传媒在组建集团的过程中，或者传媒与下属的各类责任部门、经济实体之间的所有者权益与法人财产权的关系仍然停留在完善规章制度、规范"责权利"的层面上，还没有进一步明确界定；或者只注意解决传媒集团与下属各类责任部门、经济实体的产权关系问题，而不注意解决媒体集团与国家之间的产权关系问题。目前所有的传媒集团公司几乎都面临这样的基本状况：资产的产权关系名不副实。虽然在法律上我国传媒集团资产性质都是全民所有制，但这并不符合传媒集团经济运作的实际情况。大部分传媒由国家投资创办，由于长期按事业单位模式管理，国家对其没有资产增值要求，反而还有相当数量的补贴和较大的优惠政策。在市场经济条件下，一些经营情况良好的媒体资产增值很快，这些增值部分的资产权属就必然存在一定程度的模糊。按我国全民所有制的企业制度，至少有一部分是属于集体财产，但是国家也没有明确要求其作为资产所有者的权益，客观上助长了媒体产权关系名不副实的状况，同时也使得媒体的投资和经营活动缺乏足够的约束。

国有产权的虚置一方面使得我国广播电视难以形成市场主体，进行市场运作，另一方面非常容易导致国有资产流失。上海外语频道作为非母语媒体，传播力度也远远比不上本地媒体，在开播3年以来主要依靠集团拨款扶持，更不用说赢利了。不得不说这与频道的产权背景导致其市场化步伐难以迈开息息相关。

---

[1] 欧阳友权：《市级电广传媒研究》，中国广播电视出版社2008年11月版。

7.2.1.2　权力职责失调

由于没有明确的产权主体界定，对于传媒经营者而言，经营决策失误不需要承担什么责任，传媒集团资产的增减只会影响个人职务的升迁。在很长时间内，中国传媒业存在多头管理、行业所属、部门所有、条块分割的四级管理体制。各个部门和条线的目标不同，集团所有者和管理者的目标也不尽相同。

作为国家授权的传媒集团代理人，在执行权力的同时，若没有较强的自控和自律能力，往往会存在着责任缺失。首先，传媒领域的信息不对称特性使得他们比常人享有更多更快的信息。在这个"信息就是财富"的时代，他们很自然地会更便于搭上集体的便车，在权力行使的同时谋取个人利益。同时，缺乏完善有效的监督机制，也是对"搭便车"现象的进一步放纵。有效监督的缺失，造成个人权力的滥用。因此，归根结底，权利职责失调的内因，仍然是模糊的产权归属问题。

7.2.1.3　行政壁垒坚固

从"四级办"到"三级办"再到"省级广电集团化"，我国的广播电视格局仍然没有脱离高度行政化的格局。虽然从星星点点的"小散乱"格局到规模较大、据省而立的"诸侯广电"在某种意义上加强了地方行政对广电资源的集中和垄断，这样更难形成全国范围的、统一的、公平竞争的广电市场。广播机构不能突破行政壁垒，散漫现象无法根治，发展空间饱和，层级矛盾突出。

从市场结构来看，由于历史原因，我国广电乃至传媒行业表现为严格的区域壁垒和部门壁垒，无法进行跨地域、跨媒体的并购活动。随着各行各业在技术、理念、管理体系等方面全面升级，高度行政化的管理体制不再适应市场经济和广电产业的发展，行政壁垒不利于广电节目的流通、体制内部的更新。虽然广电集团也通过各种形式尝试进行跨地域运作，但是行政壁垒依然难以逾越。

7.2.1.4　融资体制障碍

传统媒体的投资结构过于单一，既不利于调动资金把媒体做大做强，也不利于化解市场竞争风险。上海电视台外语频道的主要受众群中有相当一部分是身在上海的外国人。上海作为一座国际性大都市，拥有众多外籍留学生、外资企业。根据上海市政协专项调查显示，截至 2012 年年底，常住上海的外籍人口已达 17.3 万，占常住人口的 0.7%。[1] 比 2011 年同期增长了 1.16 万人，随着上海的国际化程度不断提高，

---

[1]　俞立严：《沪常住老外超 17 万占全国 1/4》，载《东方早报》2013 年 1 月 9 日。

越来越多的外国人会来到上海居住、经商、工作、留学，以及参加各类国际合作交流和旅游的项目。因此，在 ICS 引起这些外国人关注的同时，也必然会引发外国投资者的兴趣。然而目前我国广电产业投资政策不明，准入门槛过高、过严众所周知。民营资本和外资被限制进入传媒领域。无论对内资还是外资，广电传媒对于开放的领域、比例、速度和程度都存在着不确定的因素。这就造成了一种很尴尬的局面：一方面，大量社会资本想进入广电传媒；另一方面，广电传媒要实现规模化、产业化发展，也急需大量资金，但是由于政策不明朗，体制尚未健全，双方都还不能如愿以偿。

7.2.2 上海电视台外语频道媒体生产存在的问题

SMG 的制播分离改革虽然是现有外部管理体制下的最大限度的改革，但是由于割裂了采编业务和经营业务的环节，仍然没有从根本上解决体制问题，所以仍存在着较大的局限，未来仍需在外部环境允许的条件下，进一步深化改革。

7.2.2.1 采编经营脱节

西方发达国家广播电视内容产业经历了由制播合一走向制播分离，再走向制播融台的发展路程。从广播电视内容产业发展的自身规律来看，制播合一是自给自足的小作坊生产方式，而制播分离能在一定程度上实现除新闻内容之外的内容产业的初步规模化，因此，制播分离是制播合一发展的结果。但是要真正实现广电产业化，必须实现播出渠道和资源与内容产业的有机融合，这就要求制播分离走向制播融合。因此，制播分离只是过渡式的改革，未来必将走到制播融合。因此，在推行制播分离时，应着眼于制播融合，一方面加快内容制作资源的整合进程，另一方面鼓励播出机构通过资本纽带与制作机构进行融合，成为真正的信息服务提供商。

对于媒体来说，整个媒体价值链包括内容制作、播出和广告经营等环节，内容制作是前端环节，播出机构是广电价值链的末端环节，因此，要实现整个产业价值链的良性互动，必须既包括内容制作环节，同时也包括播出环节，才能真正实现二者之间的良性互动。此外，媒体的销售有两次售卖的特点，第一次是把媒体的内容售卖给受众，进而取得传播价值，第二次再把传播价值售卖给广告主。[1]在制播分离的情况下，很难保证媒体能够获得有价值的传播价值，进而导致广告经营的困难。而 ICS 在 SMG 内部收视率数值上来说一直处于低位，在肯定频道对于节目创新和节

---

[1] 郭全中：《传媒集团战略与管理体制研究》，安徽大学出版社 2010 年 6 月版。

目采编的努力的同时，也不得不指出，目前的 ICS 还不能很好地实现采编、经营和管理的良性互动。

对于媒体来说，采编是基础，经营是动力，管理则是支撑。只有三者之间形成良性互动，互相促进，媒体才能取得较大的成功。采编、经营和管理相互脱节主要有以下几种情况：①采编定位不准确，导致经营乏力，这方面的失败案例比比皆是；②采编质量可以，但是经营能力跟不上采编内容的提高和发行的扩张，导致发展后劲不足，成长周期人为拉长，不能把传播功能转变为真金白银。[1]

在我国传媒业极其缺乏高素质的经营管理人才的时代大背景下，大多数市场化程度不高的媒体一般都是采编能力强而经营能力弱，上海外语频道也不例外。对于频道中一些品牌栏目，比如曾获得"最佳外语节目"奖的"洋厨房"栏目，叫好的同时却并没有把收视转化为收益。从 2007 年 3 月起，"洋厨房"节目开始和《大酒店》杂志合作，共同推荐优秀的厨师。诚然，这不仅对《大酒店》杂志和"洋厨房"来说是一桩喜事，对上海乃至中国高端酒店而言都是值得庆祝的。杂志将在酒店和节目间穿针引线，起到桥梁的作用。然而，这样的合作模式也减少了很多 ICS 市场化的机会和收益。与"You are the chef"（"洋厨房"）一样受欢迎的如"Get away"（"车游天下"）等栏目，也存在很多尚未开发的商业前景。"真正拍摄时无暇去顾及怎么样植入软性广告，因为这并不是我们的主要职责，作为电视台栏目组更多的首先希望保证节目能顺利拍摄就好。"该栏目制片人如是说。确实，现在的外语频道很多节目具备高端特性，但却缺乏有效的广告产品，等于主动放弃了很多收益和竞争的机会。如果未来外语频道的采编和经营能够进一步形成良性互动，就会使媒体缩短成长期，实现跨越式发展。

7.2.2.2　媒体竞争加剧

ICS 作为 SMG 集团的国际频道，媒介竞争压力体现在央视独大、外媒压境、报网争鸣等方面，给 ICS 的新闻生产带来了较大的压力。

（1）异质媒体竞争体现在报网争鸣。从 1981 年第一份全国性英文日报《中国日报》（China Daily）创刊以来，经过将近 30 年的风雨历程，随着中国的国力日益增强和国际交往的逐步广泛，我国编辑出版的拥有独立刊号的英文报纸的数量从少到多，规模由小到大逐渐地蓬勃发展起来。

---

[1]　郭全中：《媒体失败七宗罪》，载《新闻前哨》2010 年第 3 期。

这些英文报纸分别创刊于经济非常发达并且外国人员更为密集的北京、上海、广东等地。其中《中国日报》是在全国影响力最大的国家主办的报纸，《上海日报》（*Shanghai Daily*）是在东部沿海地区影响力较大的英文报纸，而《广州英文早报》（*Guangzhou Morning Post*）是在南方经济发达地区影响力较大的英文报纸。

美国著名电视节目主持人克朗凯特承认，一个典型的电视新闻节目远不如一份报纸的头版所包含的信息量大。书籍销量和部分报纸的畅销状况表明，许多人仍然享受阅读的文化。很多人认为，阅读本身是一个将个体置于安静、清醒、灵活状态的过程。在这个过程中，读者可以根据自己的喜好自由翻动报纸，调整阅读速度，选取内容。读者还可以仔细地、重复地阅读感兴趣的内容，具有时间上和顺序上的随意性。

而科技的发展更是使得英语网站成为语言学习者们触手可及的学习工具，不论是获取新闻还是学习语言，随手一搜就能找出无数个类似的网站。在便利性对受众变得越来越重要的当下，网络的优势不言而喻。

（2）同质媒体竞争体现在央视独大，外媒压境。从外部来说，首先，中央电视台英语频道占尽了国内外语类电视媒体的绝对优势。中央电视台作为我国唯一的国家电视台，在中央政策、人才队伍、技术设备、节目资源、收视覆盖等方面有着得天独厚的绝对优势。作为最高政府的代言人，中央电视台与生俱来地获得了无可比拟的权威性和影响力。其频道专业化的改革，又占尽全国性专业频道资源的先机。2010年4月，CCTV英语频道全面改版为英语新闻频道，新闻时效性、信息量、更新率、深度报道和新闻评论方面更为先进突出，在演播室视觉效果、频道包装和节目播出样态等方面也有较大提升。而在2010年11月中旬，为进一步突出频道定位，英语新闻频道再次进行全频道调整。一年之内的两次大调整，体现了央视对于这个国家外宣平台的高度重视。通过优化频道编排，实行专题节目的集约化生产和精准投放，还尝试聘请更多的外籍主持人和来自国外的制作团队，使得节目风格更具贴近性和专业性。在新闻报道方面，进一步加强台内合作、国内机动报道和驻外记者的报道力量，充实财经报道，提升品牌栏目，并打造专业、时尚、国际化的品牌标识。央视英语新闻频道一系列的改版并不是最终目的，而是希望以改版带动频道系统运行的专业和高效。基于外语频道DESK机制的突发事件快速反应机制，组建的22组西、法、阿、俄语的外语记者采访队，这些资源和配置，都是一般地方媒体穷尽其力无法达到的水准。因此，央视对于地方英语电视频道的压力不言而喻。

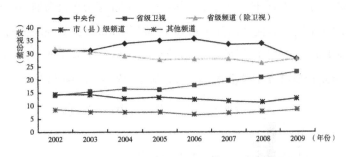

图 7-2　2002—2009 年电视媒体市场份额变化曲线图

（来源：《传媒蓝皮书·2010 年：中国传媒产业发展报告》）

其次，境外频道的逐步入侵也是对尚未成熟起来的地方英语电视媒体的一大威胁。2007 年 5 月 29 日，国家广电总局向各省、自治区、直辖市广播影视局发出《广电总局关于增加 2007 年度三星级以上涉外宾馆可申请接收的境外卫星电视频道范围的通知》。根据《境外卫星电视频道落地管理办法》（国家广电总局令第 27 号），批准新增韩国 KBSWORLD 频道为可供国内三星级以上涉外宾馆申请接收的境外卫星电视频道。至此，三星级以上涉外宾馆接收境外卫星电视频道范围，包括 CNN 等 32 个境外卫星电视频道获批。

对境外电视台的逐步开放，既是中国兑现加入 WTO 相关协议条款的落实，也是繁荣中国电视市场促进良性竞争的需要。允许资讯台之类的 24 小时新闻及信息频道的落地，其意义远胜于播出娱乐综艺性节目。境外媒体不仅仅是以频道的形式实现落地，同时还通过其电视节目以"润物细无声"的方式进行渗透。如 Discovery 国家地理频道，通过与内地的媒体和节目运营商合租，利用国内媒体或者运营商的播出平台实现其电视节目在中国内地的播出。这些对于中国传媒业尤其是电视业来说，无疑是巨大的压力。外资传媒品牌雄厚的资本实力和累积的品牌效应，是目前国内媒体所不能匹敌的。"头上高空轰炸，四周兵临城下。"这句顺口溜十分贴切地形容了现在地方电视频道的生存现状，当然也包括了地方英语电视频道。从媒介生态学的观点来看，在一定的社会中，媒体种群所栖息的空间和资源是有限的，都只能承载一定数量的媒体，由于这些同种个体分享共同的资源，竞争就更为激烈。

幸而，2009 年，城市电视台整体的市场份额实现止跌微涨，但其内部不断加剧的两极分化也是一个值得关注的问题，这种两极分化主要表现为强势城市台的市场份额稳定在较高水平，而弱势城市台的市场空间则不断被挤压缩小。具体来看，2007 年，城市台份额最高的 20 个城市，平均份额为 42%，2008 年份额最高的 20 个城市份额略降为 41%，2009 年这个数值又回升为 42%；2007 年，城市台份额最低的 20 个城市，平均份额为 4.4%，2008 年份额最低的 20 个城市平均份额为 3.2%，2009 年份额最低的 20 个城市平均份额继续下跌至 2.8%，各地城市台竞争力的两极分化进一步加剧。[1]

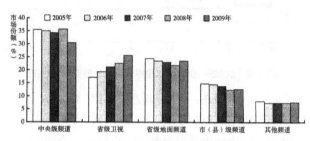

图 7-3　2005—2009 年各级频道市场份额变化

（来源：《传媒蓝皮书·2010 年：中国传媒产业发展报告》）

7.2.3　上海电视台外语频道媒体绩效存在的问题

电视频道绩效评估是一种兼具企业绩效评估和公共部门绩效评估的复合式组织绩效评估。它是指在明确新闻传播目标的前提下，根据成本、产出与效益等方面的判断和分析，对电视频道运营的效率和效能做出系统的描述和评价的行为和方法的总和。简而言之，电视频道绩效评估是对电视频道一定时期内运营绩效水准的评价。在我国频道运营的状况相差较大，频道绩效评估难以形成一个统一的标准。[2] 本书所讨论的外语频道的绩效主要包括两个方面的内容：①组织绩效，尤其是经济绩效；②员工绩效。

7.2.3.1　经济绩效堪忧

从传统上讲，在电视媒体内部以新闻为代表的内容和时段广告是两个大的子系统，彼此之间泾渭分明。做内容的一半都瞧不上做广告的，认为他们没有文化。做广告的瞧不上做内容的，认为他们缺乏在市场上挣钱的能力。实际上，每一个了解大局的电视人都不可厚此薄彼。对于电视媒体而言，内容系统和广告几乎就相当于人的两条腿，缺了哪一条都不是一个完整的、健全的人。

电视广告历来是传统广告产业中的宠儿，但是近年来，随着网络媒体的迅速崛起，电视广告在广告市场中的份额正在不断下降。

---

[1]　崔保国：《传媒蓝皮书·2010 年：中国传媒产业发展报告》，社会科学文献出版社 2007 年 6 月版。

[2]　陈信凌：《国内电视媒体制度变迁与绩效评估研究》，江西人民出版社 2009 年 8 月版。

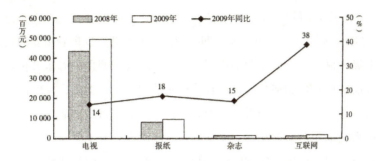

图 7-4　2008—2009 年不同媒体广告花费趋势对比

（来源：《传媒蓝皮书·2010年：中国传媒产业发展报告》）

如图 7-4 所示，2008—2009 年，电视媒体广告费用较上年同比增长 14%，报纸、杂志的广告费总额则分别增长了 18% 和 15%，而互联网广告虽然总额较小，但涨幅达到了 38%，几乎是传统电视广告增幅的 3 倍，电视媒体广告正在遭受前所未有的冲击。

上海电视台外语频道的广告主要由频道的事业发展部负责，招标广告经常通过网站发布，将可供销售的广告时段明码标价，以广告套装的方式销售（如表 7-1）。除此之外，时下流行的植入式广告等形式少之又少。在电视媒体广告遭受新媒体广告强烈冲击的当下，在各类广告主古怪苛刻的投资条件下，这样的广告类型难免太过单一。

表 7-1　上海电视台外语频道广告价格表（单位：元 / 次）

播出时间	播出位置	15 秒	30 秒
约 06:30—18:00	白天节目	4 200	7 000
约 18:00—18:30	"家庭滑稽录像"中（周一至周五）"探索天涯"中（周六至周日）	9 000	15 000
约 18:30—18:50	"乐学中文"中（周一至周五）	9 600	16 000
约 18:50—19:30	"洋厨房"中（周一至周五）	10 800	18 000
约 18:30—19:30	"南希财富对话"中（周六）	10 800	18 000
约 18:30—19:00	Rediscovering China 中（周日）	10 800	18 000
约 19:00—19:30	"娱乐进行时"中（周一至周五）	12 000	20 000
约 19:00—20:00	"说东道西"中（周日）	12 000	20 000
约 19:30—20:30	"秀真集"中（周一至周五）/Passion for Fashion 中（周六）	15 000	25 000
约 20:00—21:00	"急速前进"中（周日）	15 000	25 000
约 20:30—21:00	"城市节拍"中（周一至周五）/"独立探店报告"中（周六）	15 000	25 000
约 21:00—22:00	"直播上海中"中（周一至周五）（周六约 21:00—21:20）	18 000	30 000
约 21:00—21:20	"今夜谭"中（周日）	18 000	30 000
约 21:20—22:00	"陈蓓访客"中（周六）/"车游天下"中（周日）	18 000	30 000
约 22:00—00:00	"影视总动员"中（周一至周六）	16 800	28 000
约 22:00—22:30	"中日之桥"中（周日）	16 800	28 000
约 22:30—23:30	"约会日剧"中（周日）	16 800	28 000
约 23:30—00:00	"音乐物语"中（周日）	6 000	10 000
约 01:30—06:00	"看剧学中文"中（周二至周日）	4 200	7 000

（来源：中国媒体广告刊例网）

7.2.3.2 员工绩效缺位

（1）激励机制匮乏。广电企业长期受到国家的支持，发挥着重要的宣传作用，因此，广电媒体也不像一般企业那样有着倒闭的风险。即便上海东方传媒（集团）有限公司目前实行整体制播分离，具有产业属性，但是在上海广播电视台的强力控制下，也很难遇到生死存亡的考验。因此，相比企业而言，"基业长青"的未来难免使得广电系统都相对缺乏动力和冲劲。同时，由于事业单位同政府机关一样，设置了各种行政级别，这种科层制管理体制强化了行政权力的权威性，业务上的精英常常受制于行政领导，收入分配也跟着向行政权力倾斜，致使业务部门的积极性、创造性难以发挥。考核指标不是"做多做少"，而是权力大小。因此，缺乏激励的员工们工作起来，也难免力不从心。

对于内容制作环节来说，由于其是企业，可以较好地解决激励约束问题，对于管理层也可以采取股权激励方式；但是由于播出机构是事业单位，很难采取有效的激励方式，尤其是不可能采取股权等长期激励方式，这就会导致事业单位人员的积极性不够，有的甚至会产生不平衡心理，更难和内容制作与经营形成良性互动。

（2）人事制度陈旧。中央电视台外语频道于2010年12月5日与中华网软件正式签约，选用了其旗下的铂金人力资源管理解决方案，继续完善多年来的人事制度管理体制变革，破除政策和制度性缺陷导致的决策瓶颈，扫清管理灰色地带。2002年，中央电视台进行了全员聘用制改革，全台正式职工全部改为聘用制。从2004年起，中央电视台陆续对编外人员管理进行改革，实行劳务派遣制度，将编外人员转为企业聘用，改为公司化管理。根据该改革计划，规范编外人员入口，公开招聘统一考试。在用工过程中，人员根据考核的情况每年都会有淘汰流动。另外，根据部门不同情况来制订不同标准，实行特殊薪酬设置。报酬、工资透明发放，工资直接进卡，同时建立用计算机检测工资发放情况的系统。工资奖金的发放实行浮动发放，按绩效发放，并采用栏目公示制度，在一定程度上革除了以报销票据充抵报酬的状况。近几年，央视还陆续推出了固定职工聘用制管理、播音员主持人管理、制片人制度、岗位管理、薪酬分配体制、干部竞争上岗等一系列改革。[1]

同样作为外语频道，上海外语频道现有员工约180人，其中有14位外籍主持人和编导。有40%的编导具有研究生以上学历，80%拥有本科生学历，编导的平均年

---

[1] 《CCTV外语频道实现体制并轨　走上传媒变革破冰之旅》，中国网软件，http://www.platinumchina.com/NewsInfo.aspx?Type=1&Tid=1022&id=11。

龄在 30 岁左右，可能是整个集团拥有最年轻员工平均年龄的频道。拥有这么多高、新、尖的员工，外语频道的人事管理体系理当相得益彰，但实际上 ICS 的人事管理与一般频道别无二致，陈旧的管理体制和培训机制难免跟不上时代的步伐。比如，在提倡为每个员工规划职业发展道路的当下，ICS 由于其成立时间不长，很难使得员工看到在频道继续工作一二十年后的前景，很多人工作一两年后便跳槽离开。看不见的"玻璃天花板"很容易使他们在心中将频道当成一个跳板，而非为之奉献终身的长久事业。有这样的心理作祟，难免在工作中懈怠不前。在多数企业定期为员工进行充电培训的年代，ICS 的事业部门只有一位员工负责组织培训，从人员上来说，就难以组织起令人满意而高效的培训活动。员工的技能不能及时得到增长，观念长久缺乏更新，在节目生产过程中便也难以施展才华，制作的节目容易与社会脱节，从而导致内容上的漏洞与不足。这在媒体竞争激烈的当下，对媒体来说简直是难以弥补的致命伤。

7.3　上海电视台外语频道服务供给的对策

7.3.1　上海电视台外语频道媒体提供方面的对策

7.3.1.1　坚守新闻宣传职责

由于我国的特殊国情和传媒生态环境，无论在将来进行何种体制变革创新，都应考虑到广播电视的"喉舌"功能。尤其是在新闻宣传领域，由于政治敏感度高，其产业经营的目的需要明显让位于作为"国家公器"的舆论导向功能，有时候还需要不计成本，靠集权行政命令调动一切手段来完成各阶段的宣传中心任务。可以说，保证和增强其宣传功能是我国广播电视体制改革的一个先决条件。此外，国家广电总局将广电集团明确定位为"国有独资"性质，尤其是外语频道这样肩负特殊使命的专业频道，广播电视事业体制的坚固对它来说目前仍具有相当的理由和必要性。

如果说 SMG 的战略是"立足上海，面向全国"，那么作为国际化大都市的重要外宣平台，ICS 更应"立足上海，面向全国，放眼世界"。外语频道总监孙伟在接受笔者为本书调研专门进行的采访时说："希望 ICS 这个频道能成为更多的国际受众认识了解喜欢上海的窗口和渠道，也希望它成为上海对外信息发布的一个平台，同时也是成为丰富多彩的中外文化交流的平台。"

7.3.1.2 深化市场机制改革

2009 年 10 月，我国文化体制改革在上海迈出新步伐。国家广电总局正式批复上海广播电视制播分离改革方案，原上海文广新闻传媒集团更名为上海广播电视台，并出资组建上海东方传媒集团有限公司。这个新举动无疑加快推动了"制播分离"的步伐。上海广播电视台台长、上海东方传媒集团有限公司总裁黎瑞刚认为，传统的事业单位转变为企业，可以真正按照市场法则来打造传媒产业，避免文化资源和产业价值的闲置与浪费。[1] 他说："我们不是关起门来自我循环，而是更多地与市场接轨，与资本接轨。"[2]

在重新打造的 SMG 体系中，包括第一财经、五星体育、东方购物、星尚传媒以及炫动传播等 10 余家子公司，都为能在市场中自由交易而设计。其所属的领域为财经、娱乐等，相对更容易与市场接轨。"我们在变革的过程中，更多需要的是和市场接轨，借助资本和金融杠杆的力量来实现发展。"

在市场经济条件下，现阶段作为东方传媒（集团）有限公司直属部门的 ICS 也应尽快成为资源整合、分合有度、责权清晰、流程顺畅、灵活高效的节目生产营销实体管理，这样才会有条件、有优势、有机会成为市场竞争的基本单元、电视节目的统一体与自负盈亏的责任体，对体制转轨和受众细分带来的市场变化及时做出灵活与高效的反应。整个频道也应逐步实现频道由成本责任中心（职能制）向利润责任中心（事业部），最终向投资责任中心（公司制）的角色转变。[3]

7.3.1.3 秉承服务大众传统

在中国传媒混合型的功能结构中，与传统的政府主导媒体还是逐渐崛起的市场化主导媒体相比，公共性媒体无论从数量还是质量上都严重缺失。不仅公众利益缺乏结构性保障，还存在强势的政府与传媒的利益冲突。就微观层面来说，很多省级传媒集团所属的子公司或频道，作为政府与企业结合的双轨制模式，也存在社会属性缺失的严重情况。一些小事件、小冲突，一经媒体报道就引发多重炒作和关注，直至变成难以收场的大事件、大冲突；文明的、阳光的、正面的事件、事迹，往往不受媒体的重视，得不到大力的宣扬；而消极的、负面的、能吸引眼球的事件，却往往得到媒体和网民的追捧，甚至有时是穷追不舍；有的频道为了迎合读者，迎合

---

[1]　《传媒航母的远征之路——解读 SMG 发展轨迹》，中国文明网，2010 年 10 月 22 日。

[2]　蔡钰、吉颖新：《SMG 破界》，载《中国企业家》2010 年 12 月版。

[3]　剑飞：《频道制：电视媒体与时俱进的明智选择》，载《南方电视学刊》2005 年 7 月版。

网民，而丧失了原则；为了追求利益的最大化，而不讲道德、文明和修养；为了与同行业竞争而放弃自己媒体的风格、特点和远景规划。

"目前媒介市场竞争激烈，新环境下新闻伦理出现了一定的模糊，但新闻事业赖以生存发展的使命和精神是永恒的。这种新闻精神的核心，就是对国家社会负责、对公共利益负责和对受众负责。媒体的一切经营行为，都不能违反新闻精神，否则就不是一家合格的新闻媒体。"清华大学新闻与传播学院郭庆光教授接受《中国青年报》记者采访时说。

媒体的社会责任，也就是要有政治责任和道德责任，要引导社会，引导民众向积极的、阳光的方面奔走，要倡导文明、道德、礼仪、修养，大力宣扬好的、正面的人和事，同时也要实事求是地揭露腐败、不道德、不文明、不和谐的阴暗面，真正起到公平、公正、扬正揭弊的良性作用。

上海电视台外语频道作为国际化大都市中的特殊专业媒体，主要受众群是在沪的外国人和本地青年高端精英，一方面，承担着代表城市、国家形象的外宣责任；另一方面，则有着倡导新风、正面影响的市民素质示范作用。因此，媒体的公益性和社会性显得尤为重要。只有承担起自己所应负的社会责任，才能走向成熟，才能树立起良好的公信力和影响力。不管是过去、现在还是将来，社会责任都是媒体的永恒担当。因此，秉承传媒的公益性，坚守服务社会与大众的本质仍然是外语频道需要努力的发展方向。

7.3.2 上海电视台外语频道媒体生产方面的对策

7.3.2.1 深入制播分离

制播分离是指在广播电视节目的生产、流通和播出过程中，节目的生产制作与播出分属不同的机构负责的管理体制。在制播分离体制下，电台、电视台将把一部分节目交给专门的制作公司负责，腾出精力专门从事节目审查、编排和播出。这是市场经济发展对现代化传媒提出的必然要求，是传媒产业实现规模化、集约化、品牌化发展的必然趋势。制播分离改革将把可经营节目的制作环节从现有事业体制中剥离出来，组建专门的制作公司，引入市场机制，成为独立开展节目营销的实体。

目前，国内已出现五种制播分离的合作模式：①直接向社会公司购买节目；②以招标方式委托制作节目；③合作制作节目；④台内招标定制节目；⑤以资源互补方式多台联营节目或频道。上海外语频道的节目制作对于制播分离也并不陌生。

比如经典国外纪录片如《约翰·列侬离去的那一天》、《温莎——女王的城堡》等，国外的真人秀如"决战时装伸展台"等都是通过直接向国外频道如 Discovery 频道购买得来，今年改版后新推出的节目"南希财智对话"和"洋泾一大帮"等节目是直接向社会公司购买而来，而像"冲刺中国"等购买版权后自主拍摄的节目，则是借助国际制作团队和临时招聘的工作人员组建起来的摄制组进行拍摄制作。ICS 和央视之间也存在着供片关系，仅以 2010 年 5 月为例，新闻部向 CNN "世界报道"（World Report）栏目供片 5 条，外语频道新闻部 2009 年 5 月向 CCTV-9 供片 53 条，播出 21 条。而外语频道的"科技 @ 生活"每周向 CCTV-9 的"自然与科技"节目供片 1 集，每集 24 分钟；"洋厨房"每周向 CCTV-9 提供 1 集节目，每集 12 分钟；"城市节拍"为 CCTV-9 的"文化快递"提供 14 条 5—6 分钟的文化专题。而外语频道日语组 2009 年坚持向日本 NHK、KTN 电视台供片提供上海的经济、文化、社会、生活等各方面新闻和专题，5 月份合计 12 条。[1]

7.3.2.2 解冻企业文化

企业文化构建是企业发展到一定阶段、达到一定规模之后必修的功课。如今广电媒体正在新一轮转企改制的热潮中经受"阵痛"，或许这正是广电媒体修补企业文化这门功课的时候了。

（1）文化意识的觉醒。企业的管理成本会随企业规模的扩大而不断上升，这是企业的发展规律。广电媒体也不例外。随着 SMG 集团的改革，ICS 的管理层级和部门有所增加，频道领导者和管理者也必须花大量的时间和精力来应付不断增多的问题和冲突；更多的规章制度和补充条例也接踵而来，员工要花额外的时间来熟悉这些新的管理条例，降低了原本的有效工作时间，这也是一种变相的管理成本的上升。如果处理不当，很容易因此而有损节目质量，而员工又怨声载道。但是如果企业有一套优良的、深入人心的企业文化体系，那么在企业核心价值观的引导下，员工们很清楚什么是该做的，什么是不该做的。在面临新环境和新问题时就会从容许多，能够更好地自我调节并解决冲突。

同时，制播分离后的事业母体虽然在具体业务上主要负责新闻采编和播出管理，但在管理上仍然是媒体的权利核心，掌握着分离企业的控制权。如果事业母体在思维观念上和完全市场化运作的企业相差太远，甚至相互冲突，那么"转企"将只是一纸空文。

---

[1] 外语频道新闻：《2009 年 5 月对外供片情况》，2009 年 6 月。

（2）文化活水的涌动。为推动节目创新、加强节目考核，台、集团下发了包括《上海广播电视台、东方传媒集团有限公司节目研发资金管理办法》等在内的五项管理办法，对节目生产流程中的研发、审片、考核、奖励、淘汰五大环节进行系统化管理和奖惩。为适应事业产业发展、应对市场挑战的需求，上海广播电视台、东方传媒集团有限公司发布《2010 年视听率考核方案》（试行），进一步强化了视听率在绩效考核中的作用。该方案增强了视听率考核的刚性，缩小考核周期，月度考核结果直接与被考核单位一级分配挂钩。并且按周公布各考核单位视听率指标完成情况，通过台、集团内部网、楼宇电视、视听考核简报、办公会等渠道予以公布。视听率全年度的完成情况，与年终绩效奖励挂钩。

对于节目质量不达标的节目，台、集团也毫不手软，大胆启用淘汰机制，2010年 7 月颁布的《上海广播电视台电视栏目淘汰试行办法》，对于两类栏目进行淘汰：一类为节目导向产生严重偏差的电视栏目，由台总编室提交台编委会讨论，形成决议后予以停播；另一类为月平均收视率连续 3 个月未能达到上一年度同时段平均值的栏目。台、集团决定采取定期评价的方式，以一个月为工作周期，每月第一周对上个月的节目进行考评。

除了更加严格的绩效考核指标外，上海广播电视台和东方传媒集团有限公司也对优秀节目实行奖励，于 2010 年公布了《电视"总裁奖"奖励办法》（试行），其目标为"营造内容创新的良好氛围，激励两个效益并重的节目创作，明显提升节目质量、收视率和市场含金量，进一步巩固上海广播电视台和上海东方传媒集团有限公司在电视市场的领先优势、竞争优势和品牌价值"。该奖励办法主要对自制、首播节目进行奖励，并以黄金时段节目为主，奖励金额为 1 万—50 万元金额不等。该奖励直接下发到节目组，重点对节目核心主创人员予以奖励，频道、事业部不得挪作他用，具体奖励分配情况还需报评选小组备案。同时对于题材重大，产生良好社会反响，展现台、集团媒体责任与精神追求，提升台、集团品牌价值的电视节目和活动；或想象丰富、视野开阔、技术新颖、引发业内热议、具有创新价值的电视节目与活动以"总裁嘉奖令"的形式予以奖励。

（3）文化坚冰的消融。企业的价值观是企业在追求成功的过程中，对生产经营目标和自身行为的根本看法和评价。而企业的核心价值观是企业价值观体系中最为重要的、不容亵渎的、恒久不变的部分，也是企业独特性的根源。对企业核心价值观的深入认识是企业追求成功的起点。[1]ICS 从办台之初便确立频道理念为"We

---

[1]　谢江林：《广电媒体转企改制背景下的文化解冻》，载《电视研究》2010 年 11 月版。

value your future"，随着频道的逐渐成熟，宣传片中很少再出现这句标语，但是作为核心理念的它仍然应该被员工们谨记。ICS 的频道总监孙伟在接受笔者采访时是这样表达对其理解的："我们在做中国的国际传播，希望能将中国的正面、积极、准确的形象传播到海外，同时也希望我们的受众和我们一起成长。所以这个未来的概念既是包括我们传播对象的未来，我们传播体的未来，也是包含了我们受众的未来。希望中国和上海的发展能够更加有助于我们的社会的未来。"准确理解企业核心理念，正是意味着 ICS 企业化过程中文化坚冰的消融。

7.3.2.3 整合媒体平台

在当今信息爆炸的时代里，多种媒体并行，有力地改变人们的信息获取渠道，全方位地占据着人们的目光、感知和意识。因此，光靠传统的电视媒体已经不能满足受众们愈来愈挑剔而多样化的需求。

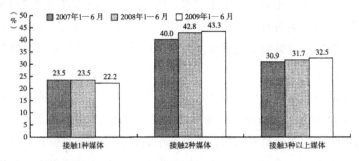

图 7-5　接触不同数量媒体受众占比的变化（2007—2009）

（来源：《传媒蓝皮书·2010 年：中国传媒产业发展报告》）

近年来，新媒体迅速崛起，成为主流媒体的重要组成部分。所谓"新媒体"，是指以数字技术、网络技术、信息技术为基础，以有别于传统传播方式运作的媒体新形态。新媒体可以实现双向互动、自主点播，受众既是信息接收者又是信息发布者；能够即时多渠道传播、多方式转载、海量传播。新媒体的出现，使得人们在任何时候都能从网络或者移动通讯设备中获取喜爱的节目内容。这就深刻改变了人们的信息接收方式和习惯，更易于为年轻一代所接受。因此，抓住新媒体就等于抓住了传达中国声音的新窗口，就可以有效增强传媒的覆盖力和影响力。

ICS 也应搭上新媒体的快车，在网络、手机等应用终端达到跨越式发展。ICS 总监孙伟在谈到对于 ICS 未来几年发展愿景时说："希望 ICS 成为本地的老外——无论是游客还是外籍居民——获取本地信息的第一来源、最权威的来源，不光是电视的，而且是全媒体。频道短期内除了报纸不会做，将来都希望在其他媒体应用终端上有所收获，比如网络、手机、微博等。"目前，ICS 的在线点播功能已经能很方便地从外语频道官网上得到，而在其他方面涉足的发展，就需要我们拭目以待了。

表 7-2　五大媒体日均接触时长及其占比

项目	2007 年 1—6 月		2008 年 1—6 月		2009 年 1—6 月	
	接触时长	占比	接触时长	占比	接触时长	占比
电视	176.3 分钟	60.3%	179.5 分钟	59.4%	177.1 分钟	58.6%
互联网	60.1 分钟	20.5%	72.2 分钟	23.9%	77.9 分钟	25.8%
报纸	37.8 分钟	12.9%	34.7 分钟	11.5%	32.9 分钟	10.9%
广播	14.8 分钟	5.1%	12.1 分钟	4%	10.9 分钟	3.6%
杂志	3.5 分钟	1.2%	3.7 分钟	1.2%	3.6 分钟	1.2%
总计	292.5 分钟	100%	302.2 分钟	100%	302.4 分钟	100%

（来源：《传媒蓝皮书·2010 年：中国传媒产业发展报告》）

7.3.2.4　打造纪实品牌

纪录片被称为"一个国家的相册"，智利导演帕特里西科·古兹曼说："A country without documentaries is like a family without a photo album."纪录片的题材从来都与国家主流的生活有关。因此，对于地方性英语电视频道，身负对外传播重任，从长远考虑，纪录片就该是最不能被忽视的一项重要环节。

近年来，纪录片正在成为吸引我国广大观众眼球的新兴片种。然而，据国家有关部门统计，在每年我国各级电视台播出的纪录片中，来自海外的纪录片总长达到了 1.5 万—2 万小时，而国产纪录片总量只有区区 1 000 小时。这样巨大的反差，无怪乎现在的年轻人对自己国家的了解还不如对欧美西方国家的了解来得深入和透彻。

因此，在 2010 年 12 月 7 日举行的"2010 中国（广州）国际纪录片大会"上，国家广播电视总局副总编辑、宣传管理司司长金德龙透露，广电总局日前已经出台《关于加快纪录片产业发展的若干意见》，意见要求大力繁荣国产纪录片创作生产，同时也明确表示要加强和改进对中国纪录片播出市场的管理。金德龙司长表示："纪录片是一个国家文化产业发展和文化'软实力'建设的重要一环，我们要为中国纪录片更好地走向市场、走向国际创造条件，搭建平台。"根据该文件的要求，广电部门将对引进海外纪录片实行"总量控制"。各级电视播出机构每天播出国产纪录片与引进纪录片比例不得低于 7：3。

此前，纪录片在 ICS 中也时有踪影。2010 年 12 月 8 日，也就是披头士成员约翰·列侬去世 30 周年纪念日，ICS 也曾第一时间从英国 ITV 引进了最新出炉的纪录片《约翰·列侬离去的那一天》，并于当晚全球同步播出。此前，ICS 还曾引进《温莎——女王的城堡》等珍贵的纪录片，揭开英国王室千年面纱，展现了温莎不为人知的生活，并邀请查尔斯王子带领观众游览温莎古堡的美景。这些都是外语频道在纪录片之路上的成功之作，都体现了一个国际都市的对外媒体所应有的高度和风范。但是作为一个国家的隐性形象宣传片，如果光有国外输入，而没国内输出，那么国人将如漂浮于世的浮萍般，难以找到自己的根基。

ICS的国产纪录片路程虽然起步较晚，但是已经很好地做到了用特殊视角诠释中国内容，比如从2011年大年初一开始每天播放的纪录片《大白兔奶糖3D看世博》，以3D镜头捕捉上海世博会精彩瞬间，分成6集，从中国馆、其他世博场馆、世博演艺、世博景观、世博美食、世博未来等角度全方位记录世博的点滴。虽然此前也曾有电视台播放过3D相关节目，但是由本土原创的3D节目在电视台播出这还尚属首次。

由于纪录片在对外传播中所处的特殊地位，国际视角特别重要，也就是要学会"用世界语言讲述中国故事"。具体来说，则是要求纪录片在策划中具有全球意识，在内容呈现上具备比较意识，在节目形式上有故事意识。[1]当然，单从纪录片数量来论，上海电视台的纪录片频道占有更多资源优势，但是外语频道而且两个频道的主要受众群有部分相同，因此也可考虑两个频道之间在纪录片方面的资源互补，相信能呈现给观众更宏大的视觉盛宴，两个频道也能由此取得更满意的收视与收益。

7.3.2.5 定位精准明确

我国的受众市场目前还处在大众受众时代向细分受众时代过渡的阶段，并且细分程度因地区不同而异。我国受众群的分化不是很明晰，那些高地位、高文化、高收入阶层人群围于工作，无暇看电视，电视主要观众是那些地位、收入、文化层次较低的群体。中国60%以上的人只具有初中文化水平，把看电视当作消遣成了一种思维定势，他们的收视习惯差异不大，主要以影视剧、新闻、娱乐节目为主。

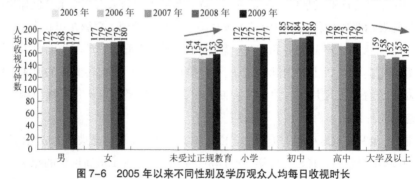

图7-6　2005年以来不同性别及学历观众人均每日收视时长

（来源：《传媒蓝皮书·2010年：中国传媒产业发展报告》）

---

[1]　王庆福：《国际视角与中国纪录片对外传播策略》，载《电视研究》2010年11月版。

而英语频道的主要目标受众除了少数在华的外国人，主要还是具有较高文化知识水平的华人。比如 ICS 的主要受众就是 20—45 岁的中青年。他们大多正处在学业和事业的高峰，真正把时间分配在传统电视上的人少之又少。

根据《传媒蓝皮书·2010 年：中国传媒产业发展报告》，2009 年电视整体收视市场的观众中，最突出的仍然是青年和老年观众收视量变化继续向两极分化。15—34 岁观众人均每日收视时长进一步萎缩，其中 15—24 岁观众的收视时长萎缩更加明显，近两年以 6—7 分钟的幅度逐年减少。与之相反，45 岁以上的中老年观众不仅是收视的主力，而且其每日收看电视的时长还在持续增长，其中 65 岁以上老年观众的日均收视时长最长且连年增长最多，从 2006 年以来已经增长了 13 分钟。

在老年观众和年轻观众收视两极分化的同时，不同学历水平观众的收视时长也表现出相似的趋势，未受过正规教育的低学历观众的日均收视时长 4 年来增长了 6 分钟，而大学及以上的高学历观众的日均收视时长则减少了 10 分钟。

划分受众，仅仅依靠内容的简单划分已经远远不够。在内容划分之外，还需要建立一整套契合于目标受众群文化期待和价值体系的理念原则。基于这个原则，外语频道仅仅将目标受众定位于"20—45 岁的中青年"还远远不够。2010 年的优唯调研中，ICS 观众以 18—35 岁的年轻人为主，近九成 ICS 观众拥有本科及以上学历，近 50% 的观众为外企职员。他们喜欢享受生活，追求时尚，容易接受新事物，热衷投资与消费，并且具备相当的消费能力。了解这些基本特质，也就不难理解"白领白话"等新节目从开播以来就得到相当比重的观众热捧了。

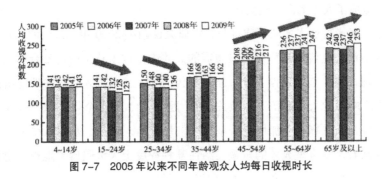

图 7-7　2005 年以来不同年龄观众人均每日收视时长

（来源：《传媒蓝皮书·2010 年：中国传媒产业发展报告》）

如果要进一步加强调研，对于受众的分类还应细化。不同的性别、不同的家庭收入都是造成不同收视习惯的重要原因。又比如在 2010 年 ICS 邀请优唯对其进行的市场调查中，就将中国本土受众按职业细分到"国企 / 事业单位干部"、"国企 / 事业单位职员"、"外企管理人员"、"外企职员"、"私企管理人员"、"私企职员"、"专业人士"、"学生"等较为细分化的小群体，每个群体的收视比率一目了然，若能在今后就这些群体的划分得出他们分别在各个时段的精确收视率，相信由此得出的精准定位定会对节目的时间和内容编排有更可期待的收获。

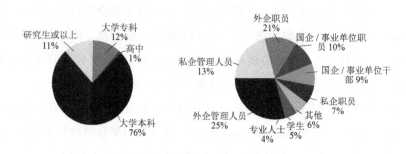

图 7-8　ICS 受众的学历分布　　图 7-9　ICS 受众职业和职位分布图

7.3.3　上海电视台外语频道媒体绩效方面的对策

7.3.3.1　注重复合人才

传媒的竞争说到底是人才的竞争。科技进步降低了传播设备的制造成本，主流媒体的硬件差距正在不断缩小，媒体间的竞争越来越依赖人才的创造力。由于许多传媒沿袭的依然是计划经济时代的用人机制，没有为人才施展一技之长提供空间，任人唯亲，硬性搭配，干多干少一个样，长此以往使得很多本来身怀绝技的人才自甘平庸，造成了人才的大量浪费。

根据广播影视业人才队伍建设与管理研究课题组 2010 年 6 月份的调查数据得出结论：各地市广电传媒认为目前最急需的人才中，位于首位的是复合型人才，其次是经营管理人才、艺术创作人才、新闻宣传人才、技术人才等。在课题组问卷中回答"促进广电行业人才队伍发展最关键的因素是什么"这个问题时，36.36%的地方广电局（台）长选择了"加快复合型人才的培养"。可见，从用人单位在工作中产生的问题来看，复合型人才的短缺已经在某种程度上大大阻碍了地市广电传媒产业的快速发展。对于人才问题，可以采取以下对策：

（1）健全人力资源管理，合理职业发展规划。传媒人才是产业的核心竞争力，建立健全人力资源管理体系才能长久地保障媒体人才，为人才发展提供足够的空间。重视员工个体的职业发展规划，是培养并且留住优秀员工最好的手段之一。地市广电传媒机构要根据自己的战略发展需要，分析机构核心团队和业务骨干的现状，结合广电地市传媒自身的实际状况，为员工量身定制短期培训计划和长期发展规划。定期开展一定量的员工培训和学习项目，或借助已有丰富培养经验的专业机构委托培训，或者邀请院校教授、业内专家上门授课，组织行业技术学习考察等，通过多种途径和形式开展不同层次的培训，进一步开阔视野，活跃思维，形成一条畅通的复合型人才成长通道。

（2）加强人才流动，强化绩效管理。近年来，东方传媒（集团）有限公司在进行业务资源整合的同时，集团人力资源的整合也在有条不紊地进行。SMG 人力资源负责人表示，原来集团的人才流动比较小，主要是因为集团内部的岗位设置和社会没有完全对接。经过整合，集团与社会岗位设置完全对接，人才在集团内外的流动更加顺畅。此外，SMG 提出了专业岗位和管理岗位"两条线"的竞聘思路，为记者、编辑、播音员、主持人等专业岗位设置了助理、高级、首席等多个职位。在新的岗位设置下，一些员工辞去管理职务，专心做业务。与专业岗位相配套的是绩效考核，集团每月对员工业绩进行考核，月底公示考核成绩，到年底绩效不合格的员工将被降职。绩效考核增加了透明度，有效激发了员工的积极性。

图 7-10　ICS 品牌栏目《车游天下》
在 2008 年得到的频道奖牌

ICS 频道每年也会都有一到两次的频道评奖，颁发给表现优秀的个人或栏目组，奖项名额并不在少数，也没有固定的百分比，主要是鼓励大家的工作积极性。如图 7-10，为 ICS 品牌栏目《车游天下》在 2008 年得到的频道奖牌。只有进一步加强绩效考核，加强主观考核，员工绩效真正落到实处，才能从基层提高频道层次和质量。

（3）定向培养潜在人力资源。电视台作为一个经验密集型单位，大部分工作对员工的实践能力尤为考验。而电视台的招聘机制中应届毕业生还是多数，他们从高校直接走向工作单位，虽然通过了层层笔试、面试，但实践能力和知识结构离岗位所需还相去甚远，短期的岗前培训毕竟难以满足工作需求，大多数还是需要在工作中进行老人对新人的带教培养。这种新老帮带的定向培养模式尤其适用于复合型人才第二专业的学习实践和提高。电视台可以通过签约结对、目标考核的方式,指定由经验的优秀老员工和定向培养对象结对,依托以师带徒的方式,在实践中传授优秀员工积累多年的理论知识和实践经验。这样可促使培养对象尽快进入角色,有效缩短培养周期,从而加速复合型人才的成长进程。

若能有条件地与相关高校结对,对以后有志于从事电视事业的大学生和研究生进行长期培养,在他们学业间歇的假期,为其提供亲身接触电视的机会,将对于广电行业从业人员的素质保障有很大益处。比如,外语频道的很多实习生来自于复旦大学和上海外国语大学,因为这两所学校的新闻传播学院学生有着较为扎实的理论基础和外语水平,他们中的很多人具备被培养成明日电视人的基本素质,况且从 ICS 现有的人员结构上来看,也有相当一部分优秀员工毕业于这两所院校,因此可以考虑与这些学院结成实践联盟,定期派出部分优秀员工走到学校中去,也邀请优秀学生假期进到电视台来,两相结合,对于双方的长远发展都是有所裨益的。

（4）定期轮岗形成良性交流。实施轮岗制度,选择优秀员工进行重点培养的同时让他们在不同的岗位上交叉任职,进行多岗位的锻炼。上海外语频道也要求每个新进员工到至少一个部门轮岗半个月到一个月。这样做,一来可以使他们更快地适应环境了解整个频道的概况,二来能更好地提高他们的综合素质,可谓是塑造复合型人才经济又有效的方法。当然,如果为了形成更好的良性交流,外语频道还应搭建各种平台,形成合理的人才横向移动,可以有计划、有目标地选配一些优秀人才在系统内部交叉任职,内部轮岗;也可以选派部分员工到传媒相关的院校、科研机构等单位进行异地轮岗交流培养;还可以选派优秀员工到国外进行参观、公派留学、交流讲学等,开展国际交流培养。[1]

7.3.3.2　鼓励节目创新

就广电节目创新而言,几乎能够领导国际潮流的西方大型传媒公司,每年都要拿出广告收入的 5% 用于购买创意方案和样片,而创新的成功率不足 1%。以 CBS 为例,它每年都要投 1 亿美元公开招标,从其节目外部或外界的制作公司征集 1 000 个创意方案,节目部负责从中选出 100 个方案,要求提案者进一步完善并提供前 6 集脚本,再从这 100 个方案中选出 25—30 个,提出改进意见,然后提供经费让提案者做样片。样片先在观众中进行测试,根据观众反映,最后将满意度最高的 8 个节目作为年度

---

[1]　吴蓉:《地市广电传媒复合型人才培养刍议》,载《中国广播电视学刊》2010 年 11 月版。

新节目推出。国内只有央视提出 2011 年起每年拿出 1 亿元人民币用于节目研发，约占广告收入的 1%。[1] 而在 2010 年 7 月 21 日，上海电视台外语频道所属的上海广播电视台、东方传媒集团有限公司也出台了《上海广播电视台、东方传媒集团有限公司节目研发资金管理办法》（试行），以此来规范研发流程，降低机会成本，鼓励节目创新，促进内容提升。由上海广播电视台、东方传媒集团有限公司出资初始资金 1 000 万元，主要对象为台、集团公司内的个人、团队、事业部和子公司，经台、集团领导批准，同时也可兼顾台、集团公司外的个人和法人组织。

该办法设立了对于节目创意激励、节目方案撰写资助、节目样片制作扶持三个方面的资金扶持，经节目研发资金管理小组审批和筛选，分别给予三者 500—5 000 元 / 个，1 000—30 000 元 / 个，20 000—200 000 元 / 个的资金进行奖励和资助，这些形成的创意、方案和样片版权归台、集团所有，进入台、集团节目研发资料库。而这个台、集团研发资金管理小组由台、集团主要领导，总编室、发展研究部、广告经营中心、财务部、人力资源部、技术管理部、法务部、版权中心和相关事业部负责人组成，台、集团节目研发中心为资金管理小组的办事机构。而研发中心建立由退休和在职资深编导、制片人以及相关领域学者和有影响力人士组成的专家小组，参与节目方案和样片制作的辅导和评审，出具评审报告；建立由目标受众、广告商等组成的客户小组，参与对节目方案和样片的市场测试，出具测试报告。同时，该办法还规定了绩效考核标准，对台、集团节目研发资金管理小组，以年度为单位，对创意、文案、执行方案和样片的积累数，以及台、集团审片委员会审查结果两项指标，进行考核。而对台、集团公司所属事业部、子公司，将节目创新数量、节目创新效果和节目研发资金的使用和成效作为绩效指标之一，进行考核。从该文件实施开始，SMG 各频道的新节目研发方案层出不穷，从 2010 年第 30 周到 38 周，东方广播公司和艺术人文频道分别提交了 13 份研发方案，东方卫视也提交了 10 份，而同时段 ICS 提交了 3 份。显然，在研发方面，ICS 的整体创新意识还需要进一步加强。

集团政策的扶持、资助、激励也触发了各频道的调研和创新意识，外语频道于 2011 年 1 月 1 日——频道的 3 周岁之际进行最新改版。频道总监孙伟表示，在这次改版前一年也就是 2010 年，ICS 花费了一笔可观的支出请专业机构为频道做过为其一年的深入细致的收视率调查，对象主要是上海的外籍人士和上海本土目标观众群，

---

[1]　张君昌：《试论未来广电改革的五个方向》，载《电视研究》2010 年 10 月版。

共分四期报告将外语频道改版前的收视情况详实地展现出来。

之前的 ICS 主要采用业内通用的索福瑞（CSM）收视率测量方法，无法获取对频道受众构成、观看质量、品牌印象及广告效果等方面的信息；与总体人群相比，ICS 目前的受众群范围较窄，CSM 的样本库不具备足够的代表性，信息收集十分有限。为了进一步了解受众构成、收视情况、广告投放效果等信息，为频道未来的发展战略提供参考，同时评估 ICS 的媒体价值，为广告销售提供数据支持，ICS 委托上海优唯市场研究咨询有限公司与 Research Now 共同进行了一次调研，优唯在线招募了600 多名 ICS 观众，建立了调研的样本库，以此来对 ICS 观众进行人群特征分析，了解频道及主要节目的收视情况和观众对节目的评价，同时也对广告（包括硬广告和植入式广告）的投放效果进行分析和评估，更能掌握 ICS 观众的购买行为与品牌偏好，并与广告收视情况进行对比分析。

第 8 章　结论与展望

本书在分析媒体具有公共物品属性的基础上，根据公共服务供给的多中心理论，提出了媒体服务供给的多中心模式，将多中心模式在媒体提供、媒体生产和媒体绩效三个方面进行了具体分析，并将媒体供给的多中心模式应用于上海电视台外语频道，分析其媒体供给的问题并提出了具体的对策。本章对媒体服务供给公共治理研究的主要结论与学术价值进行总结性评价，力求客观地分析本研究过程中的不足之处，并进一步提出媒体服务供给公共治理研究需要进一步讨论的问题和领域。

8.1　媒体服务供给公共治理研究的主要结论与学术价值

本书的研究以新公共治理的视角，将公共服务供给的多中心理论运用于媒体服务供给。在此基础上，本书进行了媒体服务供给的公共治理研究，现将主要结论与学术价值进行梳理。

8.1.1　建构了媒体服务供给公共治理的理论架构

公共服务需要在不同部门之间平衡责任的分担，形成互利和互补的网络信任关系，但毫无疑问，政府部门必须处于建立资源共享机制、制定明确契约的主动地位，这样，一个公私混合、功能互动的公共服务提供系统才能最终形成。本书在新公共治理的视角下，提出了政府主导的媒体服务供给公共治理模式、市场主导的媒体服务供给公共治理模式和公共主导的媒体服务供给公共治理模式，建构了媒体服务供给公共治理的理论架构（见第 3 章）。

8.1.2　进行了媒体提供、生产与绩效的公共治理分析

本书根据媒体服务供给公共治理的理论框架，分别以网络媒体、电视媒体和报纸媒体为例，进行了媒体提供的公共治理分析（见第 4 章）、媒体生产的公共治理

分析（见第 5 章）、媒体绩效的公共治理分析（见第 6 章），将新公共治理中的公共服务提供的多中心模式应用于媒体供给，在分析了网络媒体提供的问题、电视媒体生产的问题和报纸媒体绩效的问题的基础上，分别提出了网络媒体提供的公共治理对策、电视媒体生产的公共治理对策和报纸媒体绩效的公共治理对策。

8.1.3　开展了媒体服务供给公共治理的实践运用

本书第 7 章将媒体服务供给公共治理的理论框架应用于上海电视台国际频道，从新公共管理的视角，分析上海电视台国际频道在媒体提供、媒体生产和媒体绩效等方面存在的问题，并有针对性地提出了治理视角下的对策建议。

8.2　媒体服务供给研究的不足之处与原因分析

在秉承新公共治理的理念下，本书的分析和论证以"自圆其说"的理论建构和实践运用为基本原则，坚持做到研究的规范性和分析的合理性，但由于种种现实原因和能力所限，本书在研究过程中依然存在着一些问题与不足。

8.2.1　内部文献资料的获得与文献综述存在不足

本书的研究借鉴了大量前人相关的研究成果，但对世界各国媒体现状及其管理的内部文献资料的挖掘仍不够全面，相关数据的使用也存在不尽如人意之处。其原因：①由于内部资料与商业秘密和政府的档案管理制度有关，非个人能力可以获得，而本书需要的大量数据尚未公开，只能根据公开的不完整数据和部分网络资源进行分析；②内部资料涉及面广、数据众多、极其分散，甄别难度较大，这也是造成本书内部资料不足的重要原因。本书的文献综述部分的针对性有一定缺陷，对他人观点说明性的描述较多，评论性的描述较少，对国外媒体治理领域的研究存在一定不足，未能全面总结一些有价值的经验和教训，对存在的问题也未能敏锐把握。这一方面是因为本书着力构建一个新的较为全面的治理模式，其中已包括对原有研究的借鉴与批判；另一方面也与本人未能全面深刻地对前人研究进行深入研究与透彻领悟有关。

8.2.2　实证研究方法的应用与创新存在不足

本书对于定性和思辨的研究方法运用得比较成熟，并力求定性与定量研究的结合，但对实证和定量的研究方法仍使用较少，自己创新的研究方法就更加不足。其主要原因在于，本研究是首次把新公共治理的理念运用于媒体宏观管理，力图构筑媒体供给的新公共治理模式，并将之用于上海电视台国际频道的实际案例分析之中。归纳与应用尚且不易，创新的难度就更加显而易见。另外，虽然本人进行了"报纸绩效管理问卷调查"的独立调查与数理统计，但由于回收问卷存在诸多不规范，得出的结论参考价值不大，也限制了实证研究的进一步开展。

8.2.3 部分研究内容的规范与前瞻存在不足

本书的整体研究规范严谨，在媒体提供、媒体生产和媒体绩效的公共治理对策方面提出了一些前瞻性的观点并加以论证，但媒体公共治理研究的理论框架略显宏大：框架宏大的好处是系统周全、面面俱到，而其不足和缺点就是"贪多务得，细大不捐"，结果也许就是"挂一漏万"，有时反而不如深入地探讨某些细致的小问题并达到"举一反三"的论说目的来得清晰明快。当然，本书是从一种全新的理论视角探讨媒体服务供给的一般规律，试图揭示媒体服务供给的理想模式，理论框架的建构是必要的，其成熟和完善需要时间的检验和继续的努力。

手机媒体功能的扩展和迅速普及，其移动终端的媒体定位日益清晰，在三网融合的努力及其美好前景的鼓励下，手机已成为重要的媒体研究内容之一，但限于作者的研究水平和精力，未对手机媒体的公共治理进行分析，以至于本书对媒体服务供给的研究主要限于"传统媒体"的范畴。这虽与手机的功能扩展与价值显现尚未完全展开有关，但也明显构成本书的研究不足。

8.3 特大活动管理研究的后续领域与远景展望

鉴于本书所依据的主要理论与实践仍然是一个"年轻的学术领域"，新公共治理视角下的媒体服务供给研究在我国乃至全球范围尚没有规范开展，本书虽然对媒体服务供给的公共治理模式进行了初步研究，但除了在现有领域进一步深化研究之外，依然存在许多有待进一步深入进行的研究领域，这里择其要者简要讨论。

8.3.1 研究媒体服务供给结构的国别差异及其影响

从总体上看，全世界范围内，媒体多数由家族和国家拥有。来自国外的宏观研

究表明 [1]，在 97 个样本国中，仅有 4％的媒体企业由大众控股。不到 2％的企业有其他的所有制结构，仅有 2％的企业由员工拥有。控制报纸的家族占 57％，控制电视台的家族占总数的 34％。国家所有权也非常巨大。国家平均控制着大约 29％的报纸和 60％的电视台。国家占有顶级无线电台巨大的份额——72％。根据这些发现，可以将所有制分为三种类型：国有，私有（包括家族、大众和员工三种）以及其他。[2]但不同国家媒体服务供给状况呈现出明显差异，这些差异形成的原因是什么？这些差异会产生怎样的影响？

8.3.2 研究媒体产权制度的成因、影响及其发展趋势

由于历史和现实的原因，各国都有着不同的媒体服务供给格局。不同的媒体所有制类型与不同的经济、政治和社会结果相联系。有学者的研究表明 [3]，媒体国有化程度越高的国家媒体自由越少，公民的政治权利越少，参与政府的管理越差，市场发展也越缓慢，教育和卫生领域的成果也越少。政府所有制对政治和经济自由的副作用对报纸比对电视的影响更大。政府媒体垄断与贫穷的结果相联系，尤其是聚焦社会结果时。最后，没有可检测的证据显示，媒体更高国有化能带来任何利益。尽管证据不能被清楚地解释其因果关系，但它通过经济发展水平、经济国有化和独裁程度的广泛控制而获得。在不同的社会制度下，媒体产权变化的趋势将是一个重要的研究领域。

中国的媒体服务供给现状的形成有其历史必然性，在社会政治、经济和文化生活领域发挥了重要且积极的作用，当然也存在一定问题。研究中国媒体服务供给的理想状态及其实现路径，将是中国媒体研究学者的重要课题。

8.3.3 研究媒体服务供给的网络治理模式及其实现路径

随着社会、政治和经济变化过程的相互依赖性、偶然性和不确定性的凸现，治理过程已经不局限在政府的正式结构之中，公共政策的制定和执行是通过大量的正式和非正式的机构、机制和过程来完成的。作为对传统的政府与市场二分法的超越，

---

[1] Simeon Djankov, Caralee McLiesh, Tatiana Nenova 和 Andrei Shleifer，谁拥有媒体？http://post.economics.harvard.edu/hier/2001papers/2001list.html。

[2] 其他的控制实体如雇员组织、工会、政党、教会，而不是非营利基金会和商业协会。

[3] Simeon Djankov, Caralee McLiesh, Tatiana Nenova 和 Andrei Shleifer，谁拥有媒体？http://post. economics.harvard.edu/hier/2001papers/2001list.html。

网络治理的核心思想是治理过程，已经不再局限于政府的正式结构之中。治理是一系列公共和私人行动者在信任互动的基础上通过公开的协调以实现资源组合的优化，最终达成善治目标的过程。由于它综合考虑了政府层面与非政府层面有关治理的众多用法，它对当前公共治理的发展路向做出了很好的预示，网络治理在新的社会历史条件下为众多的行动主体彼此合作、共同参与公共事务管理提供了一种具有启发性的理论视野和一个具有可操作性的实践框架。因此，它对我国的媒体服务供给改革与管理创新具有重要的指导意义。[1] 当然，作为一种全新的治理模式，其走向成熟与完善需要一个过程，在当前的理论研究与实践操作中仍面临着许多矛盾和困境，例如网络治理的界限、政府的角色定位、合法性与责任性的张力、网络治理的绩效评估、媒体管制与新闻专业主义的协调等，这些仍需要学者进一步研究与规范。

---

[1]　何植民、齐明山：《网络化治理：公共管理现代发展的新趋势》，载《甘肃理论学刊》2009 年 5 月版。

参考文献

1. 艾瑞网：《搜狐上市时的股权分布状况》，http://news.iresearch.cn/charts/30531.shtml。

2. 《CCTV 外语频道实现体制并轨走上传媒变革破冰之旅》，中国网软件，http://www.platinumchina.com/NewsInfo.aspx?Type=1&Tid=1022&id=11。

3. 蔡雯：《美国新闻界关于公共新闻的实践与争论》，载《新闻战线》2004年第 4 期。

4. 蔡雯、陈卓：《试论报网互动的基本模式》，载《现代传播》2007 年第 5 期。

5. 蔡钰、吉颖新：《SMG 破界》，载《中国企业家》2010 年 12 月版。

6. 常永新：《传媒管制与传媒集团公司治理模式的构建》，载《南开管理评论》2003 年第 1 期。

7. 常永新：《中国传媒集团公司治理模式探析》，人民网，http://www.people.com.cn/GB/14677/22114/26417/26443/1752520.html。

8. 陈怀林：《九十年代中国传媒的制度演变》，载《二十一世纪（香港）》1999 年 6 月号总第 35 期。

9. 陈力丹：《关于媒介经济的若干问题》，载《新闻界》2005 年第 3 期。

10. 陈信凌：《国内电视媒体制度变迁与绩效评估研究》，南昌大学 2006 年博士学位论文。

11. 程晓萱：《报网互动中的网络媒介呈现与受众参与》，载《武汉理工大学学报（社会科学版）》2008 年 12 月版。

12. 《传媒航母的远征之路——解读 SMG 发展轨迹》，中国文明网，2010 年 10 月 22 日。

13. 崔保国：《传媒蓝皮书·2010 年：中国传媒产业发展报告》，社会科学文献出版社 2010 年版。

14. 崔保国、周逵：《中国传媒业的现状与动向》，载《中国报业》2010 年 4 月版。

15. 崔保国：《传媒蓝皮书·2013年中国传媒发展报告》，社会科学文献出版社2013年版。

16.[美]戴维·奥斯本、特德·盖布勒：《改革政府：企业家精神如何改革着公共部门》，周敦仁等译，上海译文出版社2006年版。

17. 丁汉青：《论媒介产品性质的动态变化》，载《国际新闻界》2008年第9期。

18. 窦宝国：《世界报业发展趋势及我国报业发展前景与对策》，载《中国报业》2009年12月版。

19. 樊丽明、石绍宾：《中国公共品自愿供给实证分析》，载《当代财经》2003年第10期。

20. 冯广超、冯应谦：《世界公共电视的生存及其争议》，载《中国传媒报告》2005年第1期。

21.[美]盖伊·彼得斯：《政府未来的治理模式》，吴爱明等译，中国人民大学出版社2001年版。

22.[美]格里·斯托克：《作为理论的治理：五个论点》，载《国际社会科学杂志（中文版）》1999年第2期。

23.[法]格扎维尔·梅理安：《治理问题与现代福利国家》，载《国际社会科学杂志（中文版）》1999年第2期。

24. 郭春甫：《公共部门治理新形态——网络治理理论评介》，载《宁夏大学学报（人文社会科学版）》2009年7月版。

25. 郭庆光：《传播学教程》，人民大学出版社1999年版。

26. 郭全中：《传媒集团战略与管理体制研究》，安徽大学出版社2010年6月版。

27. 郭全中：《媒体失败七宗罪》，载《新闻前哨》2010年第3期。

28. 郭镇之：《欧洲公共广播电视的历史遗产及当代解释》，载《国际新闻界》1998年第8期。

29. 顾建光：《公共经济原理》，上海人民出版社2007年版。

30.[美]哈贝马斯：《公共领域的结构转型》，曹卫东译，学林出版社1999年版。

31. 何海明：《论媒体产品与媒体的广告产品》，载《电视研究》2005年第1期。

32. 黄春平：《美国商业电视内容监管》，载《传媒》2010年7月版。

33. 姜红：《英国公共广播电视体制：困境与变革（上）》，载《电视研究》1998年5月版，第52页。

34. 李放：《中国传媒产业发展研究》，北京交通大学 2009 年博士学位论文。

35. 何植民、齐明山：《网络化治理：公共管理现代发展的新趋势》，载《甘肃理论学刊》2009 年 5 月版。

36. 胡正荣、李继东：《我国媒介规制变迁的制度困境》，载《新闻大学》2005 年第 1 期。

37. 荆林波：《阿里巴巴集团考察：阿里巴巴业务模式分析》，经济管理出版社 2009 年版。

38. 李良荣：《当今世界的三大电视体系》，载《新闻大学》2000 年第 2 期。

39. 李良荣：《论中国新闻媒体的双轨制——再论中国新闻媒体的双重性》，载《现代传播》2003 年第 4 期。

40. 李良荣：《公共利益是中国传媒业的立足之本》，载《新闻记者》2007 年第 8 期。

41. 李良荣、方师师：《"双转"：中国传媒业的一次制度性创新》，载《现代传播》2010 年第 2 期。

42. 李维安、周建：《网络治理：内涵、结构、机制与价值创造》，载《天津社会科学》2005 年第 5 期。

43. 李维安、常永新：《中国传媒集团公司治理模式探析》，载《天津社会科学》2003 年第 1 期。

44. 李文明：《传媒商业化倾向问题与解决方案》，载《中国报业》2008 年 2 月版。

45. 李啸英：《网络社会的政府治理》，北京邮电大学 2008 年硕士学位论文。

46. 李艳华：《中国传媒产权的非国有成分研究》，华中科技大学 2008 年博士学位论文。

47. 李亚平、李海编选：《第三域的兴起》，复旦大学出版社 1998 年版。

48. 梁宁：《英、日、法三国公共电视财税体制及相关问题研究》，载《中国广播电视学刊》2004 年 3 月版。

49. 刘东、卞琳、高俊山：《中外媒介集团公司治理结构比较研究》，载《新闻与传播》2004 年第 10 期。

50. 刘丽君：《协作与网络化治理视角下的公共服务供给机制的创新研究》，载《湖北成人教育学院学报》2010 年 11 月第 16 卷第 6 期。

51. 刘劲松：《公共性：都市类报纸角色的缺失与重建》，载《深圳大学学报（人文社会科学版）》2010 年 3 月版。

52. 刘伟伟：《政治控制、市场竞争与中国地方党报的影响力（1978—2009）》，南开大学 2009 博士学位论文。

53. 刘正荣：《把握网络舆论引导的难点和着力点》，载《中国记者》2010 年第 7 期。

54. 林爱珺：《在信息公开中建构政府、媒体、公众之间的良性互动关系》，载《现代传播》2009 年第 2 期。

55. 林闽钢：《社会学视野中的组织间网络及其治理结构》，载《社会学研究》2002 年第 2 期。

56. 林泽勇：《从媒介属性看媒介产权改革》，传媒学术网，2003 年。

57. 陆地、高菲：《中国建立公共电视的总体思路、模式和路径》，载《声屏世界》2005 年 8 月版。

58.[美] 罗伯特·W·麦克切斯尼：《富媒体穷民主——不确定时代的传播政治》，谢岳译，新华出版社 2004 年版，第 125 页。

59.[美] 罗茨：《新治理：没有政府的管理》，杨雪冬译，载《政治研究》1996 年第 154 期。

60. 马秋枫、支庭荣：《传播社会化与中国新闻事业改革》，载《中国新闻研究中心》2005 年第 7 期。

61. 马胜杰、夏杰长：《公共经济学》，中国财政经济出版社 2003 年版。

62. 米燕：《1978—2008 中国报业经营管理发展概况》，华中科技大学 2008 年硕士学位论文。

63. 欧阳友权：《市级电广传媒研究》，中国广播电视出版社 2008 年 11 月版。

64. 潘祥辉：《媒介演化论：历史制度主义视野下的中国媒介制度变迁研究》，中国传媒大学出版社 2009 年版。

65. 潘忠党：《传媒的公共性与中国传媒改革的再起》，载《传播与社会学刊》2007 年第 4 期。

66.[美] 吉莉安·道尔：《理解传媒经济学》，李颖译，清华大学出版社 2004 年版。

67. 剑飞：《频道制：电视媒体与时俱进的明智选择》，载《南方电视学刊》2005 年 7 月版。

68. 姜进章：《创建全媒体工作平台、实现媒体生产方式变革》，载《工业工程与管理》2009年6月版。

69.金碚：《报业经济学》，经济管理出版社2007年3月版。

70.彭永斌：《传媒产业发展的系统理论分析》，西南财经大学出版社2004年版。

71.曲江滨、刘伟：《媒体产品的经济学解读》，载《石家庄铁道学院学报（社会科学版）》2008年6月版。

72.全球治理委员会：《我们的全球之家》，牛津大学出版社1995年版。

73.彭正银：《网络治理：理论与模式研究》，经济科学出版社2003年版。

74.冉华、梅明丽：《中国传媒产业发展的现实困境——兼论文化体制改革背景下的传媒体制改革》，载《武汉大学学报（人文科学版）》2007年11月第60卷第6期。

75.日本民间放送联盟：《日本广播电视手册》，秦建、李俊译，中国广播电视出版社2002年5月第1版。

76.[美]萨缪尔森：《经济学（第18版）》，萧琛译，人民邮电出版社2008年版。

77.[美]萨瓦斯：《民营化与公私部门的伙伴关系》，周志忍等译，中国人民大学出版社2002年版。

78.桑翔：《中国媒体融合的现状、模式和趋势研究》，华东师范大学2009年MPA学位论文。

79.[美]施拉姆：《报刊的四种理论》，中国人民大学新闻系译，新华出版社1980年版。

80.[美]斯蒂芬·戈德史密斯、威廉·D·埃格斯：《网络化治理：公共部门的新形态》，孙迎春译，北京大学出版社2008年版。

81.[美]斯蒂格利茨：《经济学》，梁小民译，中国人民大学出版社2000年版。

82.孙玮：《现代中国的大众书写——都市报的生成、发展与转折》，复旦大学出版社2006年版，第31—32页。

83.孙旭培：《从萨斯危机看新闻自由与保守国家秘密》，中华传媒网，2005年10月23日。

84.孙正一、农秋蓓、柳婷婷：《我国新闻媒体资本运营情况初探》，载《新闻记者》2001年第5期。

85.唐娟、曹富：《公共服务供给的多元模式分析》，维普资讯网。

86.唐世鼎、黎斌：《制播体制改革与电视业发展问题研究》，中国传媒大学出版社2005年版。

87. 唐思：《美国公共新闻事业缘起及其他》，载《中国新闻研究中心》2004 年第 3 期。

88.《外媒称国企未能主导中国互联网》，新浪科技，http://www.techweb.com.cn/news/2010-09-01/673688.shtml。

89. 王传纶、高培勇：《当代西方财政理论》，商务印书馆 2007 年版。

90. 王浦劬、[美] 莱斯特·M·萨拉蒙：《政府向社会组织购买公共服务研究》，北京大学出版社 2010 年版。

91. 王宁：《消费社会学》，社会科学文献出版社 2001 年版。

92. 王庆福：《国际视角与中国纪录片对外传播策略》，载《电视研究》2010 年 11 月版。

93. 王澎：《政治框架下的市场取向策略：以北京电视台为例分析电视节目生产方式》，载《广告人》2009 年第 7 期。

94. 王晓刚：《文化体制改革研究》，中共中央党校 2007 年博士学位论文。

95. 王瑞华：《合作网络治理理论的困境与启示》，载《西南政法大学学报》2005 年第 4 期。

96. 王声平：《传媒业产权体制的缺陷及对策》，载《当代传播》2006 年第 3 期。

97. 王诗宗：《治理理论及其中国适用性》，浙江大学出版社 2009 年版。

98. 王雅君：《去年本市外国常住人口 12.51 万人》，载《上海商报》2009 年 12 月版。

99.[德] 魏伯乐、[美] 奥兰·扬、[瑞士] 马塞厄斯·芬格：《私有化的局限》，王小卫、周缨译，上海人民出版社 2006 年版。

100.[美] 文森特·莫斯可：《传播政治经济学》，胡正荣译，华夏出版社 2000 年版。

101. 吴爱明、沈荣华、王立平等：《服务型政府职能体系》，人民出版社 2009 年版。

102. 吴文虎：《新闻事业经营管理》，高等教育出版社 1999 年 12 月版。

103. 吴蓉：《地市广电传媒复合型人才培养刍议》，载《中国广播电视学刊》2010 年 11 月版。

104. 向志强、曾振华：《媒体服务属性与媒体产业经营策略》，载《湖南大学学报（社会科学版）》2007 年 5 月版。

105. 肖光华：《我国报业产业组织研究》，中南大学 2004 年博士学位论文。

106. 肖燕雄：《微观新闻制度论》，中国传媒大学出版社 2008 年版。

107. 谢江林：《广电媒体转企改制背景下的文化解冻》，载《电视研究》2010年11月版。

108. 熊婷：《公共电视资金来源研究》，华中科技大学2007硕士学位论文。

109. [美]亚当·斯密：《国富论》，郭大力、王亚南译，上海三联书店2009年版。

110. 袁义才：《公共经济学概论》，经济科学出版社2007年版。

111. 于斌：《广播电视产业之法律规制研究》，2003年中国优秀博硕士学位论文全文数据库。

112. [美]约翰·密尔顿：《论自由》，许宝骙译，商务印书馆1959年版。

113. 喻国明：《变革传媒：解析中国传媒转型问题》，华夏出版社2005年版。

114. 喻国明、苏林森：《中国媒介规制的发展、问题与未来方向》，载《现代传播（中国传媒大学学报）》2010年第1期。

115. 俞可平：《作为一种新政治分析框架的治理和善治理论》，载《新视野》2001年第5期。

116. 易旭明：《世界商业电视、公共电视模式初探》，载《声屏世界》2007年4月版。

117. 尹鸿：《中国媒介发展趋势初探产业政策分析》，新华网，2003年。

118. 尹世昌：《报业集团：从现代产权制度到建立法人治理结构》，载《山东理工大学学报（社会科学版）》2004年第6期。

119. 余秀才：《掌舵与划桨：政府网络行政管理的角色之辩》，载《今传媒》2009年第2期。

120. 曾润喜：《网络论坛的运行机制——以"家乐福事件"为例》，载《电子政务》2009年第2—3期。

121. 曾润喜、王国华、陈强：《国家与社会关系视角下的网络社会治理》，载《北京理工大学学报（社会科学版）》2010年10月版。

122. 赵彦华：《报纸市场评价指标体系研究》，载《国际新闻界》2004年1月版。

123. 张志：《中国广电事业政府规制改革研究》，中国人民大学出版社2003年版。

124. 张红：《中国农村公共服务运行机制研究：制度变迁的角度》，2010年中国硕士学位论文全文数据库。

125. 张明瑞：《我国媒介评价指标刍议》，载《现代视听》2009年第12期。

126. 张明瑞、张伟：《中外媒介评价指标比较》，载《新闻世界》2009年12期。

127. 张国涛：《本土生产与国际传播：试析韩剧的生产机制与传播策略》，载《南方电视学刊》2005年第5期。

128. 张辉锋：《新型战略机遇期中国传媒组织治理结构创新》，载《国际新闻界》2004 年第 1 期。

129. 张金海、李小曼：《传媒公共性与公共性传媒——兼论传媒结构的合理建构》，载《武汉大学学报（人文科学版）》2007 年 11 月版。

130. 张金海、黄玉波：《关于传媒体制改革与传媒产业发展的几点思考》，载《湖北省文化体制改革与文化产业发展研讨会论文集》，2004 年。

131. 张景华、修伟：《合作有"道" 同享共赢——关于党报开辟网络平台的几点思考》，大连市新闻网，2010 年 11 月 8 日。

132. 张君昌：《试论未来广电改革的五个方向》，载《电视研究》2010 年 10 月版。

133. 张熙：《试论我国传媒体制改革》，载《改革与战略》2006 年第 9 期。

134. [美] 珍妮特·登哈特、罗伯特·登哈特：《新公共服务：服务，而不是掌舵》，丁煌译，中国人民大学出版社 2004 年版。

135. 郑保卫：《新中国成立 60 年来我国报业变革发展的历程、成就及经验》，载《新闻界》2009 年第 4 期。

136. 中国电子商务研究中心：《中国互联网外资控制调查报告》（2009 年版），http://b2b.toocle.com/b2bimages/dcbg.pdf。

137. 中国互联网信息网络中心：《第 25 次中国互联网络发展状况调查统计报告》，http://research.cnnic.cn/html/1263531336d1752.html。

138. 中国电子商务研究中心：《中国互联网外资控制调查报告（2009 版）》，http://b2b.toocle.com/b2bimages/dcbg.pdf。

139. 周波：《公共管理模式下中国新闻组织的定位与重构》，吉林大学 2004 年硕士学位论文。

140. 周甲禄：《舆论监督权论》，山东人民出版社 2006 年版。

141. 周亭：《中国电视娱乐产业研究——一种生产者的视角》，复旦大学 2007 年博士学位论文。

142. 周劲：《传媒治理结构：制度分析与实证研究》，载《现代传播》2005 年第 4 期。

143. 周武军：《新技术·新媒体·新时代——浅析数字时代大众传媒政治功能发挥》，载《长春理工大学学报（社会科学版）》2008 年 11 月版。

144. 周燕妮：《建立公共性传媒体制——践行公共新闻的根本》，载《法制与社会》2009 年 6 月版。

145. 邹晓东：《从公共服务的政府垄断到多元化供给——面向新公共管理的政府管制研究》，2007 年中国博士学位论文全文数据库。

146. 朱学东、高江川：《转制：主体之美》，载《传媒》2004 年第 8 期。

147. 朱颖、陈艳：《政府与网络媒体的互动——以广州市构建阳光政府为视角》，载《广东外语外贸大学学报》2010 年 1 月版。

148. Benjamin Gidron, Ralph Kramer, Lester M. Salmon: *Government and The Third Seetor*, SanFrancisco, Josser-Bass Publishers,1992:18.

149. Coase: The Lighthouse in Economics, *Journal of Law and Economics*, V.17,N.2 (October), 1974(3).

150. Dennis, Everett E., Merrill, John C.: *Media Debates: Issues in Mass Communication*, New York: Longman, 1991: 47.

151. Hutchins Commission: *A Free and Responsible Press*, The University of Chicago Press, 1947.

152. Jan van Cuilenburg, Denis McQuail: Media Policy Paradigm Shifts: Towards a New Communications Policy Paradigm, *European Journal of Communication*，2003.

153. Jones C., Hesterly S. W., Borgatti P. S.: A General Theory of Network Governance: Exchange Conditions and Social Mechanisms, *Academy of Management Review*, 1997, 22(4):911-945.

154. Keast Robyn, Mandell P. Myrna, Brown Kerry: Network Structures: Working Differently and Changing Expectations, *Public Administration Review*, 2004(3): 364.

155. Moon Haeng LEE: *Strong Presence of Korean Drama in Asia Oriental Television Forum: Media New Economy A Conversation between China and the World (Thesis Album)*, 2005.

156. Niemi-Iilahti A.: Will Networks and Hierarchies Ever Meet, Salminen A.: *Governing Networks*, Amsterdam: IOS Press, 2003: 62.

157. Robert G. Picard, Jefrey H. Brady: *The Newspaper Publishing Industry*, pp.5-6.

158. Simeon Djankov, Caralee McLiesh, Tatiana Nenova, Andrei Shleifer, 谁拥有媒体？http://post.economics.harvard.edu/hier/2001papers/2001list.html.

159. Xueyi Chen, Tianjian Shi: Media Effects on Political Confidence and Trust in People's Republic of China, *East Asia*, 2001, 19(3):84-118.

后　记

　　媒体管理不是我非常熟悉的研究领域。当初我是抱着无知者无畏的心态，加上自己在管理学中的一点功底，斗胆进入了这个博大而深刻的学术天地。陌生的空间是令人兴奋的，但陌生领域的研究是困难的。前辈们丰富且优秀的研究成果令我折服不已，也令我自惭形秽，经常怀疑自己是不是走错了胡同。

　　幸运的是，复旦大学新闻学院不仅有着雄厚且持续的学术积淀，而且是一片自由而开放的学术乐园。众多的大师，给了我探索的动力和思考的灵感。和黄芝晓教授的每一次谈话，都能使我眼前一亮，思路洞开；童兵教授一直鼓励我，在我最为困惑的时候给我帮助；程士安教授是一位温柔的大姐，时刻激励着我不断向前；李良荣教授、刘海贵教授、孟建教授、黄旦教授、赵凯教授……复旦大学众多的大师，是我终生受益的学术源泉！

　　可惜我天资不足，平时又有些其他工作干扰着我，研究成果未能达到预期的设想，报告的写作也有些粗糙。但这也是我重新起步的原点，是我继续思索的开端！

　　怀着感恩的心，我会不断前进。

姜智彬

2010 年 3 月

附录1：报纸绩效管理问卷调查

报纸绩效管理问卷调查（媒体部分）

尊敬的先生／女士：

您好！我们是上海外国语大学新闻传播学院国际公关与广告团队。本问卷调查目的是研究报纸媒体在绩效管理方面与政府以及公众关系的现状。本问卷匿名，仅作学术与政策研究之用，本文对所有的资料予以严格保密。恳请您挤出宝贵的时间根据具体情况认真完成以下问题，谢谢您对本研究的支持！

一、基本信息部分（本部分共6小题，为单项选择题，请您根据自身情况进行选择。）

1. 您的性别：

A：男　　　　　　　　　　B：女

2. 您的年龄：

A：20～30　　　　　　　　B：30～35　　　　　　　　C：35～40

D：40～50　　　　　　　　E：40～55　　　　　　　　F：55～60

3. 您从事传媒行业的时间：

A：5年以内　　　　　　　　B：5～10年　　　　　　　　C：10～15年

D：15～20年　　　　　　　E：20～30年　　　　　　　F：30年以上

4. 您的学历：

A：大专　　　　　　　　　B：学士　　　　　　　　　C：硕士　　　D：博士

5. 您所在的部门：

A：编辑部　　　　　　　　B：发行部　　　　　　　　C：人事部

6. 您现在的职位：

A：高层管理者　　　　　　B：中层管理者

C：基层管理者   D：普通员工

二、问卷部分（本部分共 17 题，为单项选择题，题目没有对错之分，请您对题目进行主观判断，选择最符合您的态度选项。）

7. 报社应该定期测量广告效果。（与广告主的沟通互动）

A：非常同意   B：比较同意   C：不确定

D：比较不同意   E：非常不同意

8. 报纸会根据竞争者的价格变动来决定自身报纸的价格。（4P 之一）

A：非常同意   B：比较同意   C：不确定

D：比较不同意   E：非常不同意

9. 报社内应经常分析行业内主要竞争者的活动项目，讨论他们发展的优势、劣势。（竞争者）

A：非常同意   B：比较同意   C：不确定

D：比较不同意   E：非常不同意

10. 加强和读者的沟通，是报社发展的趋势。（与读者关系）

A：非常同意   B：比较同意   C：不确定

D：比较不同意   E：非常不同意

11. 您认为现在的报纸商业化的程度（市场化程度）：

A：很高   B：比较高   C：一般

D：较低   E：很低

12. 您认为现在的政府对报纸   的监管力度（与政府关系）：

A：很大   B：比较大   C：一般

D：较小   E：很小

13. 贵社当某一部门察觉到竞争者的重要变化时，该消息会很快地通知到其他部门。（报社内部结构）

A：非常同意   B：比较同意   C：不确定

D：比较不同意   E：非常不同意

14. 贵社每季度至少开一次部门间的会议，探讨市场变化趋势。（报社内部沟通）

A：非常同意   B：比较同意   C：不确定

D：比较不同意   E：非常不同意

15. 贵社内部会定期传阅一些有关市场发展趋势的资料。（报社内部氛围）

    A：非常同意   B：比较同意   C：不确定

    D：比较不同意   E：非常不同意

16. 即使贵社有一个很好的营销计划，也许会因为别的原因不能被很好地执行。（内部决策的执行力）

    A：非常同意   B：比较同意   C：不确定

    D：比较不同意   E：非常不同意

17. 贵社高层管理者对于实施的市场导向给予了大力支持。（市场化趋势）

    A：非常同意   B：比较同意   C：不确定

    D：比较不同意   E：非常不同意

18. 贵社会根据读者的需求变化调整报道内容和方式。（报道方式与读者关系）

    A：非常同意   B：比较同意   C：不确定

    D：比较不同意   E：非常不同意

19. 贵社设立了热线、意见箱等多个渠道，来听取读者对新闻的意见反馈。（与读者的沟通）

    A：非常同意   B：比较同意   C：不确定

    D：比较不同意   E：非常不同意

20. 贵社为读者设立热线、意见箱等渠道，由读者提供新闻素材。（报道内容与读者的关系）

    A：非常同意   B：比较同意   C：不确定

    D：比较不同意   E：非常不同意

21. 闫凤娇等不雅事件，媒体在其中充当了推波助澜的作用。

    A：非常同意   B：比较同意   C：不确定

    D：比较不同意   E：非常不同意

22. 媒体（不仅仅指报纸）很容易因为商业化而忽视自身承担的社会责任。

    A：非常同意   B：比较同意   C：不确定

    D：比较不同意   E：非常不同意

23. 媒体生产的时政新闻，并没有从普通读者接受的角度进行采编。

    A：非常同意   B：比较同意   C：不确定

    D：比较不同意   E：非常不同意

感谢您耐心填写本份调查问卷，祝您身体健康，工作顺利！

报纸绩效管理问卷调查（公众部分）

尊敬的先生 / 女士：

您好！我们是上海外国语大学新闻传播学院国际公关与广告团队。本问卷调查目的是研究报纸媒体在绩效管理方面与政府以及公众关系的现状。本问卷匿名，仅作学术与政策研究之用，本文对所有的资料予以严格保密。恳请您挤出宝贵的时间根据具体情况认真完成以下问题，谢谢您对本研究的支持！

一、基本信息部分（本部分共 4 小题，为单项选择题，请您根据自身情况进行选择。）

1. 您的性别：

A：男　　　　　　　　B：女

2. 您的年龄：

A：20 ～ 30　　　　　　B：30 ～ 35　　　　　　C：35 ～ 40

D：40 ～ 50　　　　　　E：40 ～ 55　　　　　　F：55 ～ 60

3. 您从事的行业：

A：经贸类　　　B：教育业　　C：服务业　　　　　D：工业

E：公共事业　　F：医疗事业　G：待业，求职中　　H：退休

I：学生　　　　J：其他　（请填写）

4. 您的学历：

A：大专　　　　B：学士　　　C：硕士　　　　D：博士

二、问卷部分（本部分共 14 题，为单项选择题，题目没有对错之分，请您对题目进行主观判断，选择最符合您的态度选项。）

5. 您最喜欢看的是报纸的哪个版面：

A：时政版　　B：经济版　　C：体育版　　D：娱乐版

6. 您认为现在的报纸能满足您对各种信息的需求。

A：非常同意　　　　　B：比较同意　　　　C：不确定

D：比较不同意　　　　E：非常不同意

7. 您认为报纸中的社会新闻和民生报道，真实反映了您周围的生活。

A：非常同意   B：比较同意   C：不确定

D：比较不同意   E：非常不同意

8. 您认为时政版的报道真实反映了社会现实。

A：非常同意   B：比较同意   C：不确定

D：比较不同意   E：非常不同意

9. 读者爆料的新闻对您来说很有吸引力。

A：非常同意   B：比较同意   C：不确定

D：比较不同意   E：非常不同意

10. 加强和读者的交流是报纸发展的趋势。

A：非常同意   B：比较同意   C：不确定

D：比较不同意   E：非常不同意

11. 您愿意向媒体爆料周围的新闻。

A：非常同意   B：比较同意   C：不确定

D：比较不同意   E：非常不同意

12. 报纸中的广告：

A：非常多   B：比较多   C：一般

D：较少   E：很少

13. 您知道报纸有读者热线等渠道可以让您和报社交流。

A：非常同意   B：比较同意   C：不确定

D：比较不同意   E：非常不同意

14. 您认为现在的报纸商业化的程度：

A：很高   B：比较高   C：一般

D：较低   E：很低

15. 您认为现在的政府对报纸的监管力度：

A：很大   B：比较大   C：一般

D：较小   E：很小

16. 您认为闫凤娇等不雅事件，媒体在其中充当了推波助澜的作用。

A：非常同意   B：比较同意   C：不确定

D：比较不同意   E：非常不同意

17. 您认为媒体（不仅仅指报纸）很容易因为商业化而忽视自身承担的社会责任。

A：非常同意　　　　　B：比较同意　　　　　C：不确定

D：比较不同意　　　　E：非常不同意

18. 媒体生产的时政新闻，并没有从普通读者接受的角度进行采编。

A：非常同意　　　　　B：比较同意　　　　　C：不确定

D：比较不同意　　　　E：非常不同意

三、开放式回答部分（本部分共 1 题，请您写下自己的观点和看法。）

19. 请您对报纸媒体提几点意见和建议：

感谢您耐心填写本份调查问卷，祝您身体健康，工作顺利！

报纸绩效管理问卷调查（政府部分）

尊敬的先生 / 女士：

您好！我们是上海外国语大学新闻传播学院国际公关与广告团队。本问卷调查目的是研究报纸媒体在绩效管理方面与政府以及公众关系的现状。本问卷匿名，仅作学术与政策研究之用，本文对所有的资料予以严格保密。恳请您挤出宝贵的时间根据具体情况认真完成以下问题，谢谢您对本研究的支持！

一、基本信息部分（本部分共3小题，为单项选择题，请您根据自身情况进行选择。）

1. 您的性别：

A：男　　　　　　　　B：女

2. 您的年龄：

A：20～30　　　　　　B：30～35　　　　　　C：35～40

D：40～50　　　　　　E：40～55　　　　　　F：55～60

3. 您的学历：

A：大专　　　　　　　B：学士　　　　　　　C：硕士　　　　D：博士

二、问卷部分（本部分共15题，为单项选择题，题目没有对错之分，请您对题目进行主观判断，选择最符合您的态度选项。）

4. 如果不与媒体沟通，任其自由报道，可能引起社会混乱。

A：非常同意　　　　　　B：比较同意　　　　　　C：不确定

D：比较不同意　　　　　E：非常不同意

5. 新闻报道的指导性文件、"通气会"之类的媒体沟通使新闻报道失真。

A：非常同意　　　　　　B：比较同意　　　　　　C：不确定

D：比较不同意　　　　　E：非常不同意

6. 我国政府的媒介监管方式与报纸市场化发展：

A：矛盾尖锐　　　　　　B：有一定矛盾　　　　　C：不确定

D：没多少矛盾　　　　　E：没有矛盾

7. 现阶段我国政府的媒介监管妨碍与公众对社会环境的认知：

A：矛盾尖锐 　　　　　　B：有一定矛盾 　　　　　C：不确定

D：没多少矛盾 　　　　　E：没有矛盾

8. 政府对媒介的管理主要目的是控制社会舆论从而控制公众。

A：非常同意 　　　　　　B：比较同意 　　　　　　C：不确定

D：比较不同意 　　　　　E：非常不同意

9. 政府应当从服务公众的角度监管报纸媒介。

A：非常同意 　　　　　　B：比较同意 　　　　　　C：不确定

D：比较不同意 　　　　　E：非常不同意

10. 加强和读者的交流是报纸发展的趋势。

A：非常同意 　　　　　　B：比较同意 　　　　　　C：不确定

D：比较不同意 　　　　　E：非常不同意

11. 回顾历史，政府对媒介的监督在逐渐放松，所以政府监督的方式也将发生变化。

A：非常同意 　　　　　　B：比较同意 　　　　　　C：不确定

D：比较不同意 　　　　　E：非常不同意

12. 在媒介监管上，政府与公众的沟通：

A：频率很高 　　　　　　B：频率较高 　　　　　　C：一般

D：频率较低 　　　　　　E：频率很低

13. 在媒介监管上，政府与媒体的沟通：

A：频率很高 　　　　　　B：频率较高 　　　　　　C：一般

D：频率较低 　　　　　　E：频率很低

14. 您认为现在的报纸商业化的程度：

A：很高 　　　　　　　　B：比较高 　　　　　　　C：一般

D：较低 　　　　　　　　E：很低

15. 您认为现在的政府对报纸的监管力度：

A：很大 　　　　　　　　B：比较大 　　　　　　　C：一般

D：较小 　　　　　　　　E：很小

16. 您认为闫凤娇等不雅事件，媒体在其中充当了推波助澜的作用。

A：非常同意 　　　　　　B：比较同意 　　　　　　C：不确定

D：比较不同意　　　　　　　E：非常不同意

17. 您认为媒体（不仅仅指报纸）很容易因为商业化而忽视自身承担的社会责任。

A：非常同意　　　　　　B：比较同意　　　　　C：不确定

D：比较不同意　　　　　　　E：非常不同意

18. 媒体生产的时政新闻，并没有从普通读者接受的角度进行采编。

A：非常同意　　　　　　B：比较同意　　　　　C：不确定

D：比较不同意　　　E：非常不同意

三、开放式回答部分（本部分共 1 题，请您写下自己的观点和看法。）

19. 你认同媒介的公共属性及其在中国实现的可能性吗？

感谢您耐心填写本份调查问卷，祝您身体健康，工作顺利！

附录 2：《解放日报》副总编辑访谈记录
——陈大维关于《解放日报》绩效管理的访谈记录

1.基本经济效益：《解放日报》去年的营业额有多少？其中广告收入有多少？发行量有多少？其中有多少来自个人订阅？

具体营业额，我不是很关注，所以具体几个亿我也不大清楚。但作为平面媒体，广告收入占总收入的 90% 以上，发行量有三十七八万份。广告版面由广告公司代理。但是我们内部也有广告部，但主要职责不是客户开发，而是对广告内容的审查。《解放日报》绝大多数的订阅来自机关单位，个人订阅的不多，包括在报刊亭销售的，估计每期不到一万份。

2.报纸的定位：《解放日报》和《文汇报》在读者群定位上，或者说在风格上有什么差别？再如其他的都市报？《解放日报》的核心竞争力是什么？

《解放日报》和《文汇报》，读者群其实大致是相同的，确实存在同质竞争的问题，但相对来说，两者还是在努力互相区别，做到错位竞争。《解放日报》的核心竞争力是作为市委机关报的信息的权威性，侧重政治经济新闻的报道；《文汇报》报偏重文化和科教新闻的报道，这方面的采访报道做得更充分一些。这样两份报纸就有差异，这对于读者也是有好处的，可以看到社会各方面的权威报道。

目前部分群众似乎对党报的报道和言论不大相信，这一方面是因为"文化大革命"10 年间媒体"假、大、空"的浮夸风的影响直到今天还没有完全消除，另一方面也是因为我们有些干部，包括领导干部，没有真正树立起执政为民的理念，追求个人利益，习惯于报喜不报忧。我想，要改变群众对我们报纸的不信任是一个长期的过程。我们一定要坚持报道的真实性，时间长了，自然也就能赢得群众的信任，从而显示出党报报道权威性的核心竞争力。

3. 内部绩效问题：对各个部门员工的考核体系是什么？是否有专门的绩效管理部门进行监控？被考核者和考核部门之间是否存在沟通？目前在运行过程中是否存在问题？如何评价专门的绩效管理系统？

记者的绩效评定，主要是"数量＋质量"两个指标的结合。数量就是发稿量。质量的主要衡量标准有几个：一是报道是否获得各方的好评，如果有好评就有加分；二是报道在版面上的位置，放在比较重要的版面，分值就会高一些。

记者的绩效管理，管理部门是总编室，根据制定的标准，每月进行计算。

4. 与政府部门的关系：作为党的"喉舌"，《解放日报》具体属于哪个政府部门监管？监管内容有哪些？除了内容审查是否还有别的监管内容？政府管理的力度是否过大？是否有经济上的关系？

应该这样说，《解放日报》属于党委机关报，政府在行政上的管理主要是通过新闻出版管理部门（在上海就是新闻出版局），比如说记者证的颁发，刊号的批准。内容上的管理是通过市委宣传部，有一位副部长专门分管这项工作，还有一个新闻出版处处理有关的具体工作。我觉得用"监管"这个词来形容这种关系不太妥当，其实叫管理和联系更好，大家是相互沟通信息。在上海，市委宣传部每两周召开一次双周通气会，这个会主要有这么几个内容：一是传达近期中央以及市委市政府的一些精神要求；二是就一些热点问题，会请有关部门来做介绍；三是指出前一段报道中出现的问题，以及以后要如何预防；四是对报道重点的要求；五是对某些问题报道时要注意的问题，主要是为了保证正确的舆论导向。

除了内容方面，其他的管理还包括经济、人事等事项。

在管理力度上，我觉得无所谓大还是小。我个人认为，上海的管理是比较多而且比较细的，但是都是合理、规范、成熟的。媒体和政府的理想关系应该是一种良性的沟通。报纸是有自主权的，一篇报道能不能上版面还是总编辑负责。

5. 与读者、社会间的关系：是否经常有读者来信或者爆料新闻？如何处理？主要涉及哪些方面？是否在强调党的"喉舌"时忽略了民生？如何评价《南方周末》的社会影响力？两者间有何差别？是否进行过专门的市场调查？

《解放日报》的信息源主要来自政府部门及大型企业，来自读者的内容也是有的，但是很少有读者爆料的新闻,读者爆料的新闻一般是都市报、晚报会多一些。

怎么能说在强调做党的"喉舌"时会忽略民生呢?首先,我们党一向关注民生,其次媒体也总是尽量在反映民间的呼声。比如医改方案,我们媒体也在做了大量的调查访问后提出了一些意见,可以提供给政府作参考。但是现阶段,政府的有些职能部门还不大懂得使用媒体,导致媒体的声音被忽略。另外由于前面说的一些原因,群众对媒体不是很信任,这导致媒体有时会处于一个比较尴尬的地位,其实媒体只要做到报道的客观真实,坚持不说假话,就是尽了媒体的责任了。《南方周末》有的稿件也是不错的,他们可能更关注读者关心的热点问题。

6. 发展目标:在新媒体的包围下是否感到危机?有何应对措施?报纸网站效益如何?

危机感肯定是有的,但是《解放日报》肯定是不会关门的,只是生存的状况是好一点还是差一点。我们解放牛网办得还是不错的,可能功能还比较单调一些。

7. 发展动力:企业化改革是否会继续深化?主要改革方向包括哪些?改革的障碍来自哪里?

非常抱歉,由于我是做新闻业务的,这个问题对我来说就有点困难了。

附录3：国外公共广播服务模式概览

背景数据及法律架构	营办/提供的服务	管治机构	管理层	其他组织	问责措施
澳大利亚广播公司（澳大利亚）					
澳大利亚广播委员会于1932年正式成立，是设有12个电台的广播网络。1983年，联邦议会通过《1983年澳大利亚广播公司法》，把澳大利亚广播委员会易名为澳大利亚广播公司。《1983年澳大利亚广播公司法》第6条载有该公司的规章，订明其公共服务使命。	澳大利亚广播公司营办一条播放全国和地区性新闻的电视频道，以及一条免费数码频道。该公司也营办4个全国电台网络、60个地区电台，以及3项以音乐为主的互联网服务。此外，该公司营办澳大利亚广播电台，向东亚地区及太平洋岛屿的听众提供国际短波广播服务。该公司根据与澳大利亚政府所签订的合约，以"澳大利亚网络"[前称澳大利亚广播公司（亚太区）]的名义营办国际电视服务。澳大利亚广播企业公司于1974年成立，经营零售、消费者刊物出版和内容销售及资源租赁等业务，所得利润全数拨归澳大利亚广播公司再投资于节目制作。	澳大利亚广播公司董事局成员最多可达7名，负责确保该公司：①有效运作，为澳大利亚人民带来最大利益；②独立及有诚信；③搜集信息和报导新闻的手法不偏不倚，内容准确无误，并且符合新闻界认可的标准；④遵守法例，符合法律上的要求。董事局成员经政府推荐，由总督委任。董事局主席任期5年，可连任。现任主席是管理某艺术机构的专家。其他成员须富广播、通讯/管理经验，或具备财务/技术方面的专业知识，或有参与文化/其他与广播服务有关的事务。现任董事包括1名财务经理、2名律师、1名专栏作家及2名研究专家，任期由2—5年不等。	现任执行委员会包括： • 董事总经理（由董事局委任） • 营运总监 • 企业策略及通讯事务总监 • 电台总监 • 电视总监 • 新媒体及数码服务总监 • 新闻及时事总监 企业总监直接向董事总经理负责，但并非现任执行委员会成员。营运总监负责管理各后勤营运部门，包括商业服务、制作资源（即电视制作"工厂"）、技术和传送，以及人力资源等部门。	澳大利亚广播公司咨询委员会共有12名成员，来自澳大利亚各地。当局每年会在电视和电台播放招聘广告，填补咨询委员会的空缺。该委员会就澳大利亚广播公司的节目广播事宜向董事局提供意见。一般而言，咨询委员会成员的任期最长为4年。	各部门总监每月须向董事局提交管治报告。每年向议会提交报告以供审核。受澳大利亚国家审计办公室审核。有关节目内容的投诉由董事局所成立的独立投诉检讨委员会处理。投诉者可要求澳大利亚通讯及媒体管理局复核。

背景数据及法律架构	营办/提供的服务	管治机构	管理层	其他组织	问责措施
		特别广播服务公司（澳大利亚）			
特别广播服务公司的电台网络于1975年启用时，在悉尼及墨尔本分别设有一个小型电台，名为2EA及3EA。1980年，该公司在悉尼及墨尔本推出电视服务，并逐步扩展至澳大利亚全国。1997年，该公司推出SBSOnline，是全球使用语言最多元化的网站。1991年，澳大利亚总理公布推出建立"多元文化澳大利亚"的全国计划，其中包括立法使特别广播服务公司成为独立机构，并设有本身的规章。同年，根据《1991年特别广播服务公司法》，该公司成为全国公共广播机构，肩负体现澳大利亚多元文化社会的特殊使命。该法例规定特别广播服务公司享有编辑自主权，不受政府影响。	特别广播服务公司规章要求该公司"提供多语及多元文化的电台及电视服务，为澳大利亚人民提供信息、教育及娱乐，从而体现澳大利亚的多元文化社会"。该公司的电台播放68种语言的节目，其电视节目则以超过60种语言播放。该公司旗下名为SBS新媒体的网上服务，提供超过50种语言的文字及自选声音服务。该公司亦营办SBS世界新闻频道，专门播放外语新闻。该频道设有电子节目指南，提供节目表、新闻提要及全国天气预报。该公司的非英语电影和节目均配上字幕而非用配音。	特别广播服务公司董事局制定该公司的目标、策略及政策，并确保该公司以恰当、高效率而符合经济效益的方式运作。董事局包括常务董事及4—8名非执行董事。董事各自具备不同范畴的专业知识，包括了解澳大利亚的多元文化社会，以及该公司不同文化背景的受众的需要及兴趣。董事局中必须有一名了解雇员利益的董事，协助政府官员和雇员工会之间的沟通。董事的任期一般为3年，可连任不超过5年。总督从非执行董事之中分别委任董事局主席及副主席各1名。	董事总经理由董事局委任，任期不超过5年，可连任不超过5年。管理层现时包括： • 董事总经理 • 节目内容总监 • 新闻及时事总监 • 技术及传送总监 • 商务总监 • 财务总监 • 策略及通讯总监 • 人力资源经理 • 企业律师 • 受众事务经理	社区咨询委员会的成员由董事局委任。他们须了解澳大利亚的多元文化社会，特别是了解有关种族、原住民或托雷斯海峡群岛社区的事宜。委员会各成员的任期和委任条件，由董事局订定。咨询委员会现有9名成员，就社会（包括少数或新赴澳族群）的需要和意见及有关该公司规章的事宜，向董事局提供意见。	公布企业计划，开列该公司及其附属公司的目标，概述策略和政策，预测收入及开支，并陈述服务表现指针、目标，以及按社区咨询委员会的建议而采纳的措施。

续表

背景数据及法律架构	营办/提供的服务	管治机构	管理层	其他组织	问责措施
巴伐利亚广播公司（德国）					
巴伐利亚广播公司是德国公共广播公司公会的成员之一，也是巴伐利亚自由州的公共广播机构，总部设于慕尼黑。 于1948年通过、1993年修订的《巴伐利亚广播法》订明该公司的职能。此外，《国家广播条约》协调公共与私营广播机构之间的关系，并载有基本的（特别是有关财务的）规例。	该公司营办巴伐利亚电视第三台，并向当地的电视及电台网络提供节目，其中部分是与其他广播机构合制的。 该公司营办4条电台频道、1条不停播放新闻的电台频道，以及2条使用数码电台或内部串流技术才可收听的频道。 该公司也管理巴伐利亚电台交响乐团、慕尼黑电台管弦乐团及慕尼黑电台合唱团3个音乐团体。	广播委员会（广委会）代表公众的利益。委员会有47名委员，来自不同政治、意识形态及社会团体，其中，巴伐利亚州政府及巴伐利亚州议会的代表人数不得超过总人数的1/3。 广委会委员任期5年，可连任。各委员互选主席和副主席。广委会至少每两个月开会一次。其职能包括：选举和罢免总干事，批准高层职员的提名，选举4名管理委员会的成员，批准收支预算案及资产负债表，并就所有广播事宜（特别是有关节目策划和内容的事宜）向总干事提供意见。 管理委员会（管委会）有6名委员，包括巴伐利亚州议会主席（任管委会主席）、巴伐利亚行政法院主席（任管委会副主席），以及4名由广委会选出的委员。该4名委员任期5年。他们须于获选为管委会成员后，辞去广委会职务，确保两个委员会分工清晰。 管委会每月至少开会一次。其职能包括：订立总干事的委任合约，代表公司处理与总干事有关的法律纠纷，监督总干事运作业务的情况，审核预算草案及资产负债表，以及公布由总干事编制的资产负债表及营运报告。	管理层包括： •总干事（任期5年，可连任） •副总干事（由管理层成员选出） •节目总监（包括电台及电视节目总监各1名） •行政总监 •技术总监 •法律总监 所有高层人员的委任须获广委会批准。他们的任期最长为5年，并可续聘。 罢免总干事须获广委会2/3成员赞成方可通过。	广委会设有4个专责委员会，分别为电台、电视、财政及一般事务专责委员会，成员均为广委会委员（每名广委会委员须加入两个专责委员会）。专责委员会拟定议案，但由广委会行使决定权。	该公司须就每类节目委任一名负责人，并每天至少播放该人员的名字一次。有关负责人须知悉并批准电台及电视所播放的节目内容。 如该公司播出含有非法内容的节目，他们须承担法律责任，且可能被判处监禁。 投诉须由总干事正式处理。如投诉人对有关的处理方法不满，可通知广委会辖下的电台专责委员会或电视专责委员会。

背景数据及法律架构	营办/提供的服务	管治机构	管理层	其他组织	问责措施
日本放送协会（日本）					
日本放送协会于1926年成立，原为国立广播机构，其后根据《1950年放送法》的规定，改为属于人民的广播机构。该公司的运作受《1950年放送法》规管。该法例保障日本放送协会在运作和企业架构上均具独立性。该法例的条文适用于该国所有广播机构，包括日本放送协会。	日本放送协会营办2项地面电视服务（NHK一般电视及NHK教育电视）及3项卫星服务（NHK BS-1、NHK BS-2及NHK高清电视）。该公司也营办世界电视台及世界台，为海外观众提供服务。此外，该公司营办3个电台网络（NHK第一台、NHK第二台及NHK超短波台）。该公司的日本国际电台，则为海外听众提供服务。	日本放送协会理事会共有12名理事，就管理政策及运作方面的所有重要事项做出决策，包括年度预算案、营运计划及基本节目政策等。理事由首相委任，再经参议院和众议院代表日本国民批准。政党干事及公务员均不得出任理事。	执行委员会有主席、副主席及8名总监。	最近设立独立检讨委员会，评估日本放送协会履行年度公众承诺的表现是否理想。	每年经内阁向议会提交预算案、营运计划及财政报告。账目受会计检查院审核。公开预算案、营运报告及理事会会议记录，并发表年报。

191

续表

背景数据及法律架构	营办/提供的服务	管治机构	管理层	问责措施
英国广播公司（英国）				
英国广播公司于1927年藉《皇家特许宪章》成立。自此，该公司的运作受《皇家特许宪章》及其与英国政府签订的协议规管。《皇家特许宪章》订明英国广播公司的宪制地位，并界定其总体目标及功能。上述协议确认英国广播公司编辑独立，并详述其公共责任。该公司于2006年完成宪章检讨，新的《皇家特许宪章》于2007年1月生效。	英国广播公司营办8条电视频道，包括BBC第一台、BBC第二台、BBC第三台、BBC第四台、BBC 24小时新闻频道、BBC国会频道及CBBC和CBeebies 2条儿童频道。该公司也营办5个以仿真技术接收的电台、5个纯以数码技术接收的电台及BBC国际台。附属于公司的商业机构所赚取的收入，供其再投资于公共广播服务。	英国广播公司由其信托委员会规管。信托委员会制定该公司的策略方向、代表用户牌照费缴费者的利益、发行服务牌照，以及监察执行委员提供服务的表现。信托委员会成员包括主席、副主席和10名成员。他们的背景及经验十分广泛，包括广播、规管、竞争、商业、公共及相关服务、节目制作及新闻等行业。他们经公开招聘程序，由女皇在听取部长的建议后委任。	英国广播公司执行委员会根据信托委员会制定的优先次序提供广播服务。它负责该公司各方面的运作管理，包括： • 指挥该公司的编辑及创作工作； • 该公司的运作管理； • 确保遵守所有关于该公司的法律及规管要求（包括初步处理关于公司的投诉），但与信托委员会或信托单位有关的除外； • 确保遵守信托委员会对执行委员会的所有要求； • 任命及监管英国广播公司及其子公司的管理层； • 负责公司的财务运作，衡工量值； • 就其本身的表现，以及英国广播公司及其子公司的表现，向信托委员会负责； • 遵照信托委员会对公司行使职能的任何相关决定。 执行委员会包括10名执行董事及5名非执行董事，由总干事担任主席、副总干事为副主席。 总干事是该公司的行政总裁兼总编辑，由信托委员会委任。执行委员会的其他成员则由提名委员会委任，再经由信托委员会批准。	国会透过上下议院的辩论及事务委员会的听证会，做出监察。每年向国会呈交表现报告。受通讯办公厅所进行的公共电视广播服务检讨规管。通讯办公厅是英国通讯行业的独立规管机构，其职权涵盖电视、电台、电讯及无线通信服务，亦负责这些行业的竞争事宜。

续表

背景数据及法律架构	营办/提供的服务	管治机构	管理层	问责措施
第四频道电视公司（英国）				
第四频道服务原根据《1981 年广播法令》设立，并由独立广播局运作。 其后，第四频道根据《1990 年广播法令》正式成立，并于 1993 年接管第四频道的职能。 第四频道自此获准出售广告时段。 该公司的企业价值是"坐言起行、制造争端、启发变革"。	第四频道营办 24 小时全国电视服务，可通过地面、卫星及有线等任何数码平台及传统的仿真网络接收。 该公司也营办 E4、More 4 及 FilmFour 等数码频道。它们均于 2006 年 7 月起成为免费频道。 第四频道不断扩展新媒体服务，包括以宽带技术提供公共服务纪录片的频道 FourDocs。 第四频道的公共服务职责，是提供范围广阔的高素质多元化节目，尤其注重： • 在节目内容和形式上展示崭新理念、实验精神及创意； • 迎合多元文化社会的口味及兴趣； • 提供教育性及其他具教育价值的节目，以符合持牌公共服务频道的要求； • 展示独特风格。 作为出版机构暨广播机构，第四频道不会制作自己的节目，而是透过委约超过 300 间横跨英国的独立公司制作。	第四频道的董事局约有 13 人，大部分为非执行董事。董事局负责通过集团的策略、批准年度预算案、确保公司守法并符合牌照规管要求及内部监控程序，以及检讨公司的运作成效。该公司的行政总裁亦由董事局委任。 董事局主席由通讯办公厅委任，非执行董事则由通讯办公厅与董事局主席磋商，定出人选，并获文化媒体暨体育大臣批准，然后委任。董事局其他执行董事，由董事局主席及行政总裁共同委任。 所有非执行董事均被视为独立成员。 董事局下设预算案、审计、酬金及新业务 4 个委员会。	高层人员管理委员会负责管理第四频道，推行董事局所制定的风险及监控政策。	根据《2003 年通讯法令》的规定，第四频道须： • 就年度预算案、流动现金预测及服务表现指针等事宜，取得董事局批准； • 制定短、中及长期营运策略； • 向董事局提交季度检讨报告，汇报遵守规管、法定及牌照规定的情况； • 评估集团业务风险； • 每季向董事局汇报所有已批准的新业务及投资计划进展； • 每月向董事局提交报告，汇报最新的实际表现及该财政年度完结时的表现预测； • 每年审计已公布的法定财务报表； • 进行内部审计，检讨内部监控制度。

续表

背景数据及法律架构	营办/提供的服务	管治机构	管理层	其他组织	问责措施
公共广播局（美国）					
公共广播局是1967年根据《公共广播法令》成立的非牟利私营机构，在美国推广公共电讯服务。该法令订明公共广播局的法律地位、组织架构、问责性、公共服务使命及一般权力。	公共广播局不得拥有或营运电视台及电台，也不得制作节目。公共广播局统筹公共广播电视台（多为公共广播网的成员）及电台（多为全国公共广播电台的成员）的拨款，以及进行与公共广播服务有关的研究，从而推广公共电讯服务（包括电视、电台及网上服务）。此外，公共广播局也拨款供制作节目之用。	公共广播局董事局共有9名成员，负责制订政策及节目优先次序。董事由美国总统委任，经参议院确认，任期6年，最长可任两届。他们是从教育、文化、民生事务或艺术方面卓有成就的美国公民中挑选出来的，其中代表公共电视台及公共电台者须各占其一。属同一政党的代表不可多于5人。	董事局委任总裁暨行政总干事，而其他高级行政人员则由总裁暨行政总干事委任。管理层现包括： 企业主管 • 总裁暨行政总干事 • 副行政总干事 • 法律事务高级副总裁 • 公司秘书 • 司库暨财务总监高级职员 • 商务部高级副总裁 • 电台部高级副总裁 • 教育节目及服务部高级副总裁 • 媒体部高级副总裁 • 媒体策略部副总裁 • 政府事务部副总裁 • 传讯部副总裁暨企业发言人 • 电视节目发展部副总裁 • 系统发展及电视电台拨款部行政事务副总裁	公共广播局自评人办公室由董事局及总裁委任，并向之负责。2名自评人（各受尊崇的记者）就新闻操守、持平及客观报道等事宜撰写文章，并响应公众、政府官员及公共广播界对节目所提出的意见。检讨节目的决定由自评人做出，广播报告亦由他们撰写，但只限于评论已经在大气电波中广播的题材，而不作广播前的评论。公共广播局督察长办公室负责进行审核及调查，提倡节约、效率及效益，以及阻吓和防止该局在节目及运作中出现欺诈、浪费及管理不善的问题。	向国会提呈年度工作报告。受国会调查机构（审计总署）的审核。公共广播局的职员及董事可能会被国会传召作证。受公共广播局独立督察长办公室审核。就为未成年受众提供的公共广播服务提交年度报告。提交年度报告，陈述如何致力提供高素质、具创意的卓越节目，并确保所有节目或具争议性的节目系列，恪守客观持平的原则。董事局会议通常开放让公众旁听。

194